博士生导师学术文库

A Library of Academics by
Ph.D.Supervisors

收费公路行业垄断与经济绩效

徐海成 著

光明日报出版社

图书在版编目（CIP）数据

收费公路行业垄断与经济绩效 / 徐海成著 . -- 北京：
光明日报出版社，2021.6
ISBN 978 - 7 - 5194 - 6103 - 4

Ⅰ.①收… Ⅱ.①徐… Ⅲ.①公路费用—征收—路政
管理—经济绩效—研究—中国 Ⅳ.①F542.5

中国版本图书馆 CIP 数据核字（2021）第 086216 号

收费公路行业垄断与经济绩效

SHOUFEI GONGLU HANGYE LONGDUAN YU JINGJI JIXIAO

著　　者：徐海成

责任编辑：李壬杰　　　　　　　责任校对：刘文文
封面设计：一站出版网　　　　　责任印制：曹　净

出版发行：光明日报出版社
地　　址：北京市西城区永安路 106 号，100050
电　　话：010 - 63169890（咨询），010 - 63131930（邮购）
传　　真：010 - 63131930
网　　址：http：// book. gmw. cn
E - mail：lirenjie@ gmw. cn
法律顾问：北京德恒律师事务所龚柳方律师

印　　刷：三河市华东印刷有限公司
装　　订：三河市华东印刷有限公司
本书如有破损、缺页、装订错误，请与本社联系调换，电话：010 - 63131930

开　　本：170mm×240mm
字　　数：305 千字　　　　　　印　　张：17
版　　次：2021 年 6 月第 1 版　　印　　次：2021 年 6 月第 1 次印刷
书　　号：ISBN 978 - 7 - 5194 - 6103 - 4
定　　价：95.00 元

目　录
CONTENTS

导　言

中国的高速公路与收费公路同时起步于 20 世纪 80 年代末期。面临国民经济发展的巨大需求,国家财政的"捉襟见肘",在政府行政力量的强力推动下,以公路建设投融资体制改革为突破口,在解决资金制约的同时,收费公路规模迅速扩大,对国民经济持续、快速发展发挥了巨大的推动与保障作用。在收费公路发展过程中,"重建设、轻管理"一直是行业存在的主要问题之一,突出表现是全行业呈现出运营效率较差的态势。交通运输部从 2013 年开始发布全国收费公路统计公报,到 2020 年已发布 7 年。公报显示,收费公路行业收支缺口数额巨大且逐年增加。可见,在我国收费公路里程达到一定规模的今天,"轻管理"所导致的绩效问题非常突出。如何提高收费公路经济绩效已成为整个收费公路行业运营所面临的最大难题。本研究力图从行政垄断视角,通过降低在运营过程中长期以来极具隐蔽性的租值耗散,从而达到提高收费公路行业整体经济绩效的目的。

在对已有文献梳理的基础上,本研究采用比较制度经济学的研究视角,沿袭系统性动态比较的研究思维,围绕"制度—组织—经济体制"这一核心,以"经济绩效—行政垄断—租值耗散"为研究框架,从制度层面、组织层面、经济体制层面选取"政府与市场的效率边界""设租与寻租""规模经济""企业效率""运营模式"等为主要研究对象,以此确定本研究的结构与具体思路。

综合运用实证研究法和规范研究法。从分析收费公路行业经济绩效问题及其成因入手,运用实证研究相关工具对行业经济绩效进行评价;运用计量经济学相关手段构建行业行政垄断强度与租值耗散程度的测度模型;运用类比分析、实证分析工具探求行政垄断引致的租值耗散对行业经济绩效的影响机理;在此基础上,借鉴规范研究方法,通过文献分析、专题研讨、行业实际调研等途径与手段,构建降低租值耗散、提高经济绩效的行业改革思路;运用比较借鉴、系统创新等分析工具,依据顶层设计思路探讨收费公路行业行政垄断的优化措施。

鉴于以往在行业经济绩效方面的研究成果及存在的问题,本研究针对收费公路行业的经济绩效进行了企业层面和行业层面的定性分析,并进一步对收费公路行业当前的经济绩效状况进行了较为科学、客观的量化评价。在对企业层面的经济绩效进行定性分析时,从资产运营、财务效益、偿债能力和发展能力等方面选取评价指标,着重对政府还贷公路的经济绩效进行企业层面的定性评价;在对行业层面的经济绩效进行定性分析时,从投入—产出效益、直接经济绩效、间接经济绩效等方面选取评价指标,以省级行政区为单位,对政府还贷公路的经济绩效进行定性评价。在对我国收费公路行业经济绩效进行定量分析时,主要应用"三阶段DEA 数据包络"分析方法,依据收费公路行业资源配置效率特征,以"总投入—总产出"为评价思路,对收费公路行业当前的整体经济绩效进行量化评价。进而,使用 Tobit 回归分析法对政府还贷公路在整个经济绩效中的作用与影响进行了剥离式研究。从而首次以实证的方式得出政府还贷公路经济绩效劣于经营性公路这一结论。通过对我国收费公路行业经济绩效的全面评价,旨在掌握收费公路行业经济绩效的现状,以此作为本研究的逻辑起点。

参照 ISCP 分析框架,从企业行为、行业结构和制度三个层面对收费公路行业行政垄断的现状进行研究;参考制度的成本与收益,从制度供求的重复博弈、制度变迁的路径选择两个层面对收费公路行业行政垄断的路径依赖机制进行分析;依据行业特性,从运营环节和养护环节分别对收费公路行业行政垄断的表现形式及作用结果进行研究。鉴于行政垄断所涉及的一些无法用变量进行描述和量化的软信息,因其渗透程度容易被观察、被评价,而难以进行直接的、正面的测度,本研究大胆创新,从行政垄断的内涵、在收费公路行业的表现特征以及导致的结果入手,围绕政府还贷公路与政府规制部门之间的内在联系,采用主成分分析法对行政垄断在收费公路行业的作用程度进行间接测度。对行政垄断的作用程度进行测量是一个对制度性现象进行有效量化的过程,是本研究的一个创新。

收费公路行业行政垄断导致的资源浪费、生产效率低下及行业寻租等问题都属于租值耗散的范畴。因此,本研究从这些现象入手,依据资源配置效率理论和内部效率理论,对收费公路行业行政垄断的租值耗散进行研究。其中,对行政垄断租值耗散构成的研究,主要参考了西方经济学家在租值耗散方面的研究成果,并结合我国收费公路行业行政垄断主体的设租行为、垄断企业的寻租行为、消费者的避租行为的作用机理,明确了收费公路行业行政垄断的租值耗散是过度行政垄断导致的社会福利净损失和内部效率损失。对行政垄断租值耗散在收费公路行业表现形式的研究也是本研究的创新之处,主要是从行业层面、企业层面和行政特许层面对行政垄断租值耗散的表现形式进行探讨,从而明确收费公路行业内管理体制和运营模式等方面存在的表现形式各异的租值耗散。以收费公路行业行政垄断与租值耗散的关系、租值耗散的构成和表现形式为基础,以寻租成本与收益为切入点,构建了"政府还贷公路—经营性公路—收费公路行业"的三阶段租值耗散程度测量模型,并对我国收费公路行业行政垄断的租值耗散程度进行测度。对行政垄断的租值耗散现象进行实证量化研究,是本研究的重要突破。

在收费公路行业租值耗散的诸多表现形式中,垄断主体的寻租行为、由行业结构导致的管理非效率和由运营模式造成的规模非效率是影响经济绩效的主要因素,特别是规模非效率的影响更为显著。鉴于此,本研究遵循收费公路行业内在的管理与运营规律,着重从这三方面研究租值耗散对经济绩效的作用机理及影响研究。通过对政府的职能与行为分析,构建收费公路行业寻租行为的经济分析模型,明晰了寻租这一租值耗散现象对收费公路行业经济绩效的作用机理;通过对政府还贷公路和经营性公路的技术效率和配置效率进行比较,并对这两种管理模式进行经济效用分析,明晰了管理非效率这一租值耗散现象对收费公路行业经济绩效的作用机理;通过对收费公路行业的规模现状和规模效率进行实证分析,并探究行业规模与行业绩效之间的传导机制,明晰了规模非效率这一租值耗散现象对收费公路行业经济绩效的作用机理。

在对收费公路行业的经济绩效、行政垄断和租值耗散分别做出全面综合的研究后,本研究进一步对行政垄断的租值耗散在收费公路行业经济绩效方面的作用机理和影响结果进行专题研究。至此,本研究将重点探讨如何通过降低租值耗散和优化行政垄断,达到从根本上提高收费公路行业整体经济绩效这一目的。

课题组通过前期实地调研与研究认为,在诸多引致租值耗散、降低经济绩效的因素中,行业过度行政垄断下的规模非效率是造成租值耗散的主要途径。因此,本研究提出以实现规模经济降低收费公路行业租值耗散为主的政策建议及可行措施。具体以有效竞争理论和规模经济理论为依据,对我国收费公路行业省级运营机构和分公司的规模经济状况进行实证研究和量化评价,并分别对其运营规模与经济绩效之间的关系进行验证。同时,从运营状况、规模状况和盈利状况等方面选取合适的经济指标,使用回归分析法,对影响利润指标的相关变量进行数理分析,确定了收费公路行业的最优规模区间和最小经济规模。在此基础之上,分析影响收费公路行业规模经济水平的因素及其作用机理,探究造成收费公路行业规模不经济的根本原因。最后,研究收费公路行业规模经济的实现方式,并针对经济发达地区与落后地区,分别研究实现收费公路行业适度规模的路径选择。

本研究表明,过度行政垄断才是行业租值耗散与经济绩效问题的本源。因此,优化过度行政垄断成为降低行业租值耗散的根本制度保障,也是提高行业经济绩效的顶层设计。

收费公路行业作为基础设施行业,政府规制与市场机制如何有效协调是一个永恒的命题。为此,本研究对收费公路行业的外生性规制从行业规制的缺位和越位两个辩证的维度进行剖析,对收费公路行业的内生性规制从市场的规制行为、企业活力和规制效果三个维度进行论证。在此基础上,借鉴需求交叉价格弹性理论,确定了政府规制与市场机制在自然垄断性业务领域的替代关系和在竞争性业务领域的互补关系,以此重新定位政府职能与角色。进而,通过构建规制效率的Malmquist动态指数模型并对全要素生产率进行测算,量化评估了收费公路行业的规制效率状况,同时通过构建规制强度博弈矩阵并探究规制强度与规制成本和规制收益之间的函数关系,对收费公路行业的规制强度进行评估。据此实证结果及上述调整基准,提出从规制模式和规制手段入手的政府规制改革思路和从产权结构和产业化入手的市场化改革思路,以此作为优化行政垄断的措施及政策建议。

　　本研究在理论层面上,探明了收费公路行业行政垄断的路径依赖机制,构建了收费公路行业政府规制与市场机制的协调边界与机理,明确了租值耗散在收费公路行业的构成及表现形式,明晰了租值耗散对经济绩效的作用机理,对于弥补收费公路行业经济绩效这一研究领域的理论空缺具有重要意义。在应用层面上,构建了科学的收费公路行业经济绩效、行政垄断、租值耗散的测度模型并对现状进行实证评价,确定了收费公路行业的最优规模区间和最小经济规模,探讨了实现规模经济降低租值耗散的路径设计,提出以政府规制改革和市场化改革优化行政垄断的政策建议。

第1章

绪　论

1.1　研究背景

改革开放初期,中国国民经济的快速发展遇到基础设施严重不足的"瓶颈"制约。特别是公路建设,无论是技术等级还是里程都难以适应国民经济快速发展的需求。加快包括公路交通在内的基础设施建设成为国人的共识,也是保障国民经济持续稳定发展的必由之路。公路建设,特别是高速公路建设一方面面临整个国民经济的巨大需求,另一方面是相对较弱的国家财力。在国家长期"统管"的领域,以投融资体制为突破口,发挥市场机制作用是整个公路建设史上一个具有"里程碑"意义的创举。中国高速公路在解决资金制约的同时得以飞速发展。高速公路建设与国民经济的协调关系经过短短 30 年左右的时间,已由"瓶颈制约"转变为"基本适应",并正向"适度超前"发展。交通运输部《2018 年交通运输行业发展统计公报》显示,2018 年年末,全国公路总里程达到 484.65 万千米,其中,高速公路达到 14.26 万千米,里程规模居世界第一;一级公路 11.15 万千米,二级公路39.37 万千米,等级公路里程合计达到 446.59 万千米。截至 2015 年年底,我国公路网中已有超过 98%的高速公路、61%的一级公路和 42%的二级公路是依靠"贷款修路,收费还贷"政策建成①。依靠公路收费政策,中国公路建设,特别是高速公路建设创造了世界公路发展史上的一个"奇迹",并彰显出鲜明的中国特色。

在收费公路规模快速增长的同时,行业内也暴露出许多值得关注的问题。如:中国收费公路的巨大发展主要是依靠行政力量强力推动起来的,市场规律在其中发挥作用的范围和程度有限。依据经济学原理,政府对公路基础设施集中经

---

① 资料来源:交通运输部《2015 年全国收费公路统计公报》解读。该指标仅在 2015 年全国收费公路统计公告中有,之后各年均未显示该指标。

营可以降低运营成本,提高经济绩效。具体到中国收费公路行业,实践效果如何一直是业内专家学者关注的热点问题之一。2014 年交通运输部首次发布《2013年全国收费公路统计公报》也印证了国人对收费公路行业经济绩效的质疑。交通运输部于 2018 年 8 月 24 日公布的《2017 年全国收费公路统计公报》及其解读显示,2017 年年末,全国收费公路债务余额 52843.5 亿元,与 2016 年的 48554.7 亿元相比,净增 4288.8 亿元,增长 8.8%,原因主要在于收费公路行业的"入不敷出"。2017 年度,全国收费公路收支缺口达到 4026.5 亿元,车辆通行费总收入 5130.2亿元,比上年净增 581.7 亿元,增长 12.8%,而支出总额 9156.7 亿元,比上年净增465.0 亿元,增长 5.3%,其中养护管理支出与运营管理支出分别增长 12.1% 与5.2%。可以看出,全国收费公路支出总额远远超过总收入,运营成本的增长速度更是超过总支出。政府还贷公路情况尤为严重,2016—2017 年,全国政府还贷公路里程由 100477 千米减少到 90980 千米,净减 9497 千米,下降 9.5%,但是,政府还贷公路债务余额由 26107.5 亿元增加到 28279.8 亿元,增长 8.3%。面对行业巨大的债务余额和收支缺口,如何提高收费公路行业的经济绩效已经成为行业发展急需解决的核心问题。

长期以来,公路的基础设施属性及公益性使人们形成收费公路行业不需要评价经济绩效的错误观念,致使经济绩效问题始终未得到行业研究的足够重视。基于这一背景,我们有必要提出以下问题:收费公路行业的经济绩效现状到底如何?导致行业经济绩效低下的原因又是什么?而这一深层次原因是如何与经济绩效发生作用的?又该如何从制度根源着手寻求提高行业经济绩效的改革路径?

1.2　相关理论研究与借鉴

1.2.1　收费公路运营模式研究

收费公路具体分为政府还贷公路与经营性公路两类。在坚持公路收费制度的基础上,如何通过选择并优化收费运营模式来促进行业发展向来是理论界的一个焦点问题。在运营模式选择问题上的观点也可以分为政府还贷导向型与经营性导向型两类。

1. 政府还贷导向型

持这一观点的学者认为,收费公路行业应该以政府还贷公路为发展方向,他们多以公路基本属性为起点或核心来论述收费公路运营模式选择。其中以林伊亘①的观点最具代表性，他支持以政府还贷公路为主导模式的理由有三点：(1)公路具有公共物品属性、公益性与基础设施属性；(2)公路经营企业的经营目标与政府发展公路事业的目的存在根本冲突；(3)政府还贷公路可以减少公路使用者的负担。持有相似理由的学者还有很多，如曹军念②认为，社会资本经营收费公路的目标是利润最大化，这会使经营者采取在收入与养护质量之间权衡以使养护支出水平最低的以及为了提高管理效率而减少管理成本两个措施，最终影响到通行服务质量。这一理由与上述林伊亘的第二个理由殊途同归，都认为经营性企业的逐利性会与公路事业发展的初衷相矛盾，因此政府还贷应成为主要的运营模式。

当然，在主张政府还贷公路将成为主导的学者中，也不乏持有不同观点者。俸芳③通过对政府还贷公路和经营性公路的收费年限、收费标准与税费负担进行比较，得出经营性公路并没有如社会上所想象的那样比政府还贷公路使公路用户有更多负担。这一观点虽然与上述林伊亘的第三个理由有所矛盾，但之后其从两种模式的政策定位出发，仍认为政府还贷公路会成为行业主导的运营模式。可见俸芳虽然认为实践中政府还贷公路可能会成为主导，但并不认为政府还贷公路的运营效果一定比经营性公路好，该观点反而推翻了上述第三个理由。贾欢④则认为政府还贷公路和经营性公路的区别已经越来越小，这两个概念在由政府成立的公路经营企业管理政府还贷公路时可以合二为一，并提出公路经营企业如何按企业化方式管理这些所谓的政府还贷公路项目、这些项目还能否享受政府的各项优惠政策、怎样进行会计核算等才是当前迫切需要探讨和解决的问题。该文是对政府成立的公路运营单位的企业化进行研究，看似支持收费公路市场化，属于经营性公路导向型观点，实则混淆了两种运营模式，忽视了政府还贷公路中存在的政企不分这一实质性问题。

2. 经营性导向型

顾名思义，经营性导向型观点认为收费公路行业应以市场化为导向，将经营

---

① 林伊亘.收费公路的发展应当坚持以政府还贷公路为主[J].交通财会,2005(11):4-6.
② 曹军念,李晓明.中国公路收费经营与政府行业管理相关问题[J].交通运输工程学报,2001,1(4):92-96.
③ 俸芳,宋书勇,王满良.政府还贷模式和收费经营模式的财务比较[J].交通财会,2008(3):4-8.
④ 贾欢.对政府还贷公路和经营性公路的概念及相关问题的思考[J].交通财会,2011(3):61-63.

性公路看作是行业未来的发展方向。周望军①认为,政府还贷公路与经营性公路共存的"收费公路双轨制"存在着一系列的弊端,应该采取措施消除政府还贷公路。随着探讨的不断深入,争论基本围绕林伊亘所归纳的三个核心理由展开。郑捷奋②依据经济学理论,认为公路属于准公共物品,介于竞争性和公益性投资项目之间,属于基础性投资项目,应该由政府和市场共同提供与管理,并且私人参与基础设施领域投资已成为一种世界性现象,我国也应大力引导社会资本进入收费公路行业。该观点说明,公路的基本属性并不能决定其应该采用怎样的收费运营模式。徐海成③以高速公路产业化为着眼点,分析了高速公路产业化的必要性,即必须坚定地推动市场化进程。同时,他也指出,高速公路产业化经营可以提高行业整体效益,这一效益不仅指经营企业的微观效益,还包括宏观上的整体效益。这实质上是对上述林伊亘第二个理由的反驳。除此之外,石勇民④通过对政府还贷公路建设质量不容乐观、政府扩张、垄断机构的低效率、寻租这四个方面弊端的论述,提出公路必须实行市场化的观点,他指出了政府还贷公路存在的主要问题。国家发改委宏观经济研究院课题组⑤从债务负担和银行金融风险角度提出鼓励经营性公路建设、逐步取消政府还贷公路建设的观点。姜岩飞⑥则从特许经营角度提出高速公路应全面实行特许经营。周国光⑦认为,在政府大力推广政府和社会资本合作(PPP)模式政策导向下,经营性公路也许是未来收费公路发展的主要方向。可以看出,支持政府还贷公路的学者所持的主要观点与理由受到了严峻挑战。

综上所述,实务中政府虽多采用政府还贷运营模式,理论界却更倾向于将经营性公路视为未来收费公路行业的发展方向。同时,现有研究虽对政府还贷公路的诸多弊端进行了许多有益的讨论,并提出了对策建议,但对问题产生的深层原因却很少触及。

1.2.2 收费公路行业经济绩效研究

国外收费公路多以调校拥堵为初衷设立,与我国对公路实施收费政策的目的

① 周望军,王伟,梁靖.改革收费公路"双轨制"的政策建议[J].综合运输,1999(7):1-3.
② 郑捷奋,刘洪玉.中国收费公路的民营化[J].公路交通科技,2003(4):112-116.
③ 徐海成.高速公路产业化经营分析[J].综合运输,2004(3):20-21.
④ 石勇民,李海斌.中国公路市场化[J].长安大学学报(自然科学版),2002,22(4):55-58.
⑤ 国家发改委宏观经济研究院课题组.高等级公路收费与融资问题研究[J].经济研究参考,2004(5):22-32.
⑥ 姜岩飞.高速公路运营管理体制及收费政策研究[D].西安:长安大学,2014:84-88.
⑦ 周国光.进一步完善公路基础设施PPP模式的基本思路[J].中国公路,2018(15):62-65.

存在差异。因此,这里仅对中国收费公路行业及其相关基础设施行业经济绩效问题的研究文献进行梳理。

1. 相关行业经济绩效研究

在国内相关文献中,部分学者研究了交通行业的经济绩效。其中张利①利用 DEA 方法考察了中国铁路行业自中华人民共和国成立以来的运营绩效变化情况,在与西方发达国家对比后发现,没有通过培育数量众多的竞争者形成竞争模式是中国铁路行业运营绩效未能获得与技术进步同比增长的主要原因。梁国华②在对已有公路绩效评价指标体系进行扬弃的基础上,建立了基于 values-goals-objec-tives-criteria-standards 逻辑的指标体系,对包含建设、运营管理等环节的公路整体绩效进行了客观评价。丁小东③则采用 DEA 方法中的 CCR 模型对包含公路、铁路、航空、水运和管道 5 种运输方式在内的交通运输行业进行了绩效评价。

除此之外,还存在较多基于制度变迁(政策调整)与经济绩效关系的研究。如杨光斌④依据制度变迁理论,考察了制度变迁与经济绩效变化的作用机制。于良春⑤对电力行业改革前后电力经营企业的经济绩效进行了考察,认为电力行业的经济绩效并未因改革而发生明显变化,并认为减少行政干预、发挥市场机制作用才是改革的必由之路。梁建英⑥则通过对不同管制方式下基础设施行业的经济绩效进行对比,得出不同管制方式(制度)适用于不同基础设施行业且会形成不同经济绩效的结论。

2. 收费公路行业经济绩效研究

在收费公路行业中,以往研究多针对收费公路投资效率进行评价,或是基于收费公路对社会经济的影响从宏观层面对项目绩效进行评价。如闫淑荣⑦运用

---

① 张利. 基于 DEA 的中国铁路运营绩效分析及评价[J].系统工程理论方法应用,2006(3):220-224.
② 梁国华,马荣国. 对农村公路绩效评价的探讨[J].交通企业管理,2007(9):4-6.
③ 丁小东,徐菱姚,姚志刚. 基于 DEA 方法中国交通运输行业绩效评价[J].武汉理工大学学报,2011,33(3):77-81.
④ 杨光斌. 观念、制度与经济绩效——中国与印度经济改革的政治学理论价值[J].中国人民大学学报,2006(3):114-122.
⑤ 于良春,杨晓云,于华阳. 中国电力产业规制改革及其绩效的实证分析[J].经济与管理研究,2006(10):35-40.
⑥ 梁建英,张帆,廖豽武. 不同管制方式对基础设施产业效率的影响分析[J].运筹与管理,2007(16):47-51.
⑦ 闫淑荣,齐晓琳. 收费公路 DEA 投资效率分析与建议[J].中国公路,2012(4):106-107.

DEA 方法对各省收费公路投资效率进行测度。王利彬①通过筛选合理的计量模式分别评价了公路投资对国民经济增长的贡献以及收费制度在投资贡献中所起的作用。郑方辉②从社会福利评价、政策效率评价以及制度导向评价三个方面对中国公路收费政策的绩效进行了定性评价。虽然针对以上问题的研究成果相对丰富，但是侧重于收费公路行业运营层面经济绩效的研究则较少。其中，刘秉镰③依据收费公路与全要素生产率在 2001—2007 年之间显著的正相关性得出中国收费公路行业的经济绩效在该时期内持续上升的结论。未小刚④、王博⑤与魏晓⑥也先后对公路上市公司的经济绩效进行了定量评价。

综上所述，相关行业研究主要侧重于经济绩效与制度（政策）的互动，即通过对比制度变迁（政策调整）前后的经济效益状况，运用产业组织理论从制度层面给出解释。而在收费公路行业经济绩效研究中，更多是从投资效率、收费公路项目与宏观经济关系、以经营性公路为主的收费公路上市公司经济绩效角度进行考察，针对行业运营整体层面及政府还贷公路的经济绩效评价相对匮乏。

1.2.3 收费公路行业行政垄断及优化研究

行政垄断在中国是计划经济向市场经济转轨的中间形式，这导致行政垄断问题在中国比较普遍，对行政垄断的研究成果也多见于中国。因此，这里主要分析国内的相关文献。

1. 相关行业行政垄断问题研究

行业性行政垄断的研究主要从行政垄断的共性问题与特定行业的个性问题

---

① 王利彬. 中国公路收费制度的效率研究[D].西安：长安大学,2006:53-69.
② 郑方辉. 中国收费公路的制度安排及其绩效评价[J].学术研究,2009(4):89-95.
③ 刘秉镰,武鹏,刘玉海. 交通基础设施与中国全要素生产率增长——基于省域数据的空间面板计量分析[J].中国工业经济,2010(3):54-64.
④ 未小刚. 我国高速公路产业效率实证研究[J].价格理论与实践,2011(11):76-77.
⑤ 王博,李琼. 高速公路行业上市公司绩效评价与动态分析[J].企业经济,2014(8):175-179.
⑥ WEI X, XU H. C., ZHANG B. Q., et al. Infrastructure Operation Efficiency and Influential Factors in Developing Countries: Evidence from China[J]. Sustainability, 2019, 11(3): 1-14.

两个不同层面展开。部分学者立足于行政垄断行业总体进行研究。其中于良春①②③通过构建对转轨经济条件下行业性行政垄断问题进行分析的 ISCP（Institution 制度-Structure 结构-Conduct 行为-Performance 绩效）框架，考察了行业性行政垄断的维持及传导机制，并形成对行政垄断强度及其效率影响进行测算的指标体系。同时，他还考察了诸如行政垄断对收入差距的影响等问题。王俊豪④在对行政垄断二重性的论证基础上认为，不合理的行政垄断会导致企业经营管理低效率，限制行业投资与技术进步，滋生寻租和腐败现象以及加大收入差距与分配不公，具有极大的危害。丁启军⑤⑥⑦通过相关指标的遴选对 37 个工业行业及电信、铁路、邮政、航空、银行五个重要第三产业进行行政垄断行业的判定工作，最终得出强势行政垄断行业有九个，并提出引入市场竞争和提高规制效率两条改革的基本思路。同时，他也对垄断行业高利润的来源问题进行了探讨，认为高利润并不是高效率的结果，而是由垄断定价导致的。此外，杨骞⑧对行政垄断的租值耗散进行了理论探讨，并以电信行业为例进行了实证研究。张伟⑨则使用博弈论方法对行业性行政垄断的产生及维持机制进行了剖析。肖兴志⑩通过总结我国垄断产业改革 40 年的经验，认为我国垄断产业最主要的表现形式是行政垄断而非经济垄断，改革的重点依然在于产权结构调整、竞争优化、规制体系构建等方面，同时也应该统筹国内和国际市场以提升产业的全球竞争力。

与此同时，更多的学者将目光聚集在特定行业的行政垄断问题上，研究涉及

① 于良春,张伟. 中国行业性行政垄断的强度与效率损失研究[J].经济研究,2010(3):16-27.
② 于良春,王美晨. 行业垄断对收入差距影响的实证分析[J].经济与管理研究,2014(7):23-33.
③ 于良春,王涛. 垄断对行业间收入差距影响的实证分析[J].东岳论丛,2014,35(8):78-82.
④ 王俊豪,王建明. 中国垄断性产业的行政垄断及其管制政策[J].中国工业经济,2007(12):30-37.
⑤ 丁启军. 行政垄断行业的判定及改革[J].财贸研究,2010(5):77-83.
⑥ 丁启军,伊淑彪. 中国行政垄断行业效率损失研究[J].山西财经大学学报,2008,30(12):42-47.
⑦ 丁启军. 行政垄断行业高利润来源研究——高效率,还是垄断定价？[J].产业经济研究,2010(5):36-43.
⑧ 杨骞. 行政垄断租值耗散的理论与实证研究[J].中南财经政法大学学报,2009(3):49-54.
⑨ 张伟,于良春. 行业行政垄断的形成及治理机制研究[J].中国工业经济,2011(1):69-78.
⑩ 肖兴志,韩超.中国垄断产业改革与发展 40 年:回顾与展望[J].经济与管理研究,2018,39(7):3-15.

铁路运输业、电信行业、航空运输业、烟草行业与石油行业等诸多行业。在铁路运输业中,王会宗①②③以铁路运输业为研究对象,分别对行业行政垄断形成的路径依赖机制、资源配置效率、行政垄断与经济效率的作用关系三个问题进行了研究。在电信行业中,于良春④借鉴新比较经济学的社会制度选择分析方法,建立了行政垄断制度的选择框架并应用于电信行业行政垄断制度变迁研究。杨秀玉⑤则运用 ISCP 框架对电信行业进行了经济绩效的实证研究。在航空运输业中,陈学云⑥认为该行业自然垄断与行政垄断共存,但行业出现问题的实质是基于非自然垄断规制而维持的垄断即行政垄断,因此需要制定适用于航空运输业的反行政垄断法。同样,秦山⑦认为我国交通基础设施供需错配的主要原因,在于政府主导的行业性行政垄断,而且行政垄断还导致该行业公私合作制度面临实施困境。在烟草行业中,杨骞⑧⑨对该行业行政垄断程度、行政垄断造成的效率损失、行政垄断造成的社会成本分别进行了测度。在石油行业中,单东⑩指出,行业出现问题的根源是行政垄断,并通过对行政垄断造成危害的分析提出打破行政垄断的对策建议。李治国⑪对行业的整体效率、纯技术效率、规模效率与地区效率进行了实

① 王会宗,张超. 行政垄断形成中的路径依赖分析——以中国铁路运输业为例[J].工业技术经济,2009,28(5):7-10.
② 王会宗. 行政垄断下的铁路运输业资源配置效率分析[J].西安财经学院学报,2012,25(1):16-24.
③ 王会宗. 行政垄断与经济效率——基于中国铁路运输业的实证分析[J].经济问题,2009(12):20-24.
④ 于良春,杨骞. 行政垄断制度选择的一般分析框架——以我国电信业行政垄断制度的动态变迁为例[J].中国工业经济,2007(12):38-45.
⑤ 杨秀玉. 中国电信产业行政垄断及其绩效的实证分析[J].上海财经大学学报,2009,11(4):49-56.
⑥ 陈学云,江可申. 航空运输业规制放松与反行政垄断——基于自然垄断的强度分析[J].中国工业经济,2008(6):67-76.
⑦ 秦山,荣朝和.中国交通基础设施供需错配与公私合作困境及其对策——基于供给侧结构改革的视角[J].云南社会科学,2017(04):64-69.
⑧ 杨骞,刘华军. 中国烟草产业行政垄断及其绩效的实证研究[J].中国工业经济,2009(4):51-61.
⑨ 杨骞. 我国烟草产业行政垄断的社会成本估算[J].当代财经,2010(4):87-93.
⑩ 单东. 中国石油行业行政垄断的成因、危害及解决之对策[J].经济社会体制比较,2010(5):158-164.
⑪ 李治国,郭景刚,周德田. 中国石油产业行政垄断及其绩效的实证研究[J].当代财经,2012(6):89-101.

证研究。而王俊豪①则设计出行业的分类管制政策。

2. 收费公路行业行政垄断研究进展

在收费公路行业中,樊建强②从分析导致收费公路问题的原因——行政垄断入手,从哈伯格纯损三角(外部效率损失)、X非效率(内部效率损失)、塔洛克四边形(租值耗散)三方面构建行政垄断社会成本的测度模型,并得出行业性行政垄断成本较高的结论。白鹏锐③研究我国收费公路行业资源配置效率及其影响因素,得出行政垄断是收费公路行业资源配置低效的主要原因。王婕妤④对收费公路行业行政垄断程度进行了测度,并提出优化建议。

在行政垄断优化方面,樊建强⑤通过对收费公路行业行政垄断进行分析,认为优化收费公路行业内行政垄断的办法是转变政府职能。行政垄断是由政府权力产生,那么优化它也应从政府权力入手。再者,优化行政垄断还可以通过限制收费公路垄断经营主体的特权,在产权和人事权等方面分离垄断企业与政府之间的依存关系,也可以通过建立和完善相关法规规范收费公路垄断主体的经营行为来优化行政垄断。

综上所述,关于行政垄断的研究覆盖众多与收费公路相关的行业。在行业性行政垄断的分析框架、形成机理、垄断程度、社会成本以及行政垄断与经济绩效的作用关系等几个重要问题上取得了丰富的成果,这对收费公路行业有十分重要的借鉴意义。而在收费公路行业中,对行政垄断及其优化的研究成果数量很少,且相关成果多来自本课题组成员。

1.2.4　租值耗散理论研究

租值耗散理论是产权学派的重要贡献。它的主要内涵是,由于产权安排不当,使资源价值下降,从而经济效率降低。该概念自提出开始就活跃在新制度经济学内,使经济学家加深了对制度与经济效率之间关系的理解。对租值耗散的理

①　王俊豪,穆秀珍.中国石油产业市场结构重组与分类管制政策[J].财贸经济,2015(5):121-131.

②　樊建强,李丽娟.收费公路行业行政垄断及其社会成本测度[J].经济问题,2012(2):56-60.

③　白鹏锐,徐海成.我国收费公路行业资源配置效率及其影响因素[J].中国流通经济,2018,32(08):100-108.

④　王婕妤,徐海成.收费公路行业行政垄断程度测度及治理[J].西安交通大学学报(社会科学版),2012,32(4):75-80.

⑤　樊建强.收费公路产业规制制度改革[M].北京:社会科学文献出版社,2010:61-63.

论研究主要集中在国外,因此,这里主要对西方租值耗散理论发展的文献轨迹予以简述。

1. 租值耗散理论的起源

最早对租值耗散现象进行观察的是庇古①(Pigou A. C.),在分析社会成本问题时他提出了两条竞争性公路的经典例子,其中路况较好的路存在堵塞,车辆相互妨碍,路况较坏的路没有拥挤,因此两条路通行时间相近。面对这种因为人们相互影响而导致的无效率状态,庇古给出的解释是好路发生了社会成本与私人成本的分离,也就是常说的"外部性",而解决办法是政府向好路的使用者征税。之后,奈特②(Knight F. H.)对此进行了反驳,认为庇古并没有看到问题的本质,如果好路界定为私产,那么这个问题就不攻自破,因此,导致无效率的原因在于产权安排。这也是最早隐含租值耗散思想的文章。

首次正式使用"租值耗散"概念的是戈登③(Gordon H. S.),戈登其实是延续了奈特的思路,他把人们相互影响而使公共渔场价值下降的现象称为租值耗散,给出的解释是:有限的渔场自然资源在公共产权下,由于捕鱼者只注重自己的产量而忽视对他人生产所造成的成本,从而导致"捕鱼业过度捕捞的问题"。这是就特定的经济现象给出的一个定义性的解释。

此后,经济学家们利用租值耗散理论对类似问题的研究层出不穷,希望从一个全新的角度探析相关经济现象的成因及解决问题的出路。例如,博腾利④(Bottomley A.)发现虽然的黎波里草原极宜种植杏仁树,但因为草原公有,于是用来作为低价值的畜牧用地。哈丁⑤(Hardin G.)考察了公共牧场的价值下降问题。德姆塞茨⑥(Harold D.)解释了18世纪初加拿大东部印第安人过度捕杀海狸的现象。

庇古、奈特、戈登等人从对"人们相互影响,导致无效率"的现象出发,到对问题的本质进行探讨,最后到正式提出租值耗散概念的这一过程,共同构成了租值

① PIGOU A. C. The Economics of Welfare[M].London:Macmillan,1920.
② KNIGHT F. H. Some Fallacies in the Interpretation of Social Cost[J].Quarterly Journal of Economics,1924,38(4):582-606.
③ GORDON H. S. The Economic Theory of a Common-Property Resource:The Fishery[J].Journal of Political Economy,1954,62(2):124-142.
④ BOTTOMLEY A. The Effect of the Common Ownership of Land Upon Resources Allocation in Tripolitania[J].Land Economics,1963,39(1):91-95.
⑤ HARDIN G. The Tragedy of the Commons[J].Science,1968,162(3859):1243-1248.
⑥ HAROLD D. Toward a Theory of Property Rights[J].The American Economic Review,1967,57(2):347-359.

耗散理论的孕育阶段。这一阶段租值耗散理论研究的对象多是公有产权的公共物品与准公共物品。由于公有产权本身的非排他性,导致对资源过度竞争使用,造成价值下降,这也形成这一时期租值耗散的思想核心。

2. 租值耗散理论的发展

传统的经济学观点认为政府价格管制会造成短缺或者过剩的"不均衡"状态,这导致对管制问题不能给出一个有解释力的假说。直到张五常①②研究得出非专有资产和价格管制理论,以及巴泽尔③(Barzel Y. A.)对价格管制下排队分配问题进行分析后,才破译了价格管制的经济学密码,与此同时,他们也丰富了租值耗散理论。

其中,巴泽尔④从财富攫取角度对租值耗散进行研究,认为攫取财富就相当于在公共领域中寻找财产,每一次交换都会导致财富溢出,形成公共领域,这必然导致大家进行攫取。张五常⑤则通过对战后香港的房屋租金管制进行考察,给出租值耗散的两个一般性命题:(1)当合约一方的收入索取权被全部或部分地剥夺时,除非该权利被完全授予另一个人,否则转移的收入将趋于消散。究其原因,要么是因为使用或生产该物品的形式发生了变化,导致其价值下降,要么是因为合约行为发生了变化,导致形成和执行合约的成本上升,或者是这两者共同作用的结果。(2)给定非专有收入的存在及其消散趋势,涉及的各方都会努力在约束条件下使租金的消散极小化。这或者通过寻求生产或使用物品的替代办法,以使资源价值的下降减至最低限度来实现,或者通过形成另外的决定物品使用或生产的合约安排使交易成本增加最少来实现,或者通过这两种方法的最低成本组合来实现。之后,张五常⑥对租值耗散理论进行了深入探讨,认为租值耗散就是所谓的交易费用、制度费用的一部分。

① 张五常. 合约结构和非专有资源理论[A].张五常. 经济解释——张五常经济论文选[C].北京:商务印书馆,2000:81-109.
② 张五常. 价格管制理论[A]. 张五常. 经济解释——张五常经济论文选[C].北京:商务印书馆,2000:162-186.
③ BARZEL Y. A Theory of Rationing by Waiting[J].Journal of Law and Economics,1974,17(1):73-96.
④ 巴泽尔. 产权的经济分析[M].上海:上海人民出版社,1997.
⑤ 张五常. 价格管制理论[A].张五常. 经济解释——张五常经济论文选[C].北京:商务印书馆,2000:162-186.
⑥ 张五常. 经济解释(卷二)[M].北京:中信出版社,2010.

值得一提的是,塔洛克①(Tullock G.)基于哈伯格三角和 X 非效率提出为获得垄断租金而花费的资源也是社会成本,即塔洛克四边形。由此引发对寻租与租值耗散关系的研究。

总体来说,这一时期对租值耗散的认识不断加深,租值耗散理论也趋于成熟,不再拘泥于公共资源产权非排他性所导致的竞争性使用,而是触及了租值耗散产生的根本原因——产权被全部或者部分地置于公共领域,导致这部分产权对应的价值下降。具体来说,耗散的形式有三种:(1)参与者过度竞争使用资源,导致成本抵消收益,如戈登的公海渔场的例子;(2)参与者在考量收益与成本后,将资产用于非最优用途,如的黎波里草原的例子;(3)合约的安排或行为发生了改变,如排队配给的例子。同时,租值的耗散程度问题在这一时期也得到大家的重视,研究取得的普遍性结论是:在既定制度环境下,由于理性经济人的逐利性,租值总是趋于耗散最小化。

综上所述,通过租值耗散理论发展路径的文献回顾,可以看到一个清晰的租值耗散理论框架,以此可对租值耗散概念给予一般性、系统性的解释:由于没有排他性使用权,人人争相使用某项共有财产,会把其租金的价值降为零。这是因为,如果没有人对该共有财产的价值拥有排他性权利,那么,人们的相互竞争使用所导致的结果是每一个竞争使用者所获得的,只不过是利用该共有财产所需的他自己的资源的可选择的收益,即他的机会成本。换言之,在互相竞争的情况,由于没有人享有特别的优势,不具有排他性权利所有者的"奖金",将会被用来赢得这种奖金的其他资源的成本所消散或吸收。因而,所赢得的奖金的净值等于零②。在这个定义中,至少有四点需要强调与补充:(1)使用排他性使用权这个概念会使租值耗散概念的应用范围变窄,如果没有排他性的收入权,租值一样会产生耗散。(2)租值耗散总是趋于最小化的,因而租值很难被稀释殆尽。(3)产权界定不明晰并不是简单地指"法权没有被清晰指定主人",而是指没有效率的产权安排,像巴泽尔③所说的那样"只有与收入最大化相一致的权利转让,才能完全清晰地界定产权"。(4)人们在预期到租值会被攫取收入时所付出的资源成本稀释,很可能做出放弃资源既定用途的决定,显然租值耗散的方式不止一种。

---

① TULLOCK G. The Welfare Costs of Tariffs, Monopolies, and Theft [J]. Western Economic Journal,1967,5(3):224-232.
② 注:张五常为新帕尔格雷夫经济学大辞典"共有产权"撰写的词条,见经济解释——张五常经济论文选[M].北京:商务印书馆,2000.
③ 巴泽尔. 产权的经济分析[M].上海:上海人民出版社,1997.

1.2.5 收费公路行业租值耗散研究

垄断经营必然产生社会成本，形成较高的租值耗散，因此收费公路行业的行政垄断也必然会形成租值耗散。

本课题组通过输入"收费公路"与"租值耗散"两个关键词进行文献检索，并对文献进行筛选后发现，仅有樊建强①一篇文献与"收费公路行业租值耗散"这一主题具有一定联系。他沿用哈伯格、莱宾斯坦、塔洛克的思路，从资源配置、X 非效率、租值耗散等三个角度构建了测算收费公路行业行政垄断社会成本的模型，估算发现收费公路行业行政垄断造成的社会成本远远高于其他行业。

与此同时，相关行业的租值耗散研究成果较收费公路行业丰富，下文将对此进行梳理，这里不再赘述。

1.2.6 相关基础设施行业租值耗散研究

租值耗散理论从全新的角度考察交易费用，也就是说，它是帮助人们更有洞见地研究广义的制度与资源配置效率之间作用机理的桥梁，它的主要生命力在于应用。因此，对租值耗散理论应用方面的研究成果进行借鉴是十分必要的。这些成果按其研究对象的性质可分为三类。而基础设施行业仅是这些研究的一部分，所以，以下文献的研究对象不仅限于基础设施行业。

1. 租值耗散应用于准公共物品的研究

前文对租值耗散理论渊源的论述显示，最初的研究都集中在公共资源与俱乐部产品上，而这二者合称为准公共物品。庇古和奈特对两条路的使用效率的讨论，可以得出公路私人收费与政府收税效率相等的结论。而之后戈登、博腾利以及哈丁也从不同角度解释了公共资源的租值耗散问题。李贝卡和约翰逊②则应用租值耗散分别对 Navajo 保留地的过度放牧现象和石油开采成本过大的现象进行了分析。除了上述成果之外，国外对准公共物品租值耗散的分析还有很多，内容涉及土地、海洋、矿产等诸多领域，但其核心理念都是相同的，所以在此不一一进行列举。

周其仁③是国内最早考察租值耗散问题的学者，他通过私人对公共过道（是

---

① 樊建强，李丽娟. 收费公路行业行政垄断及其社会成本测度[J].经济问题，2012(2):56-60.

② 未找到原始文献，此处资料来源于：崔晓林，张辉. 租值消散理论的经济学逻辑[J].山东经济，2009(6):29-37.

③ 周其仁. 公有制企业的性质[J].经济研究，2000(11):3-12.

一种公共资源)攫取问题的分析,认为公有制企业正如公共过道,会导致租值耗散,从而在法权与事实的产权不一致的框架下对公有制企业中国家租金体制造成的无效率进行了研究。值得一提的是,这和上文提及的国外租值耗散理论发展路径相一致:最早涉及租值耗散的研究都针对准公共物品。此外,孙明山[1]也通过揭示环境资源的经济属性,指出其模糊的产权设置是造成租值耗散的根本原因。

之所以把这些研究归为一类,主要是因为研究对象的公共产品属性。无论国内还是国外,在使用租值耗散对准公共物品进行分析时所用思维都大同小异,无外乎准公共物品产权没有明确归属,造成参与者对其过度竞争使用,从而导致资源价值下降。可以看出,租值耗散理论能够帮助研究者更直观地对这一过程进行观察。

2. 租值耗散应用于政府管制的研究

张五常与巴泽尔对政府管制下租值耗散的研究开辟了该理论在管制领域的应用先河,他们主要针对的研究对象是政府价格管制。

国内也不乏价格管制方面的租值耗散分析。张辉[2]发现劳动合同法会导致生产要素市场与产品市场同时发生租值耗散。翁舟杰[3]认为诊疗服务的非市场化定价会导致诊疗服务产权界定的不完全,从而使部分租值置入公共领域,市场各参与主体会采用非价格机制和隐性价格机制以攫取公共领域的租值。韩江波[4]在深入探讨了土地租值耗散的两大基础——市场体制和政府机制的基础上,对土地租值分割及其耗散的逻辑进行理论探索,并尝试了数理推导。杜明义[5]认为,我国农地征收中存在的农地产权不完善与价格管制导致了广泛的租值耗散,损害了农民的土地权益。而李宁[6]则以租值耗散为视角,对农地产权变迁过程中的效率问题以及放松管制下农地产权的多样性问题进行了研究。鄢德奎[7]认为

---

① 孙明山. 探析环境资源消费的"租值耗散"问题[J].经济研究导刊,2012(13):3-4.

② 张辉,张丽. 价格管制与租值消散:以劳动合同法为例[J].西安财经学院学报,2009,22(3):93-97.

③ 翁舟杰."看病难、看病贵"现象的经济分析——西方租值耗散理论的视角[J].经济学家,2012(10):65-70.

④ 韩江波. 农地商业化配置租值消散研究[D].广州:暨南大学,2012:81-127.

⑤ 杜明义. 农地租值消散和农地所有权主体完善与农地发展权构建——农地征收中农民土地权益保护思考[J].国土资源科技管理,2014,31(3):128-134.

⑥ 李宁,陈利根,孙佑海. 转型期农地产权变迁的绩效与多样性研究:来自模糊产权下租值耗散的思考[J].江西财经大学学报,2014(6):77-90.

⑦ 鄢德奎,陈德敏. 中国自然资源的租值耗散难题及其规制研究[J].河北学刊,2017,37(2):141-146.

我国自然资源的价格管制和产权虚置导致自然资源交易市场中市场定价机制缺位、自然资源资产成本构成失衡等市场失灵现象,使得自然资源租值耗散。从这些研究中可知,政府价格管制下租值耗散产生的机理已经十分明确:对价格的管制会导致非专有收入落入公共领域,而买卖双方都有对其攫取的动机,最终会使租值耗散。

除了价格管制以外,租值耗散理论还被应用于诸如产权管制、金融管制、进入管制和行政垄断等多种管制干预的研究中。例如,何一鸣①通过对产权管制放松的动态过程予以界定,认为当产权被部分或全部地重新赋予拥有最佳运用资源信息的分散的决策个人时,租值耗散会相对减少。殷孟波②和翁舟杰③使用租值耗散理论对我国银行业中利率向下管制与利率配给造成的信贷问题进行了分析。中国人民银行成都分行营业管理部课题组④的研究认为,伴随着金融管控的加强,同业业务的发展减少了金融管制产生的租值耗散,并分析得出信贷规模影响银行资产的使用权,使其自身成为稀缺性资源,银行和管理部门为了贷款规模进行博弈导致银行业租值耗散。李利群⑤借助租值耗散理论,考察出租车数量管制的目的及其实现程度,以检验其存在的有效性。杨骞⑥认为,行政干预对市场机制的影响会导致企业竞相利用行政权力获取与维持垄断地位,进而产生租值耗散,而行政垄断租值耗散的程度取决于寻租的边际成本与边际收益的关系,进而得出行政垄断特权的界定不清是导致租值耗散的根源。李月⑦认为在水资源存在短缺且水权受到行政管制时,租值耗散就会发生,这也是国内第一个从数理角度分析租值耗散的研究成果。马轶群⑧则对地方政府债务的租值耗散进行了剖

---

① 何一鸣,罗必良. 产权管制放松与中国经济转轨绩效[J].经济理论与经济管理,2009(9):10-15.
② 殷孟波,翁舟杰,梁丹. 解读中小企业贷款难理论谜团的新框架——租值耗散与交易费用视角[J].金融研究,2008(5):99-106.
③ 翁舟杰,陈和智. 隐形合约、租值耗散及我国信贷市场非规范融资行为[J].经济学家,2008(3):99-105.
④ 中国人民银行成都分行营业管理部课题组. 金融管制下的区域银行同业市场业务发展及功能演进研究——基于租值消散理论的视角[J].西南金融,2013(4):38-41.
⑤ 李利群. 出租车业数量管制效应分析——基于租值消散理论的视野[J].交通企业管理,2012(12):34-37.
⑥ 杨骞. 行政垄断租值耗散的理论与实证研究[J].中南财经政法大学学报,2009(3):49-54.
⑦ 李月,贾绍凤. 水权制度选择理论——基于交易成本、租值消散的研究[J].自然资源学报,2007(5):692-700.
⑧ 马轶群. 地方政府债务的租值耗散及国家审计治理——以融资平台为例[J].财经科学,2015(2):63-71.

析。朱凯①从租值耗散的角度,研究了政府管制下地区市场分割影响经济效率的微观作用路径。

以上文献的研究对象无一不处在管制之下。而对管制,尤其是对政府价格管制的研究,都认为管制会导致短缺或者过剩的不均衡,而租值耗散理论则给出了一个新的"均衡",这说明在研究管制问题时,租值耗散理论有着独特的分析视角。

3. 租值耗散应用于产权残缺方面的研究

产权残缺概念并没有一个很严谨的定义。顾名思义,它就是指产权的不完整。张维迎②认为,产权残缺表现为企业的剩余控制权与剩余收益权相分离。这表达的无非是部分产权没有得到清晰界定的含义。

这里引入巴泽尔③对产权界定不清的具有洞察力的见解:由于参与者对产权影响的界定需付出一定的成本,所以产权在实际运行中很少界定清晰。当然,前述准公共物品与管制导致租值耗散的根本原因就是产权全部或部分地界定不清,它们强调的是产权的实际无主,但这与产权残缺的含义有所重叠,也说明了租值耗散产生原因的一致性,即产权残缺。放在巴泽尔的语境下,这种残缺就是产权未清晰界定。

巴泽尔④对因技术原因或者交易费用而产生的公共财产问题进行了详细分析,并以独特视角对佃农理论进行探讨,提出当一方承担更大部分的变化性时,该方就成为更大的剩余索取者的原则。如果不符合这个原则,那就说明产权没有得到清晰界定。

在国内,遵从这一思路对租值耗散进行研究的也不乏其人。上文提到的周其仁对公有制企业的分析中就提出"法权与事实的产权不相一致"导致产权弱化的问题,这其实就蕴含了控制权与剩余索取权不一致的内涵。曹海霞⑤也认为在矿产资源开发环节,由于存在排他性产权残缺和委托代理失效问题,委托代理关系双方剩余控制权与剩余索取权不对等,导致租值耗散,并在此基础上比较系统地探讨了产权残缺的租值耗散问题。

这类研究成果虽不如前两类多,但对中国有着极其重要的借鉴意义。因为

① 朱凯,潘怡麟,张舒怡等.管制下的市场分割与租值耗散——基于企业集团跨地区经营的视角[J].财经研究,2019,45(04):4-16+29.

② 张维迎.所有制、治理结构及委托—代理关系——兼评崔之元和周其仁的一些观点[J].经济研究,1996(9):3-15,53.

③ 巴泽尔.产权的经济分析[M].上海:上海人民出版社,1997:75-76.

④ 巴泽尔.产权的经济分析[M].上海:上海人民出版社,1997:76.

⑤ 曹海霞.矿产资源的产权残缺与租值耗散问题研究[D].太原:山西财经大学,2013:50.

"公有制为主体、多种所有制经济共同发展的基本经济制度,是中国特色社会主义制度的重要支柱,也是社会主义市场经济体制的根基"①。而产权是所有制关系的法律形式,在中国的经济中,"法权与事实产权不相一致"的问题俯拾皆是,全民所有的生产资料在具体经营管理时必然要经过政府代理、市场代理等层层委托代理,发生委托代理失灵,从而引起产权残缺,导致创租、寻租、过度使用资源等行为,造成租值耗散。

综上所述,具有准公共物品属性、政府管制或产权残缺性质的资源或行业都会产生租值耗散,从而造成经济损失。而租值耗散理论为分析这一绩效损失过程的作用机理提供了一个全新的视角,加深了人们对制度与经济绩效互动的理解。

1.2.7 收费公路行业改革路径研究

针对收费公路行业诸多弊端,理论界存在两个大相径庭的改革流派。少数学者提出应该取消公路收费制度,归还公路的公益属性。而更多的学者则认为公路收费制度的产生有其深刻的历史背景,短时期内取消并不现实,并在认同公路收费制度存续的前提下提出各自的改革思路,这与本研究的观点相同,而从这一认识出发,也存在以下两种改革观点。

1. 市场竞争角度

其中一种改革观点是从引入市场竞争角度入手的。具体可以研究对象不同分为两类。第一类以收费公路行业整体为对象进行市场化改革研究。如石勇民②提倡在收费公路行业引入竞争机制,给出公路经营化、投资主体多元化、经营主体多样化三大收费公路市场化措施,并对市场化过程中可能遇到的难点给予建议。郑捷奋③从产权结构角度出发,认为推进民营化是实现我国收费公路建设投资市场化与营运管理商业化的发展方向,同时他也对收费公路继续推进民营化给出了对策建议。樊建强④认为市场化改革是收费公路产业走出财政危机、管理危机和信任危机的最佳方案,并提出从投融资体制改革入手深化收费公路产权改革、从加强潜在竞争入手深化收费公路市场结构改革、从破除"双轨制"入手深化收费公路治理结构改革的市场化改革路径。值得一提的是,他还点明,市场化过

① 注:2013 年 11 月 12 日中国共产党第十八届中央委员会第三次全体会议通过的《中共中央关于全面深化改革若干重大问题的决定》。
② 石勇民,李海斌. 中国公路市场化[J].长安大学学报(自然科学版),2002,22(4):55-58.
③ 郑捷奋,刘洪玉. 中国收费公路的民营化[J].公路交通科技,2003(4):112-116.
④ 樊建强,李丽娟. 收费公路产业规制改革的路径选择与实施[J].经济问题探索,2010(4):49-53.

程并不是政府职能的退出,而是政府职能的重构。第二类研究以收费公路具体环节为研究对象展开。在建设环节市场化中,舒超①认为,股份公司与资本市场应成为未来我国收费公路筹资的主要渠道。周国光②认为应该以高速公路特许经营管理办法的出台来推进公路建设市场的发展。而卫静③呼吁将代建制作为实现高速公路建设市场化的途径之一;在养护环节市场化中,众学者对养护市场化改革的手段与方法看法较为统一,姚其瑞④、崔国胜⑤、张清华⑥等学者都认为要实现收费公路养护的市场化改革,应该采取诸如转变养护观念、明晰界定产权、实行管养分离的体制改革与培育养护市场主体等手段;在运营环节市场化中,以往研究主要集中在特许经营上,如刘杉⑦认为应通过培育与完善收费公路经营权转让市场来促进运营环节的市场化。

2. 政府规制角度

与市场化相对应的另一种改革观点是政府规制改革,认为收费公路行业的规范发展离不开政府的有效规制,并借鉴西方规制理论研究成果对收费公路行业规制进行研究。其中卢毅⑧从行业产品属性与运营管理体制角度论证了行业实施政府规制的必要性,并提出大致的管制思路。樊建强⑨则对政府规制的内容进行界定,认为政府规制应该包括市场进入规制、市场结构规制、收费标准规制、投资规制、服务质量规制。李晓明⑩基于收费公路的垄断属性与外部经济性考虑,认为政府应该通过公共管制来避免行业完全由市场调节所带来的市场失灵。李琼⑪提出了收费公路行业政府职能转变的要点与可行路径。除此之外,还有卢正

---

① 舒超. 充分利用资本市场发展高速公路建设[J].交通财会,2000(1):35-37.
② 周国光. 完善高速公路特许经营管理的政策研究[J].交通企业管理,2007(1):72-74.
③ 卫静. 中国公路建设市场化与政府监管问题研究[D].西安:长安大学,2009:77.
④ 姚其瑞. 关于高速公路养护管理市场化的几个问题[J].科技资讯,2007(22):248.
⑤ 崔国胜,赵丹阳,郭春雷. 浅谈高速公路养护市场化及合同管理[J].辽宁省交通高等专科学校学报,2007,9(4):41-42.
⑥ 张清华. 高等级公路现行养护体制分析及市场化方法研究[J].科技资讯,2009(20):29.
⑦ 刘杉. 中国高速公路市场化运营机制研究[D].西安:长安大学,2009:14.
⑧ 卢毅,李庆瑞,刘建江. 我国高速公路管制的必要性与思路[J].长沙理工大学学报(社会科学版),2006,21(3):76-81.
⑨ 樊建强,徐海成. 高速公路产业化经营及政府规制探析[J].经济问题探索,2007(3):93-98.
⑩ 李晓明,胡长顺,曹军念. 收费公路经营及政府公共管制的理论与方法[J].中国软科学,2003(6):134-142.
⑪ 李琼. 收费公路产业政府职能转变问题研究[D].西安:长安大学,2013:118-158.

宇①与樊建强②③从激励性规制角度对收费公路的价格规制进行研究。贾锐宁④基于收费公路行业生产效率损失机理,构建了五种规制模型并实证检验,得出收费公路行业应该采用不完全信息最优规制模式。

综上所述,从行业整体出发对市场化改革进行研究的学者多是支持经营性公路导向型的学者,他们站在这一立场之上,自然会提出以经营性公路为改革方向的改革路径。在具体环节中,针对建设与养护环节的市场化研究更为成熟,而针对运营环节市场化的改革手段则较为单一。与从市场竞争角度对收费公路行业提出改革路径的学者不同,从政府规制角度提出改革路径的学者多数是站在"政府规制是市场机制有益的补充"立场上从不同角度对政府规制进行论证的,虽然研究成果较丰富,但显得略为零散,欠缺系统性。

1.2.8 存在问题与体会

通过文献梳理可以发现,已有研究在收费公路行业运营模式与经济绩效、租值耗散理论及应用、收费公路行业改革路径等方面均取得诸多的研究成果,但同时也存在以下五个方面问题。

1. 管理体制改革渐进性、行业属性认知局限性与行业发展阶段性的三重限制,导致缺乏运营层面的经济绩效研究

以往收费公路行业经济绩效研究多从投资效益、项目与宏观经济关系角度展开。与其他相关行业相比,缺乏侧重于运营层面经济绩效以及经济绩效与制度因素作用机理的研究。这说明收费公路的运营绩效问题并没有引起行业研究的重视。导致这一现象产生的原因有三方面:一是收费公路建立之初直接延续计划经济体制下普通公路的管理模式,虽然该模式随着经济发展在不断调整,但政府部门、公路运营单位以及行业研究人员的思维转变却不能及时跟上,未能形成足够的效率观念。二是公路作为基础设施,具有公益性与准公共物品属性,传统理论认为其应是由政府无偿提供的基础设施,对公路进行收费只是应对政府财政资金

---

① 卢正宇,郑莉,雷碧涛. 基于激励性价格管制模型在高速公路中的应用[J].长沙铁道学院学报(社会科学版),2007,8(1):203-204.

② 樊建强,童夏. 公路通行费价格规制的欧洲经验借鉴及启示[J].价格理论与实践,2014(1):113-114.

③ 樊建强,童夏. 高速公路行业价格规制模型构建及应用[J].价格理论与实践,2014(7):42-44.

④ 贾锐宁. 面向地方隐性债务风险治理的收费公路行业激励性规制研究[D]. 西安:长安大学,2018:69-109.

不足的权宜之计。《收费公路管理条例》第十一条更是规定："建设和管理政府还贷公路,应当按照政事分开的原则,依法设立专门的不以营利为目的的法人组织。"行业的基本属性使人们对"不以营利为目的"产生一定误解,形成"收费公路尤其是政府还贷公路不需要评价经济绩效"的错误观念。三是经济绩效问题本身是随着行业发展逐渐暴露出来的,以往经济绩效问题不构成行业主要问题,因此对该问题的关注不足也在情理之中。

事实上,"不以营利为目的"仅说明政府还贷公路还本付息结束后应停止运营收费,不代表在运营期不需要考虑经济绩效。因为运营期内经济绩效的提高可以缩短收费运营年限,减少公路使用者的负担。与此同时,2013—2018年收费公路统计公报的公布也从一定程度上说明行业经济绩效低下已经成为政府与社会比较关注的问题。因此,研究收费公路行业经济绩效是十分迫切的问题。

本研究正是在这一认识之上,以收费公路行业经济绩效问题为导向展开课题研究的。

2. 行业问题集中于政府还贷公路,但是受数据资料可获性制约,针对政府还贷公路经济绩效的研究较少,该问题在定量研究中尤为明显

收费公路运营模式相关问题研究显示,行业众多弊端集中于政府还贷公路而非经营性公路已成共识,经济绩效低下问题在政府还贷公路中也更为严重。然而,在为数不多的收费公路行业经济绩效研究中,研究对象多以上市公司为主,而上市公司却主要由经营性公路构成。因此对上市公司经济绩效的研究不具有代表性,这一问题在定量研究中表现得尤为明显。

数据资料的可获性限制是"经济绩效问题集中于政府还贷公路,而经济绩效研究集中于经营性公路"这一本末倒置的研究现状得以产生的主要原因。以经营性公路为主要组成部分的上市公司的数据资料较为容易获得,而政府还贷公路运营层面的数据一直是政府有关部门闭口不谈的"行业秘密"。

2013—2018年收费公路统计公报内容显示经济绩效问题已经成为行业主要问题的同时,也为行业研究提供了大量基础数据。这使得政府还贷公路经济绩效研究的工作难度大大下降,具备了实际操作的可行性。因此,有必要以政府还贷公路运营环节为主要研究对象进行经济绩效研究。

本研究以政府还贷公路运营环节作为主要研究对象,下文所指收费公路行业在没有特殊说明的情况下即指政府还贷公路行业,且特指其收费运营环节。

3. 对行政垄断严重影响行业经济绩效这一事实认识不足,致使经济绩效角度的行政垄断问题研究十分匮乏

通过对收费公路行业行政垄断相关问题研究的检索显示,收费公路行业行政

垄断及优化的研究成果很少,且均来自本课题组成员。其他相关行业的行政垄断研究成果则较多。其中,从行业总体层面的行政垄断问题研究中可以看出,行政垄断具有造成租值耗散、形成效率损失、限制行业投资与技术进步以及产生非生产性的高利润从而影响分配效率的危害,对垄断性行业的经济绩效产生严重影响。而对铁路运输业、电信行业、航空运输业、烟草行业与石油行业等具体行业的行政垄断研究也印证了行政垄断对经济绩效的这种负面影响。更有学者甚至直接断言,行政垄断才是其所研究行业出现问题的根本原因。

在收费公路行业,由于前文所述因素,理论与实务界对行业经济绩效问题没有给予应有关注,对行业经济绩效低下的产生原因进行理论探寻也就无从谈起。加之行业研究人员对行政垄断与经济绩效的作用关系关注不足,最终导致对行业行政垄断及优化研究十分匮乏。既然经济绩效问题已成为制约收费公路行业可持续发展的主要瓶颈,那么,找出经济绩效低下的原因——行政垄断,并对其进行优化就成为迫在眉睫的工作。因此,从经济绩效角度对收费公路行业行政垄断及优化问题进行理论研究具有重要意义。同时,其他相关行业在行业性行政垄断的分析框架、形成机理、垄断程度、社会成本以及行政垄断与经济绩效的作用关系等几个重要问题上所取得的研究成果对收费公路行业行政垄断问题的研究也具有很高的借鉴价值。

基于以上原因,本研究以收费公路行业行政垄断问题为切入点对行业经济绩效问题展开进一步理论探讨。

4. 租值耗散理论及其应用已相对成熟,但是与其他相关行业相比,收费公路行业的租值耗散研究成果近于空白

通过文献检索发现,对收费公路行业租值耗散问题的研究成果几近空白,这说明租值耗散理论与行业的租值耗散问题没有引起收费公路领域研究者的重视。

与收费公路行业寥寥无几的租值耗散研究成果相比,在租值耗散理论及其应用方面的研究则较为成熟。现有研究已经很好地解决了租值耗散的产生原因、产生形式、耗散程度等几个方面的重要问题,形成一套较完备的租值耗散理论体系。且该理论在准公共物品、政府管制、产权残缺等领域的应用研究也有诸多成果,为解决其他行业有关问题尤其是行政垄断与经济绩效关系问题提供了独到的视角。其中,在基础设施行业中也已经存在应用先例,如杨骞从租值耗散角度考察了电信行业中行政垄断对资源配置效率的影响,认为租值耗散理论对于此类问题的研

究提供了一个有益的视角①。收费公路行业与电信行业具有相近的行业属性,都处于转轨经济中的行政垄断之下,且共同存在经济绩效低下的问题。由此自然可以推论在租值耗散理论视角下收费公路行业行政垄断与经济绩效的作用关系将被更为清晰地呈现出来。由于以往研究对收费公路行业的经济绩效与行政垄断问题的关注不够,形成了收费公路行业租值耗散研究成果近于空白的现状。

收费公路行业具有准公共物品属性、政府特许(行政垄断特性)、外部性以及行业产权问题等行业属性与特性,这与以往租值耗散理论应用范围(准公共物品、政府管制、产权残缺等领域)高度拟合。那么,通过租值耗散理论视角来研究收费公路行业行政垄断与经济绩效作用关系问题具有理论上的合理性。这不仅为研究者分析行业行政垄断与经济绩效作用机理问题架起一座桥梁,更可以随之引入新制度经济学与产权经济学中很多实用的分析工具。总之,对收费公路行业租值耗散问题进行研究将具有令人期盼的前景。

本书在研究行政垄断与经济绩效作用关系时,借助了租值耗散的理论视角。通过对行政垄断导致的租值耗散进行剖析,分析行政垄断的租值耗散与经济绩效的作用机理,寻求理论突破。并针对具体的租值耗散现象,设计降低租值耗散的改革路径。

5. 行业改革方面的研究以倒逼式为主,研究角度较窄,缺乏从政府规制与市场机制协调角度的研究

在行业改革方面的研究中,少数学者对公路收费制度的存续提出疑问,认为应该取消公路收费,而认同公路收费制度的学者提出的行业改革建议主要从引入市场机制或加强政府规制展开。这些改革建议虽都有其自身的逻辑自洽性,但针对问题的侧重点却各有不同,显得比较零散,缺乏系统性。

导致以上问题的主要原因有两个:其一是部分学者对收费公路行业的问题把错了脉,消极地否定了公路收费制度的贡献。其二是以往收费公路行业改革研究都属于被动的倒逼式研究,即实践中出现什么问题,理论与实务界才针对该问题进行探讨。由于行业问题总是星星点点地暴露出来,使得行业改革研究显得十分零散。与此同时,此类研究多是就事论事,没有对导致问题的深层原因进行"刨根问底"式分析,从而不能形成系统的行业改革路径。

然而,不对问题追本溯源、通过统筹考虑各个层面的因素来寻求改革路径,对解决问题来说无异于缘木求鱼。收费公路当前面临的主要问题是行业经济绩效

---

① 杨骞. 行政垄断租值耗散的理论与实证研究[J].中南财经政法大学学报,2009(3):49-
54.

低下,该问题则主要受行政垄断影响,而行政垄断的本质是政府对市场竞争的干预。因此,要从根本上解决经济绩效问题,就需要从政府规制与市场机制的效率边界划分入手,在各自合理边界内通过政府规制改革与引入市场机制来研究优化行政垄断的措施及建议。

本研究从行政垄断这一本源问题入手,以政府规制与市场机制协调的效率边界为基准,研究优化行业行政垄断的路径与措施,作为降低租值耗散提高经济绩效的制度保障。

1.3 研究方法、主要内容与创新

1.3.1 研究方法及主要内容

综合运用实证研究法和规范研究法。从分析收费公路行业经济绩效问题及其成因入手,运用实证研究相关工具对行业经济绩效进行评价;运用计量经济学相关手段构建行业行政垄断强度与租值耗散程度的测度模型;运用类比分析、实证分析工具探求行政垄断造成的租值耗散对行业经济绩效的影响机理;在此基础上,借鉴规范研究方法,运用比较借鉴、系统创新等分析工具设计行政垄断的优化路径;通过文献分析、专题研讨、行业实际调研等途径与手段,构建降低租值耗散提高经济绩效的行业规制改革思路。

在对已有文献梳理的基础上,本研究采用比较制度经济学的研究视角,沿袭系统性动态比较的研究思维,围绕"制度→组织→经济体制"这一核心,以"经济绩效→行政垄断→租值耗散"为研究框架,从制度层面、组织层面、经济体制层面选取"政府与市场的效率边界""设租与寻租""规模经济""企业效率""运营模式""改革路径"等为主要研究对象。

根据以上方法与思路,本研究包括以下7章主要内容。

第1章:绪论。首先,陈述研究背景。其次,通过文献综述分析归纳主要研究问题、研究的目的及意义。再次,明确研究方法、技术路线及基本内容。最后,总结归纳课题研究的基本观点、主要创新。

第2章:收费公路行业经济绩效实证研究。首先,通过对经济绩效理论内涵的分析以及对已有经济绩效评价研究的回顾,选取适合于收费公路行业经济绩效评价的思路及方法。其次,以盈利能力为研究角度,分别对我国收费公路企业及行业两个层面的经济绩效水平做出定性评价。最后,采用三阶段 DEA 方法与 Tobit 回归模型,选取适当的投入产出指标及环境变量,对全国收费公路行业 2016 年的经济绩效表现进行定量测度,并对政府还贷公路与经营性公路的经济绩效进行比较分析,以检验定性评价结论。

第 3 章:收费公路行业行政垄断实证研究。首先,在 ISCP 框架下,从制度、结构、行为、绩效四个角度分析收费公路行业的行政垄断现状。其次,在对收费公路行业行政垄断存在的必然性、必要性和适度性分析的基础上,通过制度供求重复博弈和路径依赖理论来探究行业行政垄断的形成过程。再次,通过实证分析对收费公路运营、养护过程中的行政垄断具体表现形式和作用结果进行研究。然后,构建基于主成分分析法的行政垄断程度测度模型并利用改进的 SPRCP(Market Structure 市场结构→Property Rights Structure 产权结构→Regulation System 规制制度→Conduct 行为→Performance 绩效)模式构建二级评价指标体系。最后,应用上述模型与指标体系对收费公路行业行政垄断程度进行定量测度。

第 4 章:收费公路行业行政垄断的租值耗散及测度。首先,从租值耗散角度对资源配置效率和内部效率理论进行分析,据此研究收费公路行业的行政垄断租值、租值耗散及其构成。其次,针对收费公路行业特殊的行业特征,对行业行政垄断租值耗散的具体耗散路径进行确定。再次,结合租值耗散表现形式,以寻租行为为切入点,通过分析寻租行为的成本与收益,构建租值耗散程度测度模型。最后,通过确定行政垄断租值和寻租收益率、行政干预程度、不确定性因素,利用租值耗散程度测度模型对收费公路行政垄断造成的租值耗散进行定量测度。

第 5 章:行政垄断的租值耗散对收费公路行业经济绩效的作用机理及影响分析。首先,将政府寻租问题具体化为官员寻租问题,在人格化的经济分析模型基础上,研究政府寻租与经济绩效的作用机理。其次,在对行业管理非效率现状分析的基础上,研究管理非效率与经济绩效的作用机理。再次,通过分析行业的规模现状,研究规模非效率与经济绩效的作用机理。然后,在上述分析基础上,从管理效率损失以及规模效率损失两方面探讨行业微观层面的绩效损失。最后,从社会福利角度对行业行政垄断租值耗散的微观绩效损失向宏观绩效损失的转移机制进行研究。

第 6 章:收费公路行业降低租值耗散的路径选择。首先,借鉴有效竞争理论,对收费公路行业省级运营机构层面与分公司(管理处)层面的规模经济现状进行研究。其次,在对运营规模与经济绩效关系进行数理验证的基础上,运用计量经济学的相关方法测度上述两个层面经济效益最佳的规模区间。再次,以最优规模区间为标准,提出通过运营管理体制改革实现规模经济从而降低租值耗散,并以H省为例阐述具体措施。最后,提出以跨区域联盟作为实现行业规模经济从而降低租值耗散的补充措施。

第7章:收费公路行业优化行政垄断的路径与措施。首先,通过文献综述明确收费公路行业中市场与政府的关系定位,从而对行业内政府规制与市场机制的效率边界进行探析。其次,在收费公路行业政府职能现状分析基础上,提出政府职能转变的思路与要点。再次,通过对行业政府规制效率的评价及政府规制强度选择的分析,从形成一套科学有效的政府规制体系的角度提出政策建议。最后,从优化产权结构与推进产业化进程两个方面提出行业市场化改革的具体措施。

1.3.2 主要创新

1. 基于三阶段 DEA 与 Tobit 回归模型的收费公路行业经济绩效测度

利用三阶段 DEA 方法,对运营模式双轨制下收费公路行业的经济绩效进行测度,研究得出,收费公路行业整体综合技术效率平均值为 0.65。在此基础上,将政府还贷公路里程作为核心解释变量对三阶段 DEA 中得出的投入冗余值进行Tobit 回归,结果显示,政府还贷公路里程增加会显著提升行业整体的多余投入。由于研究中控制了收费公路里程变量且行业中仅存在政府还贷公路与经营性公路两种运营模式,因此上述结果说明政府还贷公路的经济绩效水平显著低于经营性公路。

现有收费公路行业经济绩效测度的研究文献主要限于本课题组成员的研究成果,由于受资料可获性限制,已有成果基本都选取公路上市公司作为研究样本,样本数量与样本结构对收费公路行业的代表性皆较差。因此,本研究的结果能更好地反映收费公路全行业的经济绩效状况。

2. 收费公路行业行政垄断具体表现形式的界定

在对收费公路行业政府规制问题长期跟踪研究的基础上,首次从行政垄断角度剖析收费公路行业经济绩效问题的成因。

本研究一个不可回避的基础性、创新性研究内容就是收费公路行业行政垄断具体表现形式的界定。课题组通过大量的专题调研,结合收费公路行业的制度特征,对收费公路行业行政垄断的具体表现形式与作用结果进行专门研究,研究结论如表1-1所示。这一创新性研究成果为行政垄断程度的测度以及行政垄断优化措施的研究提供重要支撑。

表 1-1　收费公路行业行政垄断的表现形式及作用结果

表现形式		作用结果
运营环节	养护环节	
1. 运营主体 (1) 地方分割与部门垄断共存 (2) 政企不分、行业管理部门影响竞争行为 2. 运营业务 进入壁垒高 3. 运营价格 (1) 垄断性定价 (2) 价格歧视 4. 其他 (1) 行政性公司自主权缺失 (2) 行政垄断的合法化	1. 养护管理体制不顺、养护机制不健全 2. 养护管理与养护作业行为主体不分 3. 养护资金相对不足、现代化养护程度不高	1. 资源浪费,行业运营效率低 2. 阻碍技术进步,削弱企业竞争力 3. 行业间收入差距拉大 4. 行业内寻租现象严重

3. 基于 SPRCP 指标体系的收费公路行业行政垄断程度测度

利用聚类分析和判别分析对收费公路行业进行行政垄断类别定位,从"市场结构—产权结构—规制制度—行为—绩效"五个方面构建 SPRCP 指标体系,进而利用主成分分析等统计分析方法对收费公路行业行政垄断程度进行测度,研究得出收费公路行业的行政垄断程度为 82.26%。

比较其他相关基础设施行业行政垄断程度的测度成果,结合收费公路行业的技术特点与制度特征,研究得出收费公路行业的行政垄断程度明显偏高,即收费公路行业存在着过度行政垄断。

4. 收费公路行业行政垄断租值耗散的耗散途径确定

本研究首次把租值耗散理论引入收费公路行业的经济绩效分析,为行业经济绩效问题研究开创新的视角。

课题组通过大量针对性调研,结合收费公路的行业特征,从行业管理体制、企业运营模式与行业特许三个方面对收费公路行业行政垄断租值耗散的耗散途径进行专题研究,研究成果如表 1-2 所示。该创新性研究成果为分析收费公路行业因行政垄断所致租值耗散问题提供分析路径与研究对象。

表1-2   收费公路行业行政垄断租值耗散的耗散途径

行业层面的 租值耗散	行业结构导致的租值耗散
	管理体制导致的租值耗散
	寻租行为造成的租值耗散
	建设环节资源配置扭曲造成的租值耗散
企业层面的租值耗散	运营管理模式造成的租值耗散
	养护运营模式造成的租值耗散
	多元化经营模式导致的租值耗散
行业特许的租值耗散	行政特许导致的租值耗散
	通行费标准制定导致的租值耗散

5. 基于寻租行为的收费公路行业行政垄断的租值耗散程度测度

确定收费公路行业行政垄断租值构成,构建以寻租行为为切入点的层次递进型行政垄断租值耗散程度测度模型,实证测度收费公路行业行政垄断的租值耗散程度。研究得出收费公路行业整体的行政垄断租值耗散程度为48.7%,其中政府还贷公路和经营性公路的租值耗散程度分别为63.6%和10.3%。

与其他相关基础设施行业相比,收费公路行业的租值耗散更为严重。同时,在收费公路行业内,政府还贷公路的租值耗散程度远高于经营性公路。

6. 收费公路行业最优规模区间的确定

通过研究收费公路行业规模指标与绩效指标的相关关系,利用双回归体系分别对收费公路行业省级运营机构层面与分公司(管理处)层面的最优规模区间进行测度。研究得出省级运营机构层面的最优规模区间为[3307km,5619km],最小经济规模为3307千米;分公司(管理处)层面的最优规模区间为[656km,978km],最小经济规模为656千米。

现有收费公路行业最优规模区间的研究成果均来自本课题组成员,本研究在前期成果的基础上对方法、样本与指标进行了进一步的更新、改进与完善。研究成果对以提高经济绩效为目的的收费公路行业运营模式改革提供重要的参考依据。

7. 收费公路行业降低租值耗散的路径选择及优化行政垄断的措施建议

通过对收费公路行业经济绩效、行政垄断与租值耗散三者关系及作用机理的研究,从提高收费公路行业经济绩效角度提出降低租值耗散与治理行政垄断的路径选择及措施建议。以最优规模区间成果为参照标准,研究得出运营模式改革与跨区域联盟这两条降低租值耗散的改革路径;在界定政府规制与市场机制协调的效率边界的基础上,研究得出政府职能、角色的重新界定,收费公路行业政府规制体系设计、收费公路行业市场化改革这三条优化行政垄断、降低租值耗散的措施建议。

第 2 章

收费公路行业经济绩效实证研究

　　收费公路行业经济绩效是本研究的逻辑起点,本章主要任务是通过相关理论分析和实证研究形成收费公路行业经济绩效的特征事实,为后续研究奠定基础。

　　研究思路:采用定性分析与定量研究相结合的方法,对收费公路行业的经济绩效现状进行综合评估。首先,对经济绩效相关概念进行梳理,从而形成本研究的经济绩效研究视角。其次,通过分析、实际调研,从企业层面与行业层面对政府还贷公路的经济绩效水平做出定性分析与评价。最后,通过经济绩效的定量测度对定性分析结论进行实证检验。

2.1　收费公路行业经济绩效理论分析

2.1.1　经济绩效

　　"经济绩效"一词源于西方,理论界对其表述主要有三种:第一种观点以美国学者鲍尔曼①(W. C. Borman)等为代表,认为经济绩效不是生产活动的结果,而是生产活动中可以观察到的行为,经济绩效即行为的同义词;第二种观点以英国学者伯纳丁②(Bernadin)等为代表,认为经济绩效是生产活动所达到的结果,是生产活动最终产出的记录;第三种观点以英国学者阿姆斯特朗③(Michael Armstrong)

---

①　CAMPBELL J. P. , MCCLOY R. A. , OPPLER S. H. , et al. A Theory of Performance. In Schmit N, Boman W. C. (Eds.):Personnel Selection in Organizations[M].San Francisco:Jossey-Bass, 1993.

②　BERNADIN H. J. , KANE J. S. Performance Appraisal:A Contingency Approach to System Development and Evaluation[M].Boston MA:PWS-Kent,1993.

③　ARMSTRONG M. , BARON A. Performance Management [M]. London:The Cromwell Press, 1998.

为代表,他在《绩效管理》一书中提出,经济绩效包括行为和结果两个方面,行为看重的是生产活动过程中的效率表现,结果看重的是生产活动最终取得的业绩。显然,阿姆斯特朗对经济绩效的概念界定最为全面,根据他的定义,可将收费公路行业的经济绩效界定为从事收费公路运营业务的效率及其产生的收益[①]。

按照国家相关规定,从事政府还贷公路运管业务的企业被定位为公共服务类企业,实施分类管理。2015年9月中共中央和国务院印发的《关于深化国有企业改革的指导意见》提出,公共服务类企业的主要目标是保障民生、服务社会、提供公共产品和服务,同时应引入市场机制,提高公共服务效率和能力。因此,对此类企业的绩效考核不仅包括微观经营业绩评价,还需引入宏观社会效益评价,即考虑公路基础设施对市场拓展与整合、生产要素流动、贫富差距缩小等方面的作用。不可否认,对收费公路这样的基础设施行业而言,其产生的宏观社会效益固然是其经济绩效评价的主要方面,但是,已有研究表明,当前收费公路行业经济绩效存在的主要问题并非宏观效益不足,而是微观运营效率低下[②]。因此,为了抓住主要矛盾,本研究将采用以微观经济绩效为主、宏观经济绩效为辅的收费公路行业经济绩效研究思路。

为了全面且客观地评价收费公路行业经济绩效,本章将使用收费公路行业的相关数据资料,对行业经济绩效进行定性分析,即形成收费公路行业经济绩效的特征事实,为后续研究奠定基础。

2.1.2 经济绩效定性评价

经济绩效定性评价主要侧重于运营活动所产生的结果评价,研究方法主要为传统的指标评价法,即建立指标体系评价行业的经济绩效。通常做法是这样,首先依据研究行业的特征选取若干评价指标,然后建立绩效指标体系,最后运用统计学方法将整个体系的信息浓缩为一个指标,使该指标的变化能反映出整个行业的经济绩效变化。根据指标体系的不同,指标评价法又分为财务评价法和综合指标评价法。

---

① 注:本研究侧重于政府还贷公路的运营管理问题,不涉及相关的道路建设、养护等管理问题。
② 徐海成,贾锐宁.收费公路产出弹性与运营绩效[J].西安交通大学学报(社会科学版),2018,38(5):21-29.

1. 财务评价法

20世纪初,亚历山大·沃尔①(Alexander Wall)提出采用综合比率评价体系评价企业整体的经营状况,具体做法是选取流动比率、产权比率、固定资产比率、存货周转率、应收账款周转率、固定资产周转率和自有资金周转率七个财务指标,将企业各指标的实际值与行业平均值相比并进行加权平均得出总评分。章连标②结合中国国情和航空运输业的行业发展状况,对沃尔评分法进行相应改进,从盈利能力、偿债能力、营运能力、发展能力四个方面分析航空公司并购的财务绩效,并采用层次分析法对并购绩效进行评价。

美国杜邦公司于1919年创建了以投资回报率为核心的杜邦财务分析体系(The Du Pont System)。杜邦财务分析评价体系的产生,建立了财务指标间的内在联系,使财务绩效评价更加科学完善。这一阶段,针对行业的绩效评估主要基于企业的几项常见指标,即投资报酬率、权益报酬率和利润等财务指标。时传辉③以2009年我国境内全部51家财险公司作为评价样本,使用已赚保费利润率、投资收益率、投资收益系数、负债经营率、肯尼系数以及股本回报率六大指标评价我国财险行业的经营绩效。

1982年,美国斯特恩·斯图尔特管理咨询公司提出了经济增加值概念,根据资产负债表和损益表中的财务数据,将股本和债务所有资金成本从企业税后净营业利润中扣除,以利润余额衡量企业业绩。周佰成④采用该方法对我国创业板首批上市的28家企业2010年经营业绩进行评价,发现大部分企业的经济增加值都较低,该结果可以为相关企业的激励制度、资本市场融资行为和企业并购等商业活动提供有效参考。

除上述方法外,国内外关于公司绩效的常用财务评价方法还有反映公司股票收益的托宾Q值⑤(TobinQ)和反映公司账面业绩的净资产收益率(ROE)。中国

---

① ALEXANDER W. Ratio Analysis of Financial Statements: An explanation of a method of analyzing financial statements by the use of ratios[M].London:Harper & Brothers Press,1928:415-417.

② 章连标,李超. 基于沃尔评分法的航空公司并购绩效研究——以东航并购上航为例[J].财会通讯,2012(5):8-10.

③ 时传辉. 基于杜邦分析体系改进的我国保险公司绩效评价研究[D].哈尔滨:黑龙江大学,2012:25-47.

④ 刘宇迪. 基于EVA方法的商业银行经营绩效评价及驱动因素研究[D].成都:西南财经大学,2012:29-38.

⑤ 注:托宾Q值(Tobin Q),由诺贝尔经济学奖得主詹姆斯·托宾(James Tobin)于1969年提出,指公司市场价值对其资产重置成本的比率。

资本市场的不完善导致没有足够的数据信息计算中国上市公司总资产的重置成本,也就无法准确计算托宾Q值,因此国内学者更多使用ROE作为企业绩效衡量标准。

总体来说,财务指标评价方法的缺点是过于偏重财务因素而忽略了企业经营活动中的其他重要因素,无法体现企业的创新能力和技术发展水平,导致最终的评价结果不能如实、全面地反映行业的整体绩效水平。

2. 综合指标评价法

1990年,美国诺顿研究所与商业公司携手,开展了一项名为"衡量未来组织的绩效"的课题研究,将财务指标和非财务指标有机地统一,从财务、内部经营过程、学习成长和客户四个方面综合评价经济效益,这种方式也被称为"平衡计分卡"绩效评价方法。之后,多位学者逐步丰富了指标体系,完善了平衡计分卡。如今,此方法已成为评价企业绩效、研究发展战略的重要评价工具。俞静①通过对平衡计分卡原理的深入分析,提出评价标杆的动态性确定原则,为企业制定了一套能够考量经营环境的动态性的企业业绩评价体系。

3. 收费公路运营单位经济绩效的财务评价法

收费公路运营单位的财务绩效无疑是对其经济绩效开展定性评价的基础与核心,它的结果直接反映着运营单位和行业整体的经济表现。1997年1月,财政部和交通部联合颁布《高速公路公司财务管理办法》②,其中第11章第79条中提到将流动比率、速动比率、资产负债率、资本收益率、营业收入利润率、成本费用利润率等财务指标用作公司总结、评价本公司财务状况和经营成果的指标。2002年9月,交通部颁发《交通部行业财务指标管理办法》③,制定了交通企事业单位财务

① 俞静,徐斌,钟彪. 基于平衡计分卡视角的企业相对绩效评价研究[J].南京审计学院学报,2012(11):34-39.
② 注:1997年1月1日,《高速公路公司财务管理办法》由中国财政部和交通部共同颁发。其中第二条明确本办法适用于设立在中华人民共和国境内的所有从事高速公路(含独立的大桥和隧道)经营(含建设)的公司,从事除高速公路以外公路经营活动的公司也适用本办法。
③ 注:2002年9月24日,中国交通部颁发《交通部行业财务指标管理办法》,其中第二条和第六条明确本办法适用于各级交通行业主管部门、部重点联系单位和部直属单位;财务指标由通用型指标、专用型指标和内部管理指标构成。通用型指标按企业类和事业类分别设置;专用型指标按专业类别设置,企业类包括运输(含公路运输、水运、港口)、公路经营、施工企业等,为反映交通企业中上市公司的情况,同时设置上市公司专用型指标,事业类包括公路养护、政府还贷公路、救捞、航道、海事等单位;内部管理指标由企事业单位结合本单位实际,根据内部管理需要补充设置。

评价指标体系,具体指标包括财务效益状况(净资产收益率、总资产报酬率、营业收入利润率、资本保值增值率)、资产运营状况(总资产周转率、流动资产周转率)、偿债能力状况(流动比率、资产负债率)、发展能力状况(营业收入增长率、总资产增长率、三年利润平均增长率)。上述指标都适用于收费公路运营单位的财务绩效评价。

谭琨①通过对1993—2007年间东日本旅客铁道公司、西日本旅客铁道公司和东海旅客铁道公司的销售收入、利润额、销售利润率、净资产收益率、总资产周转率、资产负债率、长期债务平均利息率、资本累计率等多指标的考察分析,发现在日本国有铁路民营化进程中,铁路运输企业的经营绩效得到持续提高。本章第2节将采用此方法从企业层面对政府还贷公路的经济绩效进行定性评价。

4. 收费公路行业经济绩效综合指标评价法

在评价收费公路行业经济绩效时,仅研究财务指标比较片面,原因主要在于两方面:第一,财务指标评价侧重于偿债能力评价,但收费公路投融资体制的特性决定了行业每年会发生大额的财务费用,偿债压力巨大。仅考虑财务指标将会影响评价结果的客观性。第二,结果评价是经济绩效定性评价的重要方面,但财务指标难以全面反映收费公路运营业务产生的成果,如服务质量等。

因此,在具体评价时,应将财务指标和非财务指标有机结合,从财务、内部经营过程等方面综合评价经济绩效。本章第3节将采用综合指标评价法从行业层面对政府还贷公路的经济绩效进行定性评价。

2.1.3 经济绩效定量评价

产业经济学已经发展出许多市场绩效评价方法,其中最具代表性的是从产业资源配置效率、规模结构效率与技术效率三个角度展开的定量评价方法。

在众多有关行业绩效的概念中,本研究沿用维斯库斯、哈林顿和弗农(Viscusi,Harringtion&Vernon)在《反垄断与管制经济学》中提出的定义,即行业绩效是用于衡量行业完成其符合社会利益的任务,包括资源配置效率和技术效率两个方面,一个是静态效率,另一个是动态效率。其中,资源配置效率是指在一定的技术水平和要素价格条件下各投入要素在各产出主体的分配所产生的效益,即企业实现投入(产出)最优组合的能力。技术效率是指在给定要素投入水平条件下,一个企业所具有的潜在的最大产出能力,或者给定产出水平下投入最小化的能力。技术效率又可被分解为纯技术效率和规模效率,纯技术效率是指受管理和技

---

① 谭琨,谭艺颖.日本铁路民营化的经营绩效分析[J].日本问题研究,2014(1):55-60.

术等因素影响的生产效率,规模效率是指受企业规模因素影响的生产效率。用资源配置效率来考察市场绩效高低的方法适合规范研究,其判断准则较为主观,因此传统的定量研究都是围绕技术效率评价展开的,具体有以下几种方法。

1. 效率前沿分析方法

评价技术效率的主要方法为法雷尔(Farrell)提出的效率前沿分析法。随着该方法的完善和丰富,逐渐形成了随机前沿法(SFA)、自由分布法(DFA)、厚前沿法(TFA)三种参数估计法和数据包络分析(DEA)、无界分析(FDH)两种非参数估计法①,这五种方法中运用较为广泛的是 SFA 和 DEA。

(1)随机前沿生产函数(stochastic frontier analysis,SFA)方法。SFA 是一种参数估计方法,最初由米奥森和布鲁克(Meeusen and Broeck)、爱格纳、洛弗尔和施密特(Aigner, Lovell and Schmidt)、巴蒂斯和科拉(Battese and Corra)等提出。它的特点是在对企业效率进行量化评估时,首先选择一个合适的效率前沿生产函数,通过估计前沿生产函数对指定行业中个体的生产过程进行表述,然后依据生产过程中的投入、产出和前沿函数的变动,推算出生产效率的变化。SFA 是参数分析方法的典型代表,它通过分离非效率因素与随机干扰项,使估计结果更准确,同时,它所建立的随机生产前沿面使跨时期面板数据分析结果更接近现实,因而被广泛应用。邬龙②运用 SFA 方法考察了北京医药和信息技术产业技术创新效率和创新产品转化效率。

(2)非参数的数据包络分析(data envelopment analysis,DEA)方法。数据包络分析法(DEA)是目前运用最为广泛且最有效的非参数前沿分析方法,由美国著名运筹学家查恩斯、库伯和罗兹(Charnes.A,Cooper. W. W&Rhodes. E)提出。该方法以相对效率概念为基础,运用数学规划模型计算并比较决策单元之间的相对效率,对研究对象做出评价。DEA 方法自形成以来,因其较高的灵敏度与可靠性,吸引了众多的研究者。由于 DEA 方法可以对无法轻易确定权重的指标进行分析,并且能够评价相同类型决策单元之间的相对效率,在教育、医疗、公共交通等公共服务机构的运营效率分析评估中得到广泛应用,并取得良好效果。

我国学者在基础设施行业运用 DEA 方法开展绩效评价的研究主要有:李学

① 芦锋,刘维奇,史金凤. 我国商业银行效率研究——基于储蓄新视角下的网络 DEA 方法[J].中国软科学,2012(2):174-184.
② 邬龙,张永安. 基于 SFA 的区域战略性新兴产业创新效率分析——以北京医药和信息技术产业为例[J].科学学与科学技术管理,2013(10):95-101.

文①使用 DEA 方法对我国 10 个城市轨道交通的运营效率进行综合评价;曲艺②通过构建基于 DEA 方法的中国地区电信业运营绩效评价模型,对中国各地区电信业运营绩效进行测度;高永鑫③基于 DEA 分析了中国铁路 1999—2008 年的技术效率、纯技术效率和规模效率。

(3)SFA 与 DEA 的比较。SFA 与 DEA 两种方法虽然构建的模型不同,但它们所反映的经济思想是相同的,即两种模型都假设所有生产者只能在其所在企业生产前沿上或生产前沿内开展生产。但与 SFA 相比,DEA 的非参数方法具有如下几个优点:第一,不需给出生产函数的形式,避免了因假设错误而造成的分析结果偏差,相反,SFA 方法在估计生产函数阶段假设条件过多,使其应用受到一定限制,同时也易引起结论偏差;第二,它可以将全要素生产率变化分解为生产效率变化和技术进步变化两部分,方便从中度量出效率和技术的变动情况,同时能全面反映一个行业整体的综合经济绩效情况;第三,DEA 方法可以反映一个行业的规模收益情况,而揭示规模收益情况对于反映具有行政垄断和自然垄断特征的收费公路行业综合绩效状况具有重要现实意义。

综上所述,由于收费公路行业投入产出结构较为复杂,因此很难构建准确的生产函数对其进行效率评估,故基于非参数的 DEA 方法较适用于行业的效率分析。

2. 国内学者运用 DEA 方法评价收费公路行业绩效的研究综述

基于 DEA 方法对收费公路行业经济绩效进行评价的文献较少,主要有以下几篇学术论文:

陈渝之④运用 DEA 模型对我国 19 家高速公路上市公司 2010—2012 年的投资效率、经营效率进行定量分析,并根据分析结果给出高速公路上市公司提高效率的建议。王婕妤⑤依据收费公路行业的技术经济特征选取八项投入指标与两项产出指标,使用 2009—2011 年三年间 15 家收费公路运营单位的面板数据,对各决策单元进行数据包络分析,得出收费公路行业经济绩效的平均综合效率为

---

① 李学文,徐丽群. 中国城市公共交通行业运营效率评价——基于改进的 SE-DEA-Gini 方法的研究[J].管理现代化,2014(2):90-92.
② 曲艺,刘国有,牛博涵. 基于 DEA-CCR 模型的中国各地区电信业运营绩效评价实证研究[J].理论观察,2013(11):74-75.
③ 高永鑫. 基于 DEA 的中国铁路运营效率分析及评价[J].科技创新与应用,2012(9):52.
④ 陈渝之. 广义数据包络分析方法在高速公路上市公司效率评价中的应用研究[D].大连:大连海事大学,2013:31-59.
⑤ 王婕妤. 收费公路产业提高经济绩效的市场结构优化研究[D].西安:长安大学,2013:40.

0.459 的结论。

上述文献中,陈渝之选取的是高速公路上市公司,王婕好选取的收费公路运营单位包含七家高速公路上市公司和八家省级收费公路运营单位。所选取的样本群均无法代表本研究的主要研究对象政府还贷公路,且企业层面的定量测度不能全面反映行业整体情况。因此,本章第 4 节将以政府还贷公路为主要研究对象,以改进的 DEA 方法即三阶段 DEA 方法为核心,对收费公路行业整体经济绩效状况进行定量测度。

2.2 企业经济绩效定性分析

以收费公路运营单位为研究样本,从财务效益、资产运营、偿债能力、发展能力四个方面选取二级评价指标,从企业层面考察政府还贷公路的经济绩效状况。

2.2.1 收费公路运营单位界定

收费公路运营单位的机构设置是现行收费公路管理体制的产物。多年来,中国收费公路运营管理体制随着市场经济体制、行政管理体制、国有资产管理体制、投融资体制等多方面改革进行了多种探索与尝试,已基本形成事业型、隶属省交通主管部门企业型、隶属省国资委企业型三种主要模式。在这三种模式下,部分省市也已形成多个运营主体并存的现状。

本研究所涉及的运营单位指行业内的省级运营单位,一般均为国有独资公司,所负责运营的收费公路主要是政府还贷公路,与之相对应的是中外企业投资经营的收费公路公司及高速公路上市公司,主要负责经营性公路。出于数据可获性考虑,本小节仅选取 12 家[①]省级收费还贷运营公司,以其为代表评价收费还贷公路企业层面的经济绩效。

2.2.2 收费公路运营单位经济绩效定性分析

分析涉及的 12 家省级运营单位是各省级政府为加快高速公路建设而成立的

---

① 注:名单包含福建省高速公路有限责任公司、江西省高速公路投资集团有限责任公司、湖北省交通投资集团有限公司、湖南省高速公路建设开发总公司、内蒙古高等级公路建设开发有限责任公司、广西交通投资集团有限公司、陕西高速公路建设集团公司、陕西交通建设集团公司、甘肃省公路航空旅游投资集团有限公司、青海交通投资有限公司、吉林省高速公路集团有限公司和黑龙江省高速公路集团公司。

国有大型企业集团公司,各省交通运输厅或国有资产监督管理委员会依法履行出资人职责,各省交通运输厅代行出资人权利并进行业务管理。

12家省级运营单位均是以收费公路运营为主营业务、以通行费收入为主要收入来源的高速公路运营企业。随着经济的发展,收费公路通车里程逐年增加,路网效应逐步显现,路段车流量稳步增长,车辆通行费也获得持续稳定的增长。同时,这12家省级运营公司的运营管理能力不尽相同,经济绩效表现也各有差异。

与一般企业财务管理相比,政府还贷公路运营单位的财务活动有以下特点:(1)运营单位可以通过征收公路车辆通行费取得通行费收入,并且用通行费收入补偿公路养护与收费管理费用后的余额还本付息,具有企业财务管理的部分特征。(2)运营单位的负债,不仅有流动负债,还有长期负债,建路贷款或者集资是其负债的主要组成部分,偿还负债的主要资金来源是车辆通行费收入。根据公路运营单位业务特点,有必要设置反映业务特色的财务分析指标;公路运营单位的主要任务是收费还贷,所以有必要设置反映贷款偿还情况和还贷能力方面的财务指标;为适应单位内部管理要求,还有必要设置有关收费公路养护支出、收费管理支出等方面的财务指标,以利于强化收费管理,提高政府还贷公路的投资效益。

因此,根据《高速公路公司财务管理办法》和交通部《交通部行业财务指标管理办法》中列出的备选财务指标,本节从财务效益、资产运营、偿债能力、发展能力四个方面选取对应的八个二级基本指标①,对运营单位进行经济绩效评价与分析。

表2-1列出所选取的八个二级指标,其中净资产收益率、总资产报酬率、营业收入利润率和成本费用利润率可以反映运营单位的财务效益状况,总资产周转率可以反映运营单位的资产运营状况,现金流动负债比率和资产负债率可以反映运营单位的偿债能力状况,主营业务收入增长率可以反映运营单位的发展能力状况。

表2-2提供了这12家运营单位2016年八个二级指标的具体数据。

---

① 注:后文中所涉及的相关指标定义均摘自2002年9月24日中国交通部颁发《交通部行业财务指标管理办法》。

表 2-1　收费公路行业运营单位通用型财务指标评价体系

指标类别	基本指标
1. 财务效益状况	(1)净资产收益率
	(2)总资产报酬率
	(3)营业收入利润率
	(4)成本费用利润率
2. 资产运营状况	(5)总资产周转率
3. 偿债能力状况	(6)现金流动负债比率
	(7)资产负债率
4. 发展能力状况	(8)主营业务收入增长率

表 2-2　收费公路行业运营单位 2016 年财务指标情况(单位:%)

企业名称	财务收益状况				资产运营状况	偿债能力状况		发展能力状况
	净资产收益率	总资产报酬率	成本费用利润率	营业收入利润率	总资产周转率	现金流动负债比率	资产负债率	主营业务收入增长率
福建高速	1.10	2.74	12.17	6.53	3.88	55.28	71.11	1.71
江西高投	1.47	2.92	14.82	10.28	5.44	45.13	59.02	0.97
湖北交投	1.78	2.43	14.12	10.31	5.60	57.94	67.70	30.32
湖南高建	7.17	5.02	56.80	-19.17	3.12	37.31	68.62	9.70
内蒙古高速	1.41	3.23	5.85	5.37	5.15	21.38	81.56	-7.51
广西交投	1.18	1.34	7.35	4.18	8.71	83.98	70.44	-9.94
陕西高速	0.38	3.26	2.27	1.96	5.63	49.71	73.78	16.81
陕西交建	0.32	2.32	2.99	2.66	3.97	29.35	70.70	8.07
甘肃公路	1.49	2.15	2.68	2.55	20.98	205.54	65.42	86.97
青海交投	1.10	0.57	39.24	27.73	1.98	25.91	48.31	-10.77
吉林高速	3.33	3.23	74.75	-80.05	1.59	103.89	34.20	25.86
黑龙江高速	3.39	2.80	61.84	39.57	5.45	205.56	37.20	3.30

1. 财务收益状况

净资产收益率是评价企业资本经营效益的核心指标。12 家运营单位中,净资产收益率最高的是湖南高建(7.17%),最低的是陕西交建(0.32%),平均净资产收益率为 2%。根据 2016 年年报,高速公路行业 18 家 A 股上市公司的平均净资产收益率为 8.61%[①],同时段内,沪市各股平均净资产收益率为13.59%,银行业上市公司平均净资产收益率为 12.46%,分别是收费公路省级运营单位平均值的 4.37 倍、6.8 倍和 6.23 倍。因此,省级运营单位的收益能力相对较差。

成本费用利润率从支出角度反映企业的收益能力。12 家运营单位中,成本费用利润率最高的是吉林高速(74.75%),最低的是陕西高速(2.27%),平均成本费用利润率为 24.57%。

营业收入利润率是评价企业经营效益的主要指标。12 家运营单位中,营业收入利润率最高的是黑龙江高速(39.57%),最低的是吉林高速(-80.05%),平均营业收入利润率为 0.99%。

总资产报酬率是评价企业资产运营效益的重要指标。12 家运营单位中,总资产报酬率最高的是湖南高建(5.02%),最低的是青海交投(0.57%),平均总资产报酬率为 2.67%。同时段内,高速公路上市公司的总资产报酬率的平均值为6.02%,远远优于省级运营单位的平均水平。

根据以上四项数据可以看出,从财产收益角度看,湖南高建表现最佳,而陕西交建表现低于行业整体水平。需要指出的是,高速公路上市公司的财务收益能力要远远优于省级运营单位。

2. 资产运营状况

总资产周转率可以评价企业业务规模总量上的扩张程度。12 家运营单位中,总资产周转率最高的是甘肃公路(20.98%),最低的是吉林高速(1.59%),平均总资产周转率为 5.96%。12 家单位资产利用效率不尽相同,高于行业内企业平均水平的有甘肃公路和广西交投。同时间段,高速公路上市公司的总资产周转率的平均值为 15.72%,资产运营效率也远远优于省级运营单位的平均水平。

---

① 注:高速公路行业 18 家 A 股上市公司的主营业务为公路收费经营。

3. 偿债能力状况

现金流动负债比率从现金流动角度反映企业当期偿付短期负债的能力。12
家运营单位中,现金流动负债比率最高的是黑龙江高速(205.56%),最低的是内
蒙古高速(21.38%),平均现金流动负债比率为76.75%。可以看出,通行费征收
的现金收入保证了企业现金流的稳定性,因此收费公路行业内企业当期偿付短期
负债的能力都较高。

资产负债率是评价企业负债水平的综合指标。12家运营单位中,资产负债
率最高的是内蒙古高速(81.56%),最低的是吉林高速(34.20%),平均资产负
债率为62.34%。收费公路属于资本密集型行业,建设项目需要大量的资金支
持,近年来收费公路里程规模扩大,资金需求量迅速上升,行业内各运营单位的
资产负债率较高,集中于60%~80%区间内,远远超过同行业上市公司的平均水
平,也超过一般认为的40%~60%的合理水平。同时,高资产负债率意味着企业
债务负担过重,承担较高的财务费用,对企业经济绩效造成较大的负面影响。

从偿债能力状况看,收费公路运营企业一方面有稳定的现金流,另一方面又
背负着沉重的债务包袱。因此,行业内的企业当期偿付短期负债能力虽然较高,
但高水平的负债同样产生较大的财务费用,严重影响企业的经济绩效。需要指出
的是,财务费用水平并不能完全反映出企业运营环节的效率高低。

4. 发展能力状况

主营业务收入增长率是评价企业成长状况和发展能力的重要指标。12家运
营单位中,主营业务收入增长率最高的是甘肃公路(86.97%),最低的是青海交投
(-10.77%),平均主营业务收入增长率为12.96%。通行费征收是运营企业的主
营业务,随着区域经济的不断发展,路网建设将进一步完善,车流量也随之提高,
运营企业的主营业务收入将继续保持稳速提升,为企业未来的发展提供有力保
障。高速公路上市公司与省级运营单位的主营业务收入增长率几乎相同,这反映
出企业通行费收入增长率取决于外部经济环境对车流量造成的影响,而与收费公
路的性质无关。

5. 个体研究

从以上四个方面来看,12家省级运营单位中湖南高建和青海交投表现较为特
别,因此对其展开个体案例研究。

湖南高建的主营业务为全省高速公路的建设、养护和运营管理,截至2016年

6月底,公司拥有高速公路里程合计3834.47千米,约占湖南省内高速公路通车里程的66.29%。2014—2016年,公司营业收入年均上升11.06%,2016年实现营业收入123.14亿元,同比上升8.19%,其中通行费收入合计101.14亿元。同期,公司营业成本合计27.5亿元,较2015年增长6.11%。2014—2016年公司营业利润率逐年下降,三年分别为33.27%、3.92%和-19.17%。期间费用方面,公司期间费用主要为财务费用,非经常性损益对公司利润总额影响较小。盈利指标方面,公司总资产报酬率和净资产收益率均呈上升趋势,但总体水平不高,整体经济绩效有待改善。

2016年,青海交投的总资产报酬率和主营业务增长率在12家运营单位中是最低的,主要是因为近年来受宏观经济下行压力以及公司部分收费站点撤销影响,公司的通行费收入有所下降,年均通行费收入在国内高速公路行业处于较低水平。近三年,公司的运营路产进入了大修维护期,毛利率持续降低。总体来看,公司整体盈利能力处于较低水平。

通过以上分析可以发现,由于内部治理水平有限和所处区域的经济发展水平不均衡,这12家运营单位的经济绩效存在明显差异。但值得重视的是,与18家高速公路上市公司相比,省级运营单位的经济绩效水平均欠佳,说明从企业层面看,政府还贷公路的经济绩效比经营性公路的经济绩效差。

2.3 行业经济绩效定性分析

上文从企业层面考察了政府还贷公路运营单位的经济绩效状况,本节从行业层面对政府还贷公路的投入产出效益、直接经济效益进行定性分析,以期全面反映政府还贷公路的整体绩效水平。

2.3.1 政府还贷公路省级层面经济绩效分析

以省级行政区为单位对政府还贷公路的经济绩效现状进行分析,具体从投入产出效益与直接经济效益两方面展开。其中,投入产出效益重点考核成本费用效益和投入产出比的经济合理性,主要涉及运营成本收入比率、债务覆盖率两项指标;直接经济效益重点考核运营管理业务产生的直接经济收益,主要涉及营业利润指标。指标含义及计算公式见表2-3。

表2-3　政府还贷公路经济绩效评级指标①

指标层	二级指标	指标内涵
投入产出效益	运营成本收入比率	运营成本收入比率=年运营成本②/年通行费总收入＊100%
	债务覆盖率	债务覆盖率=(年运营收入-年运营成本)/年还本付息总额＊100%
直接经济效益	营业利润③	营业利润=主营业务利润④-运营管理支出-还本付息支出

其中,运营成本收入比率≤70%,投入产出效益为优;运营成本收入比率在70%~90%,投入产出效益为良;运营成本收入比率>90%,投入产出效益为差。债务覆盖率≥200%,投入产出效益为优;债务覆盖率在100%~200%,投入产出效益为良;债务覆盖率<100%,投入产出效益为差⑤。

根据《2016年全国收费公路统计公报》(附表1,227页),评价所需数据见表2-4。

表2-4　2016年度25个省区市⑥政府还贷公路经济绩效指标总表

	营业利润(亿元)	运营成本收入比率(%)	债务覆盖率(%)		营业利润(亿元)	运营成本收入比率(%)	债务覆盖率(%)
陕西	-160.96	196.82	-51.79	山西	-396.15	453.40	-81.32
甘肃	-53.38	166.20	-38.32	山东	-102.83	177.92	-43.95

---

① 注:本研究在构建指标体系、设计各领域评价指标时主要参考交通运输部办公厅《交通运输部关于开展2008年交通预算项目绩效考评试点工作的通知》和交通部财务司、交通部科学研究院2007年8月下发的《交通预算项目绩效考评学习材料》,同时结合目前收费公路特点,将某些指标进行相应改动或新增些指标。
② 注:此处年运营成本指收费公路统计汇总表中的年支出合计。
③ 注:此处营业利润为收费公路统计公报中的收支平衡结果,又被称为"收支缺口"。
④ 注:根据《高速公路公司财务管理办法》,主营业务利润=通行费收入-养护经费支出-税费支出及其他支出,其中管理费用指年运营管理支出。
⑤ 注:交通运输部办公厅《交通运输部关于开展2008年交通预算项目绩效考评试点工作的通知》和交通部财务司、交通部科学研究院2007年8月下发的《交通预算项目绩效考评学习材料》。
⑥ 注:根据《2016年全国收费公路统计公报》,辽宁省、重庆市和天津市的收费公路皆为收费经营性;安徽省政府还贷公路仅有144.2千米,规模太小,故此处的研究对象为除去重庆、天津、辽宁省和安徽省以外的25个省区市的政府还贷公路。

续表

	营业利润（亿元）	运营成本收入比率(%)	债务覆盖率(%)		营业利润（亿元）	运营成本收入比率(%)	债务覆盖率(%)
青海	-7.46	145.67	-41.18	江苏	-14.95	135.40	-21.84
新疆	-37.00	164.71	-39.56	内蒙古	-84.22	205.35	-62.79
宁夏	-1.09	104.54	13.26	浙江	-26.21	240.33	-58.35
广西	-10.96	120.52	-1.33	上海	-30.44	291.82	-68.80
贵州	-100.23	208.99	-46.52	河南	-97.91	184.41	-40.08
四川	0.96	105.93	21.03	湖北	-113.59	21.69	53.85
云南	2.22	18.50	106.25	湖南	-66.38	168.87	-36.38
黑龙江	-34.23	180.23	-55.08	江西	-24.58	130.37	-21.13
吉林	-56.31	248.43	-61.13	福建	-140.82	236.24	-56.15
北京	-20.47	711.87	-93.16	广东	-30.33	188.72	-52.48
河北	-504.67	364.69	-76.56				

1. 营业利润：营业利润＝主营业务利润-运营管理支出-还本付息支出

25 个省区市中，只有四川省和云南省营业利润为正，因为四川省和云南省的还贷额与整体通行费收入相比较小，2016 年两省利润分别为 0.96 亿元和 2.22 亿元。

其次，广西、江苏和江西三个省区的收入略少于成本，有望日后实现自负盈亏。特别值得关注的是江西，其养护经费占总支出比重最大(31.47%)，远远高于全国 5.48%的平均水平；但其还本付息支出占总支出的 59.93%，低于全国 81.27%的平均水平。因此，江西省较轻的还本付息压力使其收支缺口较小。

剩余 20 个省区市的通行费收入均无法抵偿成本支出，其中河北省情况最为严重，2016 年亏损 505 亿元，主要由借新还旧引起。此外，陕西、贵州、山西、山东、湖北和福建六个省亏损额均超过 100 亿元，主要由较大的还贷额及养护费用引起。此外，在这 20 个省区市中，养护支出占比 6.2%，养护经费的支出空间无法继续压缩，在养护需求和强度日益加大的情况下，未来几年养护投入一定会继续增加，造成收支缺口持续扩大。

2. 运营成本收入比率：运营成本收入比率＝年运营成本/年通行费总收入＊100%

运营成本收入比率指企业各项经营收入合计与总成本的比率，反映企业经营收入和经营耗费的比例关系,即一定数量的收入所耗费成本的数量。它是衡量企业盈利水平和成本水平的一项综合指标,成本收入率越低,表明企业控制营业费用支出的能力越强,经营效率越高。

25个省区市中有23省区市的运营成本收入比率大于100%。云南和湖北的运营成本收入比率分别为18.50%和21.69%,小于70%,投入产出效益为优;其余23个省区市运营成本收入比率过高,投入产出效率较差。

3. 债务覆盖率:债务覆盖率=(年运营收入-年运营成本)/年还本付息总额*100%

该指标一般用于分析固定资产偿还能力,指企业可用于还款的资金对贷款本金的覆盖程度,即将项目贷款条件(贷款年限、利率、宽限期、还款方式和每年应还本金)作为约束条件,计算出的可还款资金与应还本金的比率。

25个省区市中,云南的债务覆盖率最高,为106.25%,说明偿债能力较好,剩余24个省区市的偿债能力都相对较差,根本原因是各省区市前期修建时投入的资金绝大部分来自银行贷款或企业债券,还本付息方面的资金压力较大。

综合以上三项指标分析可知,25个省区市政府还贷公路的运营投入产出效益均不够理想,从成本收益角度和直接经济效益来看,经济绩效较差。

2.3.2 政府还贷公路与经营性公路经济绩效比较分析

上节通过财务数据对比,得出以高速公路上市公司为代表的经营性公路公司的经济绩效优于政府还贷公路运营企业。下文进一步从行业层面出发全面考察两种运营模式的绩效差别。

2016年度,全国收费公路里程17.11万千米,其中政府还贷公路10.05万千米,经营性公路7.06万千米,分别占收费公路里程的58.7%和41.3%;全国收费公路通行费收入为4548.5亿元,其中政府还贷公路1810.7亿元,经营性公路2737.7亿元,分别占收费公路通行费收入的39.8%和60.2%;全国收费公路支出总额为8691.7亿元,其中政府还贷公路3961.3亿元,经营性公路4730.4亿元,分别占收费公路支出的45.58%和54.42%;全国收费公路收支平衡结果为负4143.3亿元,即收支缺口为4143.3亿元,其中政府还贷公路收支缺口2150.6亿元,经营性公路收支缺口1992.7亿元,分别占收费公路收支缺口的51.91%和48.09%[1]。由此可见,运营模式不同对运营效率有较大影响,见表2-5。

---

[1] 数据来源:《2016年全国收费公路统计公报》。

表 2-5　2016 年度全国政府还贷公路和经营性公路经济绩效指标总表

	营业利润（万元）	运营成本收入比率	债务覆盖率	主营业务利润/千米（万元）	管理费用/（年支出合计-年还本付息支出）
全国收费公路总计	-39145687	191.09%	-48.90%	218.94	36.66%
政府还贷收费公路	-21127557	218.77%	-55.65%	149.00	43.36%
经营性收费公路	-18018132	172.79%	-42.83%	318.49	32.53%

数据来源：《2016 年全国收费公路统计公报》。

1. 行业整体

首先，收费公路行业整体通行费收入无法抵偿贷款本息。高额的还本付息支出与行业的债务规模有关。按照当前 4.86 万亿元债务余额和 5 年以上中长期银行贷款利率 6% 计算，未来每年需要偿还的利息约为 2916 亿元；在偿还本金方面，如果剩余还债期为 20 年，平均每年需要偿还的本金为 2430 亿元；如果剩余还债期为 15 年，平均每年需要偿还的本金为 3240 亿元。可见，超过 7063 亿元的还本付息支出与 4.86 万亿元的债务余额是完全对应的。因此在高额债务负担下，各项目收入现金流本息偿还缺口较大。

其次，从行业整体来看，营业利润为负值。2016 年收费公路行业整体亏损近 3914 亿元，这与大家传统印象中收费公路行业属于"暴利行业"的看法大相径庭。另外，全国收费公路行业的运营成本收入比率为 191.09%，投入产出效益较差。同时，全国收费公路行业的债务覆盖率为 -48.90%，行业整体饱受偿债能力低下的困扰，这也揭示出收费公路行业即将面临的巨大短期及长期债务偿还压力。

造成上述问题的主要原因之一是当前过多的债务积累影响到行业的信用评级，同时贷款利率上调、银行信贷规模缩减、中央政府对地方融资平台监管日益严格等因素也影响到收费公路行业的偿债能力。近年来，随着我国国民经济增速放缓，收费公路的客运和货运需求由高速增长转变为低速增长，加之各地节假日高速免费政策的执行以及收费公路专项清理活动的进一步推进，收费公路行业收入增速持续下降；另外，随着经济结构调整和各地高速公路主干网络的逐渐完善，全国公路投资和建设将继续增长，债务规模继续上升，由此导致的财务费用上涨以及在建项目转固后的折旧金额增加,会使行业整体盈利能力进一步弱化、行业整体经济绩效表现持续低迷。

此外,在财务费用居高不下的同时,收费公路的运营管理支出也在逐年扩大,2016 年为 596.8 亿元,比 2015 年增加 69.3 亿元。同期,全国收费公路通行费收入增长 11%,但运营管理支出却增长 13.1%。因此,运营环节的高额支出及低效率运作也对行业经济绩效造成负面影响。

　2. 政府还贷公路与经营性公路对比分析

就政府还贷公路和经营性公路来看,二者整体都存在收不抵支的问题。二者年支出合计中占比最大的是还本付息支出,这起因于行业特殊的投融资体制,与运营效率无直接关系。因此,如果不涉及巨额的还本付息支出,政府还贷公路的每千米主营业务利润为 149 万元,低于行业平均水平 218.94 万元,更远远低于经营性公路的 318.49 万元。同时,二者的管理费用占实际运营总支出之比(剔除还本付息支出)也有差异,政府还贷公路的管理费用占比略高。通过以上数据及分析可以得出,政府还贷公路的整体经济绩效较经营性公路差。

2.4　收费公路行业经济绩效定量分析

通过前文定性分析可知,无论是企业层面还是行业层面,政府还贷公路与经营性公路在经济绩效方面都存在一定差距。本节以行业层面为着眼点,对政府还贷公路与经营性公路运营环节的经济绩效差异进行定量研究,为上述定性观点提供实证检验。

为比较两种运营模式的经济绩效差别,最理想的做法是以政府还贷公路与经营性公路分别作为样本,将二者经济绩效进行比较分析。由于目前难以从现有数据"收费公路统计公报"中将二者有效分离,本研究以省为单位,首先使用三阶段 DEA 对收费公路行业整体经济绩效进行评价,然后以政府还贷公路里程作为核心解释变量,使用 Tobit 回归模型分析政府还贷公路对行业整体经济绩效的影响,以此比较政府还贷公路与经营性公路的经济绩效差异。

2.4.1　研究方法

三阶段 DEA 的核心仍是 DEA,与传统 DEA 方法的不同之处在于,该方法剔除了外生环境变量对结果的干扰,使测度结果更加准确。在三阶段 DEA 中,第一阶段仍采用传统的 DEA 模型。假定需评价 K 个企业的运营效率,且评价指标体系共 L 种投入指标与 M 种产出指标。设 x_{jl} 为第 j 个企业第 l 种资源的投入量,y_{jm} 为第 j 个企业第 m 种产出量。对于第 $j(j=1,2,\cdots,K)$ 个企业,DEA 模型如式(2-1)所示:

$$\min: \theta - \varepsilon(e_1^T S^- + e_2^T S^+)$$

$$s.t. \begin{cases} \sum_{j=1}^{K} x_{jl}\lambda_j + S^- = \theta x_l^n (l=1,2,\cdots,L) \\ \sum_{j=1}^{K} y_{jm}\lambda_j - S^+ = y_m^n (m=1,2,\cdots,M) \\ \lambda_j \geq 0(j=1,2,\cdots,K) \end{cases} \tag{2-1}$$

其中,$\theta(0 < \theta \leq 1)$ 为综合技术规模效率指数,即综合技术效率,$\lambda_j(\lambda_j \geq 0)$ 为权重变量,$s^-(s^- \geq 0)$ 为松弛变量,$s^+(s^+ \geq 0)$ 为剩余变量,ε 为非阿基米德无穷小量,$e_1^T = (1,1,\cdots,1) \in E_m$ 和 $e_2^T = (1,1,\cdots,1) \in E_k$ 分别为 m 维和 k 维单位向量空间。式(2-1)为规模报酬不变的 DEA 模型,简称 CRS 模型。企业对应的 θ 值越接近于 1,说明该企业综合技术效率越高,反之则越低。$\theta = 1$ 表明该企业运行在最优生产前沿面上,说明其产出相对于投入而言达到最优。

在式(2-1)中引入约束条件 $\sum_{j=1}^{K} \lambda_j = 1$,可将式(2-1)转变为规模报酬可变的 DEA 模型,简称 VRS 模型。VRS 模型中综合技术效率表示为纯技术效率与规模效率的乘积。其中,纯技术效率为 θ_b,有 $0 < \theta_b \leq 1,\theta_b \geq \theta$。而规模效率为 $SE = \theta/\theta_b$,$0 < SE \leq 1$。与 CRS 模型相同,θ_b 与 SE 的值与 1 越接近,说明企业纯技术效率与规模效率越高。由于规模经济问题是收费公路行业较为严重的问题之一[1],因此本研究选用规模报酬可变的 VRS 模型。

第二阶段中,使用随机前沿模型即 SFA 模型对投入指标进行调整。因为第一阶段得到的效率值没有剔除环境因素与随机扰动因素的影响,因此需要使用随机前沿模型将二者的影响剔除,从而更准确地反映收费公路的运营效率。具体做法是将第一阶段各投入指标的松弛变量即无效投入作为因变量,将外部环境影响因素作为自变量,使用式(2-2)进行回归:

$$S_{jl} = f^l(z_j;\beta^l) + v_{jl} + \mu_{jl}(l=1,2,\cdots,L;a=1,2,\cdots,K) \tag{2-2}$$

---

[1] 王婕妤,徐海成. 基于实现有效竞争的基础设施产业规模效率研究[J].西北大学学报(哲学社会科学版),2013,43(1):121-125.

其中：S_{jl} 是第一阶段计算得到的第 j 个企业第 l 种投入的松弛变量；z_j 为环境向量；β^l 为待估系数向量；$v_{jl} + \mu_{jl}$ 为综合误差项，其中 v_{jl} 为随机扰动项，服从 $N(0,\sigma_v^2)$ 分布，$\mu_{jl} \geq 0$ 为管理无效率项。本研究使用乔德鲁的方法对综合误差项进行分解①，得到管理无效率的期望值 $E[\mu_{jl}/(v_{jl} + \mu_{jl})]$，然后计算随机误差的期望值：

$$\hat{E}[v_{jl}/(v_{jl} + \mu_{jl})] = S_{jl} - z_j\hat{\beta^l} - \hat{E}[\mu_{jl}/(v_{jl} + \mu_{jl})] \tag{2-3}$$

再将随机误差期望值代入调整公式：

$$x_{jl}^A = x_{jl} + \{\max[z_j\hat{\beta^l}] - z_j\hat{\beta^l}\} + \{\max[\hat{v_{jl}}] - \hat{v_{jl}}\} \tag{2-4}$$

式中：x_{jl}^A 是经过调整的投入变量；x_{jl} 是原始投入变量，该调整可以排除环境因素与随机扰动因素对运营效率的影响。

第三阶段中，使用第二阶段的投入产出指标重复第一阶段过程，测度剔除环境因素和随机影响因素后的收费公路行业整体运营效率。

在对影响运营效率的因素进行分析时，由于 DEA 测度结果中的投入松弛变量之和都为大于等于 0 的值，因此本研究采用限值因变量的 Tobit 模型进行回归分析，并使用极大似然法进行估计。具体模型如式（2-5）：

$$y_j = \begin{cases} \beta^T Z_j + e_j & \beta^T Z_j + e_j > 0 \\ 0 & \beta^T Z_j + e_j \leq 0 \end{cases} \tag{2-5}$$

其中，y_j 为第一阶段 DEA 得到的第 j 个省所有投入的松弛变量和，Z_j 为环境向量、解释向量以及其他控制向量，β^T 为待估系数向量，e_j 为独立且满足 $e_j \sim N(0,\theta^2)$ 的随机扰动项。

2.4.2　变量选择

1. 投入产出变量

在 DEA 模型中，投入产出指标的选择至关重要，直接决定着测度结果的准确性。本研究在综合考虑收费公路行业经营特点和数据可得性的基础上，选取运营管理支出与养护经费支出两个指标作为投入指标。收费公路的产出则较为单一，最终体现在车辆通行费收入上，因此，选取通行费收入作为产出指标。其中，运营

---

① JONDROW J, LOVELL C A K, MATEROV I S, et al. On the Estimation of Technical Inefficiency in the Stochastic Frontier Production Function Model[J]. Journal of Econometrics, 1982(19):233-238.

管理支出指收费运营业务的费用支出,包括信息工程费、收费设施设备维护费、人员工资保险、上缴社会统筹、车辆修理燃料费、通信服务费、水电燃气费、取暖费、票据印刷费、培训费以及事故清障费等。养护经费支出指日常养护与周期性大、中修工程的支出。养护费用支出可以保证收费公路的畅通与安全,并直接影响车流量的多寡,最终决定运营企业的收入,是保障企业良性运营的重要投入。通行费收入是收费公路运营单位主营业务收入的主要构成部分。在一定投入水平上,通行费收入越高,说明企业创造的价值越大。因此,该指标是收费公路行业运营环节中一项非常重要的产出指标。

2. 外生环境变量

外生环境变量指能够影响收费公路运营效率,且不受运营单位主观控制的因素。外生环境变量或者通过影响运营单位的投入来改变绩效,或者通过影响车流量从而影响通行费收入来改变绩效。据此,本研究选取地区虚拟变量、人均 GDP、人口密度与铁路营业密度四个指标作为外生环境变量。其中,地区虚拟变量用来度量东部地区与中、西部地区地缘差异导致的收费公路运营环节的产出差异。东部地区地理位置优越,地区总体交通量较中、西部地区大,因而通行费收入较高,本研究将东部地区定为 1,中、西部地区定为 0。人均 GDP 度量各省区市经济发展状况对收费公路运营效率产生的影响。一般来讲,一省区市的经济发展状况会同时影响收费公路运营企业的投入与产出。人口密度度量一省区市内收费公路使用者的潜在数量。虽然收费公路的车流量主要取决于其在路网中的地位,但是地区内的人口密度可以从侧面反映潜在车流数量,本研究使用各省区市人口数量与各省区市土地面积的比值来表征该指标。铁路营业密度度量竞争性交通运输方式对收费公路车流量的分流效应。铁路运输与公路运输具有直接的竞争关系,一省区市的铁路运输线路越完善则收费公路车流量越少,本研究使用各省区市铁路营业里程与各省区市土地面积的比值来表征该指标。

3. 解释变量与其他控制变量

本研究将核心解释变量定义为政府还贷公路里程,为更准确地反映政府还贷公路里程对收费公路运营环节经济绩效的影响,本研究控制了收费公路里程与高速公路里程两个变量。之所以没有将上述三个变量归为外生环境变量,是因为收费公路里程、高速公路里程以及政府还贷公路里程内生于各省区市的收费公路管理体制,即这些影响收费公路绩效的变量在一定程度上受各省交通运输厅与公路运营企业影响。如果将它们作为环境因素剔除,会使行业整体经济绩效获得不合理的提升。

4. 数据来源

由于海南与西藏没有收费公路,因此本研究选取 29 个有收费公路的省区市作为研究样本,研究时点设为 2016 年。其中,运营管理支出、养护经费支出、通行费收入、政府还贷公路里程、收费公路里程以及高速公路里程的数据来源于《2016年收费公路统计公报》,人均 GDP、铁路营业里程与人口数来源于《2017 年中国统计年鉴》,各省区市土地面积来源于中华人民共和国中央人民政府网站(详细数据见附表 2,231 页)。

2.4.3　实证结果及分析

1. 三阶段 DEA 结果及分析

使用 DEAP2.1 与 FRONTIER4.1 软件对收费公路行业整体经济绩效进行测度,结果如下所述。表 2-6 与表 2-7 分别为第一阶段与第三阶段 DEA 结果,其中TE、PTE、SE 与 RS 分别表示综合技术效率、纯技术效率、规模效率及规模收益,此外,irs 表示规模报酬递增,drs 表示规模报酬递减,—表示规模报酬不变。括号内的1 表示第一阶段结果,3 则表示第三阶段结果。

表 2-6　一阶段 DEA 结果

地区	省区市	TE(1)	PTE(1)	SE(1)	RS(1)
中部	山西	0.483	0.493	0.98	irs
中部	吉林	0.524	0.854	0.614	irs
中部	黑龙江	0.353	0.542	0.65	irs
中部	安徽	1	1	1	—
中部	江西	0.834	0.84	0.993	irs
中部	河南	0.927	1	0.927	drs
中部	湖北	0.772	0.786	0.983	irs
中部	湖南	0.733	0.742	0.988	irs
西部	重庆	0.74	0.847	0.873	irs
西部	内蒙古	0.442	0.476	0.929	irs
西部	四川	0.694	0.708	0.979	drs
西部	贵州	0.715	0.748	0.956	irs
西部	云南	0.991	1	0.991	irs

地区	省区市	TE(1)	PTE(1)	SE(1)	RS(1)
西部	陕西	0.572	0.576	0.993	irs
西部	甘肃	0.583	0.734	0.794	irs
西部	宁夏	0.427	0.989	0.432	irs
西部	青海	0.307	1	0.307	irs
西部	新疆	0.456	0.674	0.678	irs
东部	北京	0.412	0.505	0.816	irs
东部	天津	0.608	0.879	0.693	irs
东部	河北	0.547	0.594	0.921	drs
东部	辽宁	0.697	0.809	0.861	irs
东部	上海	0.42	0.719	0.585	irs
东部	江苏	0.84	1	0.84	drs
东部	浙江	1	1	1	-
东部	福建	0.779	0.809	0.963	irs
东部	山东	0.663	0.684	0.968	drs
东部	广东	0.742	1	0.742	drs
东部	广西	1	1	1	-
	平均值	0.664	0.793	0.843	

表2-6中第一阶段DEA结果显示,在外部环境因素与随机扰动因素影响下,包含政府还贷公路与经营性公路在内的收费公路行业整体的综合技术效率平均值为0.664,明显低于单独以上市公司为样本测算的结果0.89[①],而纯技术效率与规模效率的平均值分别为0.793与0.843,说明技术效率与规模效率对综合技术效率的影响难分伯仲。从地理区域来看,中部地区综合技术效率的平均值为0.703,西部地区综合技术效率的平均值为0.593,而东部地区综合技术效率的平均值为0.701,中部大于西部与东部。从省区市来看,安徽、浙江和广西综合技术效率为1,即综合技术效率有效,其他省区市都存在不同程度的非效率。

---

① 王博,李琼.高速公路行业上市公司绩效评价与动态分析[J].企业经济,2014(8):175-179.

表 2-7 三阶段 DEA 结果

地区	省区市	TE(3)	PTE(3)	SE(3)	RS(3)
中部	山西	0.527	0.543	0.97	irs
中部	吉林	0.463	0.999	0.463	irs
中部	黑龙江	0.327	0.678	0.483	irs
中部	安徽	1	1	1	–
中部	江西	0.861	0.908	0.949	irs
中部	河南	1	1	1	–
中部	湖北	0.782	0.793	0.986	irs
中部	湖南	0.745	0.753	0.989	irs
西部	重庆	0.706	0.831	0.85	irs
西部	内蒙古	0.42	0.486	0.865	irs
西部	四川	0.696	0.708	0.983	drs
西部	贵州	0.705	0.768	0.918	irs
西部	云南	0.935	1	0.935	irs
西部	陕西	0.6	0.602	0.998	irs
西部	甘肃	0.549	0.764	0.72	irs
西部	宁夏	0.339	1	0.339	irs
西部	青海	0.203	1	0.203	irs
西部	新疆	0.388	0.647	0.6	irs
东部	北京	0.421	0.628	0.669	irs
东部	天津	0.648	1	0.648	irs
东部	河北	0.583	0.604	0.965	drs
东部	辽宁	0.731	0.879	0.831	irs
东部	上海	0.379	0.604	0.628	irs
东部	江苏	0.846	0.975	0.867	drs
东部	浙江	1	1	1	–
东部	福建	0.709	0.754	0.941	irs
东部	山东	0.691	0.7	0.988	drs

续表

地区	省区市	TE(3)	PTE(3)	SE(3)	RS(3)
东部	广东	0.788	1	0.788	drs
东部	广西	0.816	0.922	0.884	irs
	平均值	0.65	0.812	0.809	

表2-7中第三阶段DEA结果显示,剔除外部环境因素与随机扰动因素影响之后,收费公路行业整体综合技术效率平均值、纯技术效率平均值与规模效率平均值分别变为0.65、0.812与0.809。

从行业整体来看,各项效率水平变动十分有限,说明诸如经济发展状况与竞争性交通运输方式对收费公路行业的运营效率没有产生实质性影响,或者说这些外部环境因素并不是行业经济绩效不理想的主要原因。

从地理区域来看,中部、西部与东部的综合技术效率平均值分别转变为0.713、0.554与0.692,中部经济绩效略有提升,而西部和东部经济绩效略有下降,说明外部环境因素对西部地区和东部地区收费公路行业经济绩效不理想的状况没有充分体现。

从省区市来看,各省区市经济绩效状况变动都不明显。一个有趣的发现是,西部地区尤其是诸如宁夏与青海这样的西部经济相对落后地区,虽然综合技术效率极其低下,但是纯技术效率却很高,说明规模效率是其经济绩效低下的主导因素,且它们大都处在规模报酬递增阶段,即它们的企业运营规模相较于最优规模而言太小。

以青海为例,综合技术效率为0.203,为所有省区市中最低,但纯技术效率却为1,说明规模较小是其绩效较差的主要原因,因此,整合西部经济相对落后地区有限的收费公路资源,通过跨区域联盟方式达到最优规模是提高西部欠发达地区收费公路行业经济绩效的重要改革路径之一。

总体来看,外部环境因素对收费公路行业经济绩效影响很小,收费公路行业整体经济绩效水平在0.65左右,仍旧与上市公司接近0.9的经济绩效水平有一定差距。事实上,该结果可以从一定程度上说明政府还贷公路的存在拉低了行业整体的经济绩效,但是由于上市公司整合了经营性公路中盈利能力较强的资产,因此从上述结果中并不能很严谨地推论政府还贷公路的经济绩效比经营性公路差。

2. 经济绩效影响因素分析

将第一阶段DEA计算得到的运营管理支出与养护经费支出的松弛变量之和

作为因变量,将外生环境变量与其他解释变量作为自变量,使用 Stata14 软件对模型(2-5)进行回归。

回归结果如表 2-8 所示,其中,铁路营业密度与政府还贷公路里程对投入松弛的影响十分显著且都为正相关关系,而其他变量都未通过 10% 的显著性检验,本研究关注的核心解释变量政府还贷公路里程则通过了 5% 的显著性检验,说明回归结果相对有效。

表 2-8 Tobit 回归结果

解释变量	系数	标准误差	T 值	P 值
地区虚拟变量	−25556.3	39275.77	−0.65	0.522
人均 GDP	−1.203737	1.13985	−1.06	0.302
人口密度	11.09604	30.03062	0.37	0.715
铁路营业密度	316.7097	119.3531	2.65	0.015
政府还贷公路里程	22.85405	8.512399	2.68	0.014
收费公路里程	1.695145	9.126236	0.19	0.854
高速公路里程	9.569849	12.25985	0.78	0.443
常数项	−53250.5	75072.05	−0.71	0.486

外生环境变量中,仅铁路营业密度对投入松弛有显著影响,说明所选环境变量对收费公路行业整体经济绩效影响不大,这可能是因为收费公路运营绩效更多是内生于管理体制与路网规划。铁路营业密度对投入松弛有显著的正向影响,说明铁路运输线路越完善,收费公路运营环节的多余投入就越高。因为竞争性交通运输方式会很大程度地分流收费公路交通流,使通行费收入减少,而公路运营与养护中存在刚性投入,使运营成本不能同比例下降。收费公路里程对投入松弛的影响并不显著,但可以起到一定的方向性作用,即收费公路里程越长,多余投入越少,这可能是因为行业整体处于规模不经济状态。

核心解释变量政府还贷公路里程对投入松弛的正向影响十分显著,由于本研究控制了收费公路里程变量,该结果可以理解为在收费公路里程不变的前提下,政府还贷公路里程越大,则多余投入越大,即政府还贷公路占比越高则运营效率越低。因为收费公路行业中仅存在政府还贷公路与经营性公路两种运营模式,这一结果说明政府还贷公路的运营效率比经营性公路的运营效率差,从而使上文定性分析的结论得到实证检验。

　　面对上述结论,提出一个问题:政府还贷公路经济绩效较差的原因是什么?
已有研究表明,行政垄断对铁路运输业、电信行业、航空运输业、烟草行业与石油
行业等具体行业的经济绩效均有明显的负面影响①②③④⑤。因此,对于同属行政
垄断的收费公路行业,有理由推论行政垄断是行业经济绩效偏低的成因之一。

---

① 王会宗. 行政垄断与经济效率——基于中国铁路运输业的实证分析[J].经济问题,2009
(12):20-24.
② 于良春,杨骞. 行政垄断制度选择的一般分析框架——以我国电信业行政垄断制度的动
态变迁为例[J].中国工业经济,2007(12):38-45.
③ 陈学云,江可申. 航空运输业规制放松与反行政垄断——基于自然垄断的强度分析[J].
中国工业经济,2008(6):67-76.
④ 杨骞,刘华军. 中国烟草产业行政垄断及其绩效的实证研究[J].中国工业经济,2009(4):
51-61.
⑤ 李治国,郭景刚,周德田. 中国石油产业行政垄断及其绩效的实证研究[J].当代财经,
2012(6):89-101.

第 3 章

收费公路行业行政垄断实证研究

第 2 章研究表明,收费公路行业尤其是政府还贷公路的经济绩效水平较低,而行政垄断与这一结果有直接关系。因此,本章将围绕收费公路行业行政垄断问题展开,对行业行政垄断的现状、成因、表现形式、产生后果以及垄断程度进行剖析,为下文分析行政垄断与经济绩效作用机理提供理论依据。

3.1 ISCP 框架下收费公路行业行政垄断分析

在已有行政垄断的研究方法中,较为成熟的是于良春提出的 ISCP 分析框架。该方法将"制度→结构→行为→绩效"框架嵌入具体行业,以分析行业行政垄断现状,探寻行业行政垄断成因。在收费公路行业中,具有制度特征的行政垄断通过影响市场结构与产权结构来改变企业的经济行为,并最终作用于经济绩效。因此,本节使用 ISCP 分析框架对中国收费公路行业行政垄断现状进行分析。

按照 ISCP 框架,分析收费公路行业行政垄断现状应从制度、结构、行为、绩效四个层面递进展开。但上一章已对收费公路行业的经济绩效进行了实证研究,因此下文承接前文内容,按照"行为→结构→制度"的顺序来分析收费公路行业行政垄断现状。

3.1.1 收费公路行业企业行为分析

企业行为在产业组织结构中具有纽带作用,一方面直接影响经济绩效,另一方面又受市场结构和产权结构影响。通过对公路融资平台公司实地调研发现,我国收费公路行业经济绩效不佳由企业寻租等非生产性行为引起。因此,下文从非市场化、企业组织调整和收费标准确定三方面对收费公路行业的企业行为进行分析。

1. 收费公路行业企业非市场化行为

在特殊的管理体制下,收费公路运营企业受到一定程度的政府控制,从而形成非市场化行为。收费公路运营企业的非市场化行为包括非市场化契约中多级委托代理行为、政府任命企业领导行为和经营退出行为。(1)非市场化契约中多级委托代理行为。全国人民拥有收费公路资产所有权,但无法直接行使这项权利,只能通过多层级的委托代理制来行使所有权,而委托代理关系受政府影响较大。(2)非市场化竞争的政府任命行为。多级委托代理制中,收费公路运营企业的主要领导职位多由政府行政任命,即使是经营性公路运营企业(如上市公司)也同样如此。(3)经营退出行为。收费公路行业市场开放程度不高,国家行政干预较强,使行业中运营企业退出市场存在较高风险,其中政府还贷公路运营企业经营风险尤高。

2. 收费公路行业企业运营模式调整行为

收费公路行业中,横向一体化是指兼并与合并从事收费经营业务企业的行为,主要表现为由"一路一公司"向大型集团企业的演变。由于横向一体化更有利于收费公路企业通过规模扩张来实现经济效益,因此横向一体化成为收费公路企业组织调整的主要模式。纵向一体化指从事建设、经营与养护等不同业务的企业之间的兼并与联合行为。混合一体化是纵向一体化的主要形式之一,表现为收费公路运营企业在收费业务的基础上,积极涉猎如房地产等其他行业,拓宽企业经营范围,规避单一市场风险。尽管收费公路行业中企业组织调整形式呈现多样化趋势,但各种形式都或多或少受到行政垄断的影响。

3. 收费公路行业企业定价行为

在收费公路通行费标准制定时,《中华人民共和国公路法》与《收费公路管理条例》明确规定"由收费单位提出方案",相关部门对政府还贷公路和经营性公路的收费标准进行审查。然而在实际操作中,收费标准的制定很少考虑企业意愿和市场因素,政府行政干预程度较大,政府还贷公路尤为如此。政府还贷公路的运营单位几乎都是国资委或交通运输厅直属的国有独资公司,因而在确定通行费标准时,价格必须在政府划定范围内才可通过,这种定价行为受到较为严重的行政干预。对于经营性公路,尽管经营主体为国内外经济组织,但事实上仍受制于行政垄断,这是因为大多数经营性公路企业股东为"政府行政单位"或其下属国有企业,如华北高速公路股份有限公司的前四大股东都是国有企业,总持股比例为65.42%①,

---

① 数据来源:华北高速公路股份有限公司2017年度报告。

这些国有企业又分别是招商局与河北省交通运输厅等单位的下属企业。

3.1.2 收费公路行业结构分析

不同的行业结构决定相应的企业行为,收费公路行业中具有行政垄断特征的产权结构与市场结构引发如上所述的企业行为。因此,下文对行业产权结构与市场结构现状予以分析。

1. 产权结构

在行政垄断背景下,我国收费公路行业产权制度变迁主要经历了经营权下放和现代企业管理制度建立两个阶段。

我国大多数省区市的收费公路运营单位虽然实行企业化运营,但现代企业管理制度并没有真正建立,政企分离远未实现,这从企业的产权结构可以看出①。政府还贷公路的运营模式分为事业型和企业型两种,其中事业型运营模式属于典型的政企不分,而企业型运营模式中的运营单位都为国资委或交通运输厅下属的国有独资企业,这种产权结构使运营企业中的行政垄断根深蒂固。事实上,上述现象不仅在政府还贷公路中存在,即使在现代企业制度改革步伐较快的上市公司中也如此。资料显示,2007—2017 年我国 19 家高速公路上市公司中,绝大多数公司股权结构中的国有股及国有法人股所占比重超过50%(见表3-1),这反映出我国高速公路上市公司也同样受到行政垄断影响。但从上市公司的股权结构变化趋势看,大部分公司国有股及国有法人股占比不断降低,股权结构处于良序发展中。

表3-1　高速公路上市公司国有股份及国有法人股所占比重(单位:%)

上市公司＼年份	2007	2008	2009	2010	2011	2012	2013	2014	2015	2016	2017
粤高速	42.64	43.16	42.54	43.36	43.36	43.36	43.36	43.37	43.37	49.38	50.36
海南高速	19.62	19.79	20	23.17	23.17	23	27.99	26.2	26.22	26.22	26.17
华北高速	65.42	65.42	65.42	65.42	65.42	65.42	65.42	65.42	65.42	65.42	65.42

---

① 朱贻宁.收费公路产业行政垄断及产业效率的计量分析[J].统计与决策,2015(11):104-107.

续表

年份 上市 公司	2007	2008	2009	2010	2011	2012	2013	2014	2015	2016	2017
皖通高速	52.19	52.19	52.19	52.19	52.19	52.52	53.11	56	56	56	56
中原高速	65.03	65.03	65.03	65.03	65.03	65.09	65.09	65.09	60.52	60.52	60.52
深高速	55.74	55.73	55.74	55.74	55.74	55.74	55.74	6.84	6.84	6.84	6.84
五洲交通	69.55	65.22	54.87	54.51	54.31	54.3	54.3	53.09	50.67	51.06	49.81
现代投资	34.48	34.48	34.48	34.48	34.48	34.48	34.48	34.48	38.87	37.42	37.4
重庆路桥	**52.**58	44.94	29.87	28.87	28.87	28.87	28.87	28.85	0	0	0
楚天高速	63.39	63.39	63.39	63.39	63.39	63.39	63.39	63.39	58.45	58.45	50.21
福建高速	63.29	63.29	53.91	53.91	53.91	53.91	53.91	53.91	53.91	53.91	53.91
赣粤高速	51.98	51.98	52.3	52.3	52.3	52.3	52.3	52.3	52.3	52.3	52.3
湖南投资	30.31	30.31	30.31	30.31	30.31	30.31	30.31	31.52	31.22	30.31	30.31
吉林高速	67.11	67.11	67.11	67.11	67.11	67.11	67.11	66.12	64.82	64.82	64.82
龙江交通	67.11	67.11	67.11	67.11	67.11	67.11	69.68	69.68	68.69	68.69	50
宁沪高速	66.13	66.13	66.13	66.13	66.13	66.13	66.13	66.13	66.13	66.13	66.13
山东高速	80.19	80.19	80.19	80.19	86.15	86.71	86.71	87.23	86.93	86.93	75.69
四川成渝	65	65	54.37	54.37	54.37	53.61	53.61	55.6	55.6	55.6	55.6
东莞发展	–	–	–	44.85	44.85	44.85	44.55	44.55	44.55	44.82	44.82
平均值	56.21	55.58	53.05	53.2	53.52	53.52	53.97	51.4	48.97	49.20	47.17

数据来源:各高速公路上市公司 2005—2017 年年报。其中,吉林高速和龙江交通由东北高速于 2010 年分拆而来。

2. 市场结构

合理的市场结构可以有效地调节收费公路运营企业的企业行为,从而得到理想的经济绩效。由于还贷公路由政府垄断经营,仅对其进行分析无法全面反映行业整体市场结构以及政府还贷公路相对于经营性公路的市场结构差异,因此下文通过市场集中度与进入壁垒两个指标,对包含经营性公路的收费公路行业整体市场结构加以分析。

(1)市场结构现状分析之一——市场集中度。市场容量急剧扩大、运营单位规模相对缩小、运营管理水平和技术水平下降以及行业进入壁垒设置不合理等一系列因素导致收费公路行业市场集中度偏高。从全国来看,衡量市场集中度的收费公路运营主体所辖里程的 CR_2[①]值为 78.65%,属于低集中寡占型[②]。然而,经济社会发展程度与收费公路管理体制的差异导致不同省区市的市场集中度差异较大。以陕西省为例,陕西省高速公路市场集中度 CR_2 为 84.35%,如图 3-1 所示,属于极端寡占型,且远高于全国平均水平。

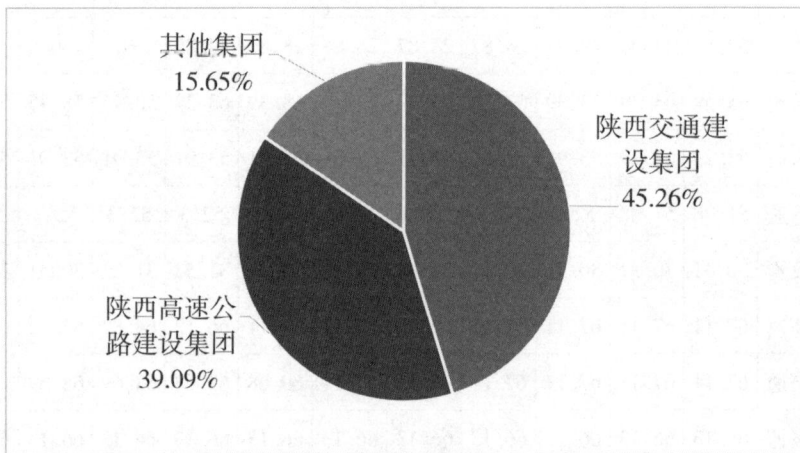

其他集团
15.65%

陕西交通建设集团
45.26%

陕西高速公路建设集团
39.09%

图 3-1 陕西省各收费公路经营主体经营的收费公路里程比例

数据来源:陕西省交通建设集团公司 2018 年度第二期中期票据募集说明书、陕西省高速公路建设集团公司 2019 年度第二期超短期融资券募集说明书、2017 年陕西省收费公路统计公报。

(2)市场结构现状分析之二——进入壁垒。行政垄断制度背景下,我国收费公路行业的进入壁垒有以下三种。第一,行政性壁垒。在地方分权和企业自主生产的分散管理模式下,地方政府具有投资与项目审批权,对区域内收费公路企业的进入具有决定权力。而政府还贷公路的运营单位又大多为国有控股企业,政企

---

① 注:CR_2 是指区域内收费公路产业中最大的 n 家收费公路经营主体所拥有的收费公路里程数占该地区收费公路总里程数的比重。

② 未小刚.我国高速公路产业组织研究[D].西安:长安大学,2013:46-48.

之间裙带关系严重,这使得地方政府倾向于关照与其关系紧密的国有企业,从而形成行政性进入壁垒。第二,经济性壁垒。作为基础设施,收费公路资产的流动性、通用性与兼容性较差而沉淀成本较高,使收费公路项目投资决策难度加大,再加上进入收费公路行业对企业资产规模和盈利能力的要求较高,如表3-2所示,使得社会资本望而却步,形成收费公路行业的经济性进入壁垒,这一壁垒在建设和养护环节表现尤为明显。第三,策略性壁垒。收费公路行业的策略性壁垒指产业内既有企业通过有目的的寻租以及与政府行政单位串谋等手段阻止新企业进入。在行政性进入壁垒、经济性进入壁垒与策略性进入壁垒的多重作用下,我国收费公路运营企业大都由政府部门直接掌控。

表3-2　2016年地方公路融资平台公司资产规模和利润表(单位:亿元)

公司	资产规模	利润总额
1. 河北省高速公路开发有限公司	382.845	10.945
2. 山西省交通开发投资集团有限公司	255.552	2.620
3. 北京市首都公路发展集团有限公司	1836.135	1.144
4. 内蒙古高等级公路建设开发有限责任公司	1099.363	2.983
5. 天津高速公路集团有限公司	938.436	0.465
6. 黑龙江省高速公路集团公司	447.839	9.752
7. 吉林省高速公路集团有限公司	1115.315	19.049
8. 湖北省交通投资集团有限公司	3172.746	17.820
9. 湖南省高速公路建设开发总公司	4007.368	86.338
10. 江西省高速公路投资集团有限责任公司	2650.231	19.938
11. 河南交通投资集团有限公司	1667.798	17.140
12. 山东高速集团有限公司	4581.826	44.941
13. 江苏交通控股有限公司	2626.328	106.756
14. 安徽交通控股集团有限公司	2188.060	24.961
15. 浙江省交通投资集团有限公司	2823.555	64.495
16. 福建省高速公路有限责任公司	3240.288	13.850
17. 广东省交通集团有限公司	926.538	17.630
18. 广西交通投资集团有限公司	2116.847	11.665
19. 海南省交通投资控股有限公司	173.102	0.189
20. 贵州高速公路集团有限公司	2359.712	19.033

续表

公司	资产规模	利润总额
21. 四川省交通投资集团有限公司	2814.320	8.444
22. 云南省公路开发投资有限责任公司	2726.375	37.281
23. 重庆高速公路集团有限公司	103.634	-1.327
24. 甘肃省公路航空旅游集团有限公司	2850.997	14.847
25. 青海交通投资有限公司	671.762	3.572
26. 陕西省交通建设集团公司	2607.156	2.749
27. 陕西省高速公路建设集团公司	1936.217	2.339

数据来源：27 家公路融资平台公司 2016 年年度报告。安徽两家合为一家,宁夏交通投资集团数据缺失。

3.1.3 收费公路行业制度分析

收费公路行业的市场结构和产权结构在特定的行业制度背景下孕育而生,而具有制度特征的行政垄断是行业制度环境中的关键因素,也是形成收费公路行业经济绩效、企业行为与市场及产权结构的根本原因所在。因此,下文从法律条例、管理体制与政府规制三个方面对收费公路行业的制度建设进行分析。

1. 收费公路行业法规条例建设

伴随收费公路里程的增加,收费公路行业的制度建设经历了三个阶段:(1)起步阶段。在该阶段,为解决交通发展的瓶颈问题与满足公路建设需要,1988 年交通部、国家计委颁布了《贷款修建高等级公路和大型桥梁、隧道收取车辆通行费的规定》,这是收费公路相关政策的首次出台。(2)快速建设阶段。在该阶段,不仅收费公路建设处于快速发展状态,行业的制度建设也处于快速完善状态,2004 年国务院颁布了我国第一部收费公路法典《收费公路管理条例》,随后相关法律法规陆续颁布。(3)完善阶段。在该阶段,主要对法律法规实际操作中的缺位和不足进行修订;对部分成熟的条文和规定形成正式法律法规,使其发挥更大作用,如2008 年交通部发布的《收费公路权益转让办法》。从收费公路行业制度发展中可以看出,法规条例的建设修改在规范收费公路行业的同时,也使行政垄断逐步合法化。

2. 收费公路行业管理体制

我国收费公路管理体制可以分为运营管理、建设管理、行业管理、养护管理与交通管理五个方面①。(1)运营管理体制包括事业型管理模式和企业型管理模式两种,大多数省区市政府还贷公路属于国有独资企业型管理模式。企业型管理模式又可细分为两类:第一类是省级人民政府归口管理的企业型(归省区国有资产监督管理委员会统一管理),第二类是交通运输厅归口管理的企业型。事业型管理模式虽有利于统一指挥和协调,但收费管理单位及人员缺乏自主性且受政府干预较大,而企业型管理模式下的运营单位经济绩效则较高。(2)行业建设管理体制的主要模式为建管分离模式。建管一体模式只存在于早期的收费公路建设中,已逐渐退出历史舞台。建管分离模式虽有利于市场机制的利用,但不利于投资建设与运营管理的衔接。(3)在行业管理体制中,目前存在行业归口型和行业独立型两种模式。行业归口型模式有利于执法管理,但存在行业管理和运营管理关系的协调问题;行业独立型模式有利于高速公路的特殊管理,但不利于处理高速公路与一般公路之间的协调与统一执法问题。(4)养护管理体制方面,我国主要以企业化养护为主,事业化养护为辅。事业化养护有利于及时处理突发事件且经济纠纷较少,但存在养护机构自主权限缺失与养护费用难以合理配置等问题。相比之下,企业化养护模式则较为合理。(5)交通管理体制中,存在综合执法管理和单一执法管理两种模式。综合执法管理模式对减少执法机构间的矛盾较为有效,但需要各方相互协调和密切配合;单一执法管理模式由于难以实现信息共享,增加了执法机构间的矛盾。综上所述,尽管行业管理体制的形式较为多样,但无一例外都具有行政垄断特征。

3. 收费公路行业政府规制形式

收费公路行业政府规制的主要形式之一是通行费标准制定。尽管通行费标准是由企业制定后上报政府审批,但政府与国有企业之间的代理关系使这种价格规制更多地反映主管部门或者政府的意愿而非市场关系。

收费公路行业的价格规制还体现在歧视性定价方面。部分省区市对国家法律规定减免通行费之外的其他通行车辆采取不同于一般车辆的特殊对待,对这些车辆进行通行费减免。这种同一通行服务对不同消费者实行不同价格的行为构成价格歧视,具有寻租性质。现有地方法规办法却变相地对这种做法予以肯定,反映出行业法规条文的部分内容具有政治倾斜性,也是行业制度法规越来越难以适应行业可持续发展的原因所在。

通过对收费公路行业"绩效→行为→结构→制度"逆 ISCP 嵌入式分析,能够清楚地看到,正是收费公路行业中现有的行政垄断,造就行业集中度过高与国有

---

① 徐海成. 公路经济[M].北京:人民交通出版社,2008:219-249.

产权一家独大的特殊行业结构,并进一步影响行业内的企业行为,最终形成经济绩效整体偏低的行业现状。

3.2 收费公路行业行政垄断的路径依赖

上一节分析证实,现有行政垄断状态是收费公路行业经济绩效低下的重要诱因。为对行业行政垄断现状的产生与维持提供理论解释,有必要深入探讨行业中行政垄断的必要性与形成过程。因此,本节对收费公路行业行政垄断的合理性与路径依赖机制加以分析。

3.2.1 收费公路行业行政垄断存在的合理性

收费公路行业行政垄断存在的合理性是指在收费公路行业中,适度的行政垄断有其存在的必然性与必要性。为解决建设资金短缺引起的公路发展"瓶颈问题","贷款修路、收费还贷"政策应运而生,收费公路也伴随着该政策的提出登上历史舞台,而我国收费公路管理体制正是在收费公路的建设、运营与养护等实践中不断发展形成的。收费公路发展初期直接沿用计划经济下的普通公路管理体制,收费公路处于政府完全控制中,由此可见,行业行政垄断的存在具有必然性。随着收费公路行业的发展,尽管管理体制不断改革,但行政垄断却一直未被破除。当然,在一定时期内,具有行政垄断特性的收费公路管理体制对行业发展与社会经济发展具有巨大的推动作用。正是行政垄断使得收费公路行业形成规模效益,也正是因为行政垄断具有的强大政府执行力,才清除了收费公路产生于发展过程中的各种障碍。因此,收费公路行业中行政垄断的存在具有必要性。

随着社会主义市场经济体制的逐步完善,行政垄断对收费公路行业的桎梏越来越明显,已由最初的促进作用逐渐转变为制约作用。因此,对于收费公路行业而言,行政垄断的存在必然有一个"度"的问题。下文从收益成本和有效竞争两个角度来分析行政垄断的适度性问题。

行政垄断作为制度是一种稀缺资源,对行政垄断的使用需要付出交易成本,但同时也会获得相应收益[1]。随着行政垄断对收费公路作用的增强,如图3-2所示,行政垄断的边际收益MR逐渐减少,而行政垄断的边际成本MC逐渐增加。当行政垄断程度达到边际收益与边际成本相等的C点时,行政垄断对收费公路行业

---

① 胡乐明,刘刚. 新制度经济学[M].北京:中国经济出版社,2009.

的作用达到最优,即达到适度性状态。在未到达均衡点 C 之前,行政垄断的边际
收益大于边际成本,此阶段行政垄断影响不足,通过增加行政垄断影响可以继续
提高行业效率;随着行政垄断程度的增加,边际收益逐渐趋于边际成本,行政垄断
对行业的影响逐渐接近最优状态;当行政垄断处于均衡点 C 之右时,边际收益将
小于边际成本,此时行政垄断影响过度。由此可见,收费公路行业行政垄断存在
适度性。

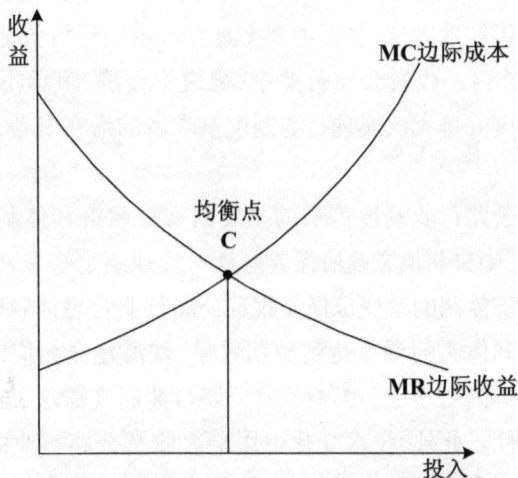

图 3-2 制度的边际成本与边际收益均衡

　　收费公路行业中存在有效竞争状态,当达到这一状态时行政垄断处于适度性
水平。行政垄断会为收费公路行业带来规模效益,并可以通过行政权力集中资源
以较低的成本完成收费公路的建设、运营与养护等仅依靠市场机制难以完成的任
务,这也是涉及巨额投资的基础设施行业希望政府出面集中建设并垄断经营的原
因。但是在实际操作中,行政垄断所产生的政府垄断经营往往难以兼顾规模经济
与竞争活力,要么政府垄断程度过高而缺乏竞争效率,要么垄断程度过低而规模
效益不显著。因此,必须对收费公路行业进行适度行政垄断,兼顾市场竞争活力
与规模经济效益,使其达到有效竞争状态。这也从另一个角度证实收费公路行业
中行政垄断存在适度性状态。

　　现阶段行政垄断是行业经济绩效低下的主要原因,由此可以推论,收费公路
行业中行政垄断程度已经偏离适度性范围。

3.2.2　收费公路行业行政垄断的路径依赖

1. 收费公路行业制度供求重复博弈模型

制度供求是新制度经济学的核心内容,在制度变迁理论分析框架中,制度需求是制度变迁的最初动力,制度需求与制度供给的反复博弈产生了制度变迁[①]。

(1)收费公路行业的制度需求与制度供给。

①收费公路行业制度需求。制度需求指制度服务对象对制度的需求和社会需求。之所以会产生制度需求,是因为制度具有一定的经济价值且能够给制度的消费者提供某些服务[②]。收费公路行业中,规模不经济、市场不完善和负外部效应等问题使现有制度安排无法实现行业制度供求者的潜在利益,从而引发行业对新制度的需求。

影响我国收费公路行业制度需求的主要因素是政策和体制。我国正处于经济体制的转轨时期,中央和地方政府需要有针对性地制定一系列政策来满足各阶段发展的需求。经济体制的改变也促使收费公路行业管理体制做出相应调整,要使这些政策的执行和体制的调整达到预期效果,就需建立相应的制度。同时,其他相关行业制度安排的变迁也会影响收费公路行业制度需求,这是因为相关行业之间具有制度关联性。此外,技术变化也影响着收费公路行业的制度需求,新技术的实施需要新的制度为其保驾护航,也必然会对制度提出新要求,例如在 ETC 全国联网的关键时刻,国家发改委于 2010 年印发《关于促进高速公路应用联网电子不停车收费技术的若干意见》以及《公路电子不停车收费联网运营与服务规范》等制度为"ETC 全国联网工作"提供制度保障[③]。除上述因素以外,行业中要素和产品的相对价格、突发事件以及群体偏好等因素在一定程度上也影响着收费公路行业的制度需求。如果将收费公路行业的制度需求记为 D,影响制度需求变化的因素记为 a,b,c,d,e,f,则收费公路行业制度需求函数为 $D=f_d(a,b,c,d,e,f)$。

②收费公路行业制度供给。制度供给指一种新制度的"生产者"在制度变迁收益大于成本的情况下设计和推动制度变迁的活动,是"生产者"供给愿望和能力的统一,供给的是规范人们行为的法律、伦理或经济准则及规则[④]。因此,收费公

---

① 戴维菲尼. 制度安排的需求和供给[A].V.奥斯特罗姆等:制度分析与发展的反思——问题与抉择[C].北京:商务印书馆,1996:155.

② 袁庆明. 新制度经济学[M].北京:中国发展出版社,2005.

③ 中国公路网. 2015 年将基本实现电子不停车收费全国联网[EB/OL].中国公路网,2014-06-10.

④ 王丹舟. 衍生金融工具会计制度供求机制研究[D].成都:西南财经大学,2008:27-30.

路行业的制度供给指收费公路行业政府主管部门为满足新需求向行业提供新的制度结构和制度安排,以规范行业秩序。

影响收费公路行业制度供给的因素有以下几方面:第一,现有制度安排。如果把新制度视为现存制度"路径依赖"的结果,那么新制度供给的决策显然无法抛开对现存制度的考虑。第二,宪法秩序。宪法秩序限定了制度创新的范围,使制度供给的空间缩小。因为政府的宪法垄断,使得政府本身不会有积极性去创新制度,而非政府机构的权限又很小,无法通过权力中心成为现实的制度供给者。第三,规范性行为准则。规范性行为准则受行业特定文化和意识形态的制约,而制度的供给又与行业文化有着千丝万缕的联系。因此,行业文化背景下的规范性行为准则必然会影响行业的制度供给。第四,相关社会科学知识的进步和积累。行业科技和管理的改革及创新在具体实施中无论成功与否都在一定程度上为行业积累了大量的知识与经验,这使供给者可以挑选出满足其需求的制度。第五,上层决策的预期净收益。在高度集权的收费公路行业,上层决策者的利益往往能决定行业新制度的供给,但是这种情况会随着行业法规与规制机制的完善逐渐减少。除上述因素以外,影响制度供给的因素还包括制度设计成本、实施新制度安排的预期成本、公众态度、制度选择集的改变、政府的公正程度和消费者的力量等。如果将收费公路行业的制度供给记为 S ,影响制度供给变化的因素记为 $\alpha,\beta,$ $\chi,\delta,\varepsilon,\phi,\varphi,\gamma,\eta$,则收费公路行业制度供给函数为 $S=f_s(\alpha,\beta,\chi,\delta,\varepsilon,\phi,\varphi,\gamma,\eta)$ 。

(2)基于制度变迁的收费公路行业重复博弈。收费公路行业的制度变迁通过制度需求与供给之间的有限次重复博弈实现,是制度不均衡与制度均衡交替出现而产生的结果。这种博弈是完全信息动态有限次阶段博弈,且每一次博弈结果都作为下一次博弈的初始状态,每次博弈中,需求者根据现行制度提出制度需求,"政府"[1]作为供给方提供新制度满足需求从而达到均衡。

具体来说,收费公路行业制度供求的博弈参与方是制度的供给方和需求方,制度的需求主体为企业[2]和消费者,制度的供给主体为政府和行业相关主管部门。收费公路行业行政垄断下的管理体制和人事任免制度使行业内企业的"实际操手"为政府和交通行业主管部门,其中收费还贷性公路运营企业的高管往往由政府直接任命。因此,收费公路行业制度的需求主体实质上是消费者,供给主体是政府。由收费公路行业的制度需求函数与制度供给函数可以分别得到制度需

---

[1] 注:这里政府包含三部分:政府行政机关、行业制度形成的相关部门、交通行业政府部门注资的国有大型企业。

[2] 注:有时候企业也作为制度的供给方参与到整个过程中,因此,企业兼具需求方和供给方的双重身份。

求和制度供给的效用函数,制度需求方消费者的效用函数为 $UF_c = UF_c(S, D) = UF_C(f_d, f_s)$,制度供给方政府的效用函数为 $UF_g = UF_g(UF_c, UF_f, UF_G) = UF_g(f_d, f_s)$,其中 UF_c 是消费者效用函数, UF_f 是企业效用函数, UF_G 是政府部门直接收益。

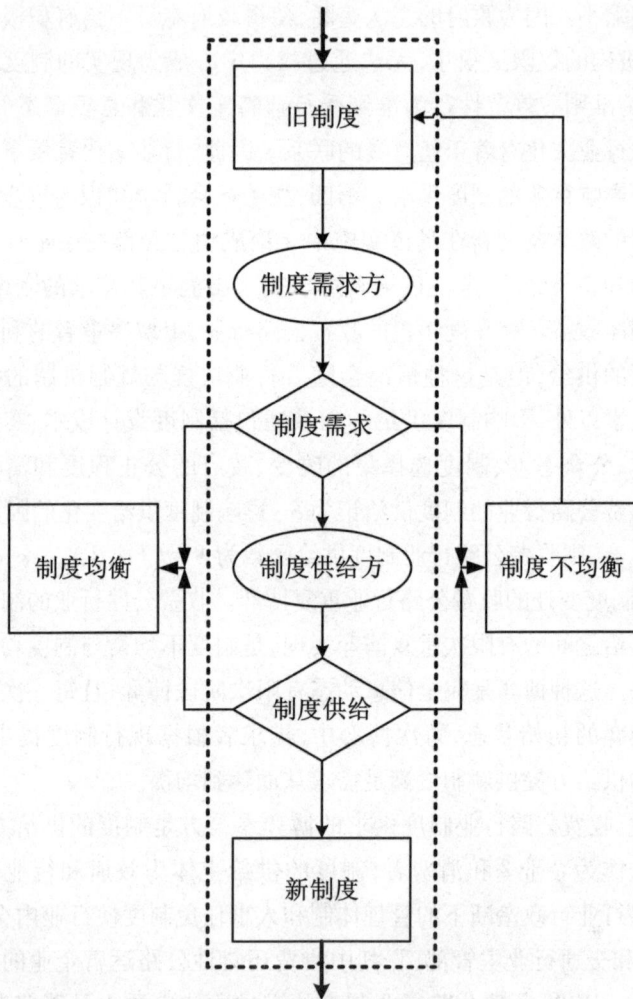

图 3-3 收费公路行业制度供求博弈

收费公路行业制度供求博弈的目的是供给方和需求方获取各自利益、满足供需平衡,在双方博弈过程中衍生出制度变迁。制度供求博弈的核心问题是提供的新制度是否能满足需求。制度供求的博弈结果是在一定阶段内达到制度供求均衡。当收费公路行业的消费者不满足于现存行业制度时,现存制度与消费者所期望的制度之间就出现了"差距",即制度不均衡。这种差距由现行的制度安排和制度结构的收益小于可供选择的新制度安排和结构的预期收益而引起,此时提供新制度有利可图。如果所提供的新制度满足制度需求者的期望,则制度达到均衡。但是制度均衡是暂时的,因为影响制度需求与供给的因素时刻发生改变,因而制度变迁过程是一个不断变化的动态过程。

收费公路行业的制度建设与完善在制度供给者和需求者双方有限次博弈中完成。需要清楚的是,博弈过程是多方因素共同作用的结果,除上述原因之外,还有许多其他因素也影响着制度的供求博弈。这一重复博弈过程使收费公路行业特定的制度环境得以形成,从而为行政垄断的产生提供条件。

2. 路径依赖理论

路径依赖由大卫保罗①(David P. A.)在研究技术演进时提出,其后阿瑟②(Arthur W. B.,1988)对其进行发展,而诺思③(North D. C.)在此基础上提出制度的路径依赖理论,认为制度变迁同样也有报酬递增和自我强化机制。在此之后,随着研究的不断深入,路径依赖理论逐渐趋于成熟。路径依赖指:如果一种体系在外部性事件影响下被系统采纳,便会沿着一定的路径发展下去,且只要进入这一路径就会对这种路径产生依赖,无论路径好坏都很难被其他(更优)体系取代。具体来说,路径依赖理论是指具有报酬递增和自我强化的制度机制一旦形成,就会产生与现有制度共存共荣的组织和利益集团,作为现有制度的受益者,他们往往会通过增加投入以巩固和强化现有制度从而继续获益,此时即便出现更为有效的新制度,制度变迁也难以实现。路径一旦选定,一系列的外在性、组织学习过程与主观模型就会加强这种路径,此时制度变迁既有可能进入良性循环,也可能进入恶性循环,即具有报酬递增的制度安排在市场不完善与组织无效的情况下制约生产活动发展。也就是说,无论这种制度有效与否,都会沿着已锁定路径继续下去。因此,路径锁定和自我强化是路径依赖的主要表现形式。

---

① DAVID P. A. Clio and the Economics of QWERTY[J]. American Economic Review, 1985 (75): 332-337.

② ARTHUR W. B. Competing Technologies, Increasing Returns and Lock-in by Historical Events [J]. The Economic Journal, 1989(99):116-131.

③ NORTH D. C. Institutions, Institutional Change and Economic Performance[M]. Cambridge University Press, 1990.

3.2.3 收费公路行业行政垄断形成的路径依赖

在收费公路行业中,行政垄断的存在具有必然性和合理性,行政垄断在行业发展过程具有促进作用,但过度行政垄断会逐渐转变为制约作用。下文从路径依赖角度解释上述现象。

1. 收费公路行业行政垄断的路径锁定

路径锁定能够解释一个相对低效率的制度为什么没有被更先进的制度所替代。行政垄断在影响收费公路行业健康发展的同时仍然可以得到延续的主要原因是行政垄断的报酬递增特性会创造出相互竞争的利益集团,它们将从自身利益出发形塑政治体系,久而久之会形成一种意识形态,行政垄断及其产生的低效率都会通过这种意识形态找到"合理"解释,最终使行政垄断得以延续。

2. 收费公路行业行政垄断的自我强化

伴随着制度供求博弈,收费公路行业的行政垄断不断进行着自我强化,这种自我强化在管理体制改革和产权改革等很多方面都有体现。

(1)制度和管理体制的既定变化。行政垄断作为从计划经济向市场经济转轨的产物,路径依赖的起点是计划经济体制,而计划经济体制则通过历史文化等路径产生。

改革开放初期,为解决公路建设资金短缺问题,1984年12月国务院在第54次常务会议上提出"贷款修路,收费还贷"政策。在这一政策的指导下,我国收费公路发展大致经历了三个阶段:1997年之前的起步阶段;1998—2007年的高速发展阶段;2008年至今的稳步发展阶段。各阶段的交替都是制度博弈参与者相互作用的结果。

起步阶段是收费公路建设的开始阶段,也是收费公路行业制度和管理体制从无到有的阶段。随着收费公路里程的增加与建设规模的逐步扩大,制度缺失产生的问题也随之而来,行业内对制度的需求随即产生,这要求相关部门出台新的制度来规范行业发展。这一阶段中,专门针对收费公路行业的法律法规基本没有,只有极少的一些办法和措施。政府和行业主管部门制定的这些新制度基本解决了当时出现的一些问题,初步实现制度供求均衡,收费公路的发展无论是在里程上还是在体制上都有了零的突破。但是在起步阶段中,行业发展重点集中在建设上,运营管理体制构建则被放在次要地位,致使管理体制转变处于被动状态。由于省级交通主管部门是主要投资主体,因此收费公路的运营管理仍然沿用普通公路的管理体制,这种制度供给强化了行政垄断。

随着社会主义市场经济体制的逐步构建以及技术领域的革新,收费公路行业迎来1998—2007年的快速发展阶段,这十年中我国高速公路年均通车里程近5000千米,是上一阶段的十倍之多,总里程达到5.39万千米,收费公路建设成绩斐然。与此同时,行政垄断的自我强化使已有制度和管理体制的效率逐渐丧失,收费公路管理政出多门、职能交叉与管理低效等行政垄断弊端日益突出,制度均衡被新的制度需求打破。为了理顺关系与协调矛盾,国务院对行业进行整改并制订了一系列法律法规,如《中华人民共和国公路法》《收费公路管理条例》等,这些新制度的供给在一定程度上满足了本阶段的新制度需求,制度供求再次达到均衡。事实上,这一制度变迁过程实质上只是行政垄断的自我强化,并没有根本解决行政垄断引发的问题。

经过十年的黄金发展期,收费公路行业在2008年步入了第三阶段。这一阶段延续了"十一五"规划中部分工程的建设,各地收费公路的建设在达到一定程度后开始趋向缓和。同时,收费公路融资渠道得到拓宽,形成经营权转让、股票融资和国内外经济组织投资等多层次、多元化的融资体制,对管理体制的要求也随之改变,由此演化出行政事业型、企业管理型与事企混合型等多种不同的管理体制形式。该阶段管理体制尽管有所改变,但是由于国有经济比例过高,收费公路企业经营行为受行政垄断的影响仍在加大,最终使各种管理体制改革流于形式。此外,自然灾害等突发事件频发也对行业提出新的制度需求,至此,新的博弈再次开始。

综上所述,各阶段的制度供求博弈都在既有行政垄断基础上进行,是行政垄断在锁定状态下的自我强化,本质上并未从行政垄断的锁定模式中解锁出来。

(2)行业产权的渐进式改革。路径依赖并非"宿命说",而是指一个路径依赖起点被确定后,之后的选择会在起点确定的路径上一步步形塑制度,而起点的选择由制度矩阵与偶然的历史事件共同决定。尽管产权的渐进式改革镶嵌在计划经济向市场经济的渐进式改革过程中,但将产权问题单独提出是有必要的,因为产权界定不清是导致行政垄断问题的根源之一。

收费公路产权最初只体现为所有权,但是随着市场经济转型的不断深入,公路建设资金缺乏等现实问题制约着行业发展,使收费公路产权开始渐进式改革,所有权与经营权逐渐分离,与此同时问题也随之出现:所有权仍旧归国家所有,但在实际运转过程中经营权归谁所有则显得较为模糊。上文也提及国有股权比例在绝大多数收费公路企业中占据半数以上,为政府直接或间接参与收费公路经济活动提供了便利,这与融资、建设以及经营管理体制的渐进式改革共同作用形成行业内的行政垄断。

综上所述,行政垄断对具有自然垄断属性的收费公路行业来说是十分必要的,但存在适度性问题。现阶段,收费公路行业的行政垄断显然是不适度的,而不适度行政垄断得以维持的原因是行政垄断的路径锁定与自我强化。

3.3 收费公路行业行政垄断的表现形式及作用结果

上一节分析得出,收费公路行业的行政垄断程度已偏离适度性范围,因此有必要对行政垄断的具体程度进行测度,为行政垄断的优化提供依据。为了科学系统地选择行政垄断测度指标,本节首先分析行业中行政垄断的表现形式及作用结果。

3.3.1 收费公路运营环节的行政垄断

本课题组经过实地调研与分析后发现,行政垄断存在于收费公路行业的各个环节。由于建设环节的市场化程度较高、行政垄断表现不明显,因此,下文主要从运营与养护两个环节对行政垄断的表现形式进行研究。

1. 运营主体的行政垄断表现形式

(1)地方分割与部门垄断共存。通过财政拨款(在很多省区市所占比例很小,可忽略不计)和银行贷款修建的政府还贷公路,由政府部门出资的国有企业负责日常运营,由地方政府的交通主管部门对其进行行业管理。这种公路管理模式使收费公路行业同时具有地方封锁与部门垄断性质。

地方各级政府及公路所属部门为了本地区收费公路的局部利益,限制外地公路经营者进入本地收费公路市场,具体措施为:本地交通及相关部门通过公路经营权的特殊审批与许可等手段,对外地公路经营者实行歧视性待遇,使其无利可图从而只能放弃目标市场。这种地方分割的行政垄断具有以下特点:第一,主体的特殊性。主体本质上是享有行政权的地方政府或者交通主管部门。第二,目的的特殊性。地区封锁的目的是保护本地公路经营企业。截至 2016 年年底,全国高速公路总里程为 13.09 万千米①,5000 千米以上的省区市有 12 个(见图3-4)。从高速公路里程规模来看,我国高速公路因利益驱使被各地区分割。在地方封锁与行业垄断的紧密结合下,行业内外地经营者与行业外其他经营者被排除在本地收费公路行业之外,形成地区封锁下的行业垄断。地方政府凭借自身权力各自为

---

① 数据来源:《2016 年交通运输行业发展统计公报》。

政的局面尽管为本地区谋得了一定利益,却牺牲了收费公路的全局利益。

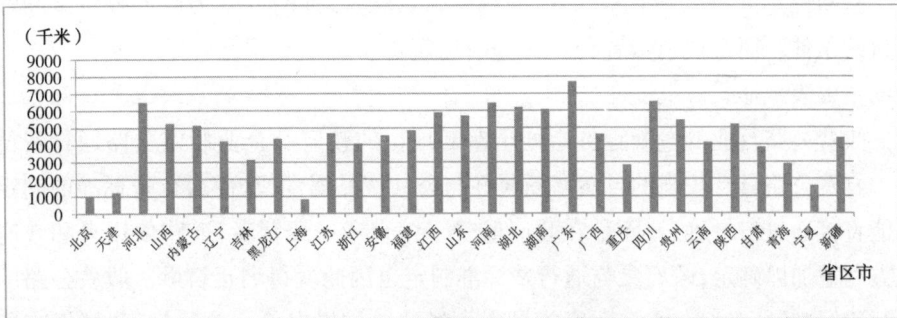

图 3-4　2016 年各省高速公路里程

(2)政企不分,行业管理部门限制竞争行为。政府、行业主管部门与行业内企业的政企不分是行政垄断在收费公路行业的典型表现形式。以 H 省为例,在 2013 年之前,H 省高速公路集团和 H 省高速公路管理局两个单位一直是以"两块牌子、一套人马"的形式存在。尽管政企分离一直是政策导向,但从全国范围来看政企不分却并不罕见。还有一些地方政企分离只流于形式,主管部门与企业仍纠缠不清,政府及交通主管部门为保护企业利益,排斥其他市场主体参与竞争。一些政府部门依据旧制度限制其他市场主体进入,以自然垄断之名行行政垄断之实,把本应引入市场竞争的业务领域也实行垄断经营;还有一些部门随意决策、武断执法,这虽然打击了不法经营者,但也给合法经营者造成损失。这些表现归根结底都是由行政垄断下行政权力越位与缺位引起的。

2. 运营业务的行政垄断表现形式

收费公路行业运营业务中的行政垄断表现为经营市场进入壁垒较高。随着行政垄断的自我强化,"政府"会扶持与其具有共同利益的利益集团。这些利益集团多是交通运输厅和省国资委等政府单位下属的以运营政府还贷公路为主的国有企业。在具体操作中,通行费征收工作由国有企业实施,收费收入被纳入财政专户,企业支出需做计划上报审批,由政府统一管理、统一划拨,企业与政府互利共生。这使企业必须依靠政府来维持他们的垄断地位以获取垄断利润,而地方政府也必须通过从企业获得财政资金以实现其政策目的,二者的互利行为最终形成进入壁垒,确保他们的利益不被影响。一旦这种进入壁垒被打破,满足条件的企业进入后,就会和既存企业形成竞争,使进入财政专户的资金减少,政府和既存企业的利益共同受损。因此,政府和既存企业为保证从垄断中获取利益,必然通过行政垄断设立进入壁垒。

3. 运营价格的行政垄断表现形式

垄断性定价与地方垄断、部门分割有密切联系,部门分割为政府提供垄断性定价的条件。而忽视消费者利益的垄断性定价与价格歧视是行政垄断在价格方面的主要表现形式。

收费公路行业的垄断定价指处于垄断地位的政府及企业制定公路通行费价格。收费公路具有较强的自然垄断属性与公共产品属性,这使通行费标准的制定不能直接通过市场确定,而是在政府监督下综合考虑经营者、道路使用者和政府三方利益加以确定,政府参与通行费标准制定也因此变得名正言顺。收费公路的通行费标准制定过程为:在政府指导下由经营单位提出价格执行方案,再经交通主管部门和物价管理部门审批形成。由于运营单位和地方政府存在隶属关系,使审批过程变为简单的"批",而忽略了"审"。此外,由于地理位置和经济状况差异,制定统一的通行费标准难以实现,从而形成通行费"一省一标准、一路一标准"的局面。这些都直接或间接地为收费公路企业通过垄断性定价获取高额利润提供了机会。

收费公路行业的行政垄断还造成了价格歧视。在不完全竞争市场中,价格歧视是一种普遍现象。铁路运输业中,对部分消费者采取的优惠政策实质上就是一种价格歧视行为,而具有相似属性的收费公路行业也同样存在价格歧视。收费公路行业的价格歧视在企业行为部分已详细分析,这里不再赘述。

此外,行政垄断在经营管理中还存在其他表现形式,如行政性公司自主权缺失、行政垄断的合法化等。

3.3.2 收费公路养护环节的行政垄断

1. 养护管理体制不顺、养护机制不健全

收费公路养护管理体制不顺由收费公路管理体制混乱引起,而这又源于收费公路产生的历史背景。面对收费公路建设初期资金缺乏的困境,国家打破传统计划经济体制下的投融资管理体制,通过扩展融资渠道等新思路新方法解决公路建设资金不足的问题。与此同时,养护体制却得不到创新,生搬硬套计划经济体制下的养护管理模式使收费公路在养护工作上难以形成有效的养护机制,最终导致养护体制不顺。

养护管理体制不顺也是收费公路行政垄断路径依赖的结果之一。以计划经济为起点,引入市场机制来解决公路建设资金缺乏的问题,使养护环节的管理体制改革自始至终处于行政垄断的自我强化中,无法跳出行政垄断的锁定模式。因

此,养护管理体制不顺是收费公路行业养护阶段中行政垄断较为明显的表现之一。

2. 养护管理与养护作业行为主体不分

行政垄断问题伴随计划经济向市场经济的转型而逐渐凸显,我国收费公路养护管理体制处于由政府完全主导向公司化养护的转变过程中,介于管养分离与管养不分之间。重建轻养的观念使养护工作往往成为运营工作的附属任务,从而形成"管养不分"现象。许多收费公路管理机构既是养护管理者,又是养护执行者,同时还是养护质量的监督者,这种既做运动员又做裁判员的行为,使养护管理中出现养护计划不合理、养护实施不彻底与养护监督不到位等弊端。

收费公路养护体制发展历经了三个阶段:临时养护阶段、事业化养护阶段与企业化养护阶段①。临时养护阶段与事业化养护阶段中,收费公路养护工作都在政府主导下完成,养护管理部门与专业养护企业没有实现完全分离,是典型的管养不分模式。虽然目前收费公路行业处于企业化养护阶段,但许多养护企业的脱钩改制只停留于表象,这些企业虽然在法律上具有完全的法人资格,实行独立核算,但实际上仍依托于政府部门及国有企业,没有实现真正的管养分离。

3. 养护资金相对不足、现代化养护程度不高

收费公路养护工作存在巨额资金需求,由于公路养护不能像公路建设那样彰显地方政府政绩,导致养护工作很难得到政府与企业高层的重视。与此同时,养护资金又常常被挪作他用,使本就不足的养护资金更加捉襟见肘。因此,行业重建轻养观念与养护资金的违规挪用共同导致养护资金投入不足的现状。

收费公路需要高标准、高质量与高效率的养护,以机械化养护为特点的现代化养护可以从工艺和技术上实现这一目标,达到保障和改善收费公路交通环境的目的。但从整体来看,我国收费公路养护的机械化水平差强人意,有些地方仍然依靠传统的手工进行养护作业,养护效率和质量难以达到要求,而行政垄断是上述问题的症结所在。正是因为行政垄断的存在,使企业中养护队伍人数虚拟膨胀但专业素质不高,最终导致现代化养护难以实现,从而养护资金被低效使用。

3.3.3 收费公路行业行政垄断的效果分析

行政垄断在不同时期对收费公路行业的作用结果应有不同,由于现阶段行业

---

① 徐海成. 公路经济[M].北京:人民交通出版社,2008.

中行政垄断偏离了适度性范围,因此作用结果以不良后果为主①,下文将对此进行研究。

1. 资源浪费和行业运营低效率

收费公路行业中不适度的行政垄断严重影响市场机制的正面作用,对财力、人力与物力产生不良影响。首先,行政垄断会影响各业务环节中资金的合理配置,如行业中重建轻养现象。其次,行政垄断会导致企业人员臃肿和人才结构不合理等现象,使企业运营成本过度膨胀。最后,行政垄断会使企业失去通过降低成本、强化内部管理与改进技术实现利润最大化的动力。综上所述,行政垄断使行业资源配置扭曲且低效率得以持续。

政府还贷公路经营企业比经营性公路经营企业占用更多的社会资源,但对社会的回馈却相对较小,形成严重的资源浪费。例如,政府还贷公路中典型的"管养不分"养护模式导致养护队伍臃肿与员工人浮于事等现象,使养护效率长期处于较低水平,资源不能得到充分利用。

2. 阻碍技术进步和削弱企业竞争力

由国资委或交通运输厅履行出资人职责设立的收费还贷经营企业与行业主管部门的互利关系使其不必担心技术落后引发的低效问题,因此企业自身技术创新的积极性难以提高。同时,行政垄断尽管使行业内的运营企业免受市场淘汰机制影响,但也削弱了企业的竞争能力,这种庇护以牺牲企业乃至行业的长远利益为代价。市场竞争一方面可以令企业不断进行技术创新从而提升供给能力,另一方面可以淘汰行业中低效运营单位以净化市场环境。企业一旦受到行政垄断的庇护,长期享受政府给予的特殊优待,就会进入一种不求进取的恶性循环状态,这种盲目的特殊保护使企业不再通过技术创新去应对客观环境的改变,最终造成企业竞争能力下降和行业低效运转等问题②。

3. 行业间收入差距拉大

在我国,一些行业的收入远高于其他行业的平均收入,这些行业的高收入并不是由生产效率提升等因素形成,而是由行业自身行政垄断地位所带来的超额利润形成。收费公路行业就是这样一个典型的行政垄断行业,行业收入远高于其他

---

① 李琼.收费公路产业的行政垄断危害及其破除[J].公路,2015(3):125-130.
② 杨继生,阳建辉.行政垄断、政治庇佑与国有企业的超额成本[J].经济研究,2015(4):50-61.

行业的平均收入。从表3-3可以看出,收费公路行业职工平均工资水平名列前茅,仅次于航空运输业、信息传输软件、金融业和信息技术服务业以及管道运输业,在29个细分行业中排名第五。收费公路运营企业的行政垄断地位使其获得垄断利润,在收入分配时主观影响较大,使市场的收入分配作用无法发挥,最终形成职工的高收入与高福利。收费公路行业从业人员的高工资与高福利也正是行业饱受社会舆论谴责的主要原因之一。

表3-3 收费公路行业职工工资水平(2016年年底)

行业	职工平均工资(元)	全国平均工资(元)	超出全国平均工资差值(元)	行业职工人数(万人)
农、林、牧、渔业	33612	67569	-33957	263.2
采矿业	60544	67569	-7025	490.9
制造业	59470	67569	-8099	4893.8
电力、热力、燃气及水生产和供应业	83863	67569	16294	387.6
建筑业	52082	67569	-15487	2724.7
批发和零售业	65061	67569	-2508	875
住宿和餐饮业	43382	67569	-24187	269.7
信息传输、软件和信息技术服务业	122478	67569	54909	364.1
金融业	117418	67569	49849	665.2
房地产业	65497	67569	-2072	431.7
租赁和商务服务业	76782	67569	9213	488.4
科学研究、技术服务业	96638	67569	29069	419.6
水利、环境和公共设施管理业	47750	67569	-19819	269.6
居民服务、修理和其他服务业	47577	67569	-19992	75.4
教育	74498	67569	6929	1729.2
卫生和社会工作	80026	67569	12457	867
文化、体育和娱乐业	79875	67569	12306	150.8

行业	职工平均工资(元)	全国平均工资(元)	超出全国平均工资差值(元)	行业职工人数(万人)
公共管理、社会保障和社会组织	70959	67569	3390	1672.6
交通运输、仓储和邮政业	73650	67569	6081	849.5
(1)铁路运输业	89532	67569	21963	187.4
(2)道路运输业	55298	67569	−12271	385.6
(3)水上运输业	90229	67569	22660	46
(4)航空运输业	137108	67569	69539	59.5
(5)管道运输业	100996	67569	33427	3.6
(6)装卸搬运和其他运输服务业	76327	67570	8757	43.2
(7)仓储业	60364	67571	−7207	31
(8)邮政业	71943	67569	4374	93.1
收费公路行业	98267	67569	30698	—

数据来源:《2017 年中国劳动统计年鉴》、中国货币网。

4. 行业寻租

收费公路的自然垄断属性与公益性使政府必须对其加以管制,由于行业尚未建立起科学合理的政府规制体制,相当于将相应权力置于公共领域,进而会产生寻租问题。因此,行政垄断虽在一定程度上能减少自然垄断行业中由过度竞争造成的损失,但在某些方面也会引起诸如寻租行为这样的租值耗散。

3.4 收费公路行业行政垄断测度模型和指标体系构建

偏离适度范围的行政垄断造成收费公路行业绩效损失,行政垄断的程度又直接影响行业未来的改革方向。因此,本节在上文分析的基础上,构建收费公路行业行政垄断测度模型与指标体系。

3.4.1 收费公路行业行政垄断测度模型构建

1. 行政垄断测度的可行性

行政垄断程度能够从侧面反映出市场开放程度,行政垄断程度越大,则经济行为受到行政权力的制约就越大,因而市场的开放性就越小,有效竞争也难以达成。现有行政垄断程度的测度或是基于产业组织理论,通过 SCP 框架选择若干结构、行为和绩效指标对行政垄断程度进行测度,或是基于于良春的 ISCP 框架,在对指标分类基础上通过调查问卷与指标打分等方法获得指标权重,进而求得行业行政垄断程度,但是上述方法是否适用于收费公路行业却值得商榷。因此,为保证研究的科学性与准确性,有必要对程度测度的方法进行梳理。

国内行政垄断程度测度的评价思路主要有两种。第一种是单因素定量测度,该评价思路中,如果与行政垄断联系紧密的指标可以通过客观数据准确量化,那么就通过这些指标的大小直接说明行政垄断程度,这些指标包含国有化程度、行业内国有单位职工人数占行业总人数的比例、主管部门对行政垄断行业的影响力等[1][2]。此外,在测度地区行政垄断程度时还可选择赫芬达尔指数、产业空间基尼系数和 CR_n 指数等指标,这是因为产业集聚程度越低、地区分割越严重,则地区行政垄断程度越高[3]。第二种是多因素打分测度,因为影响行政垄断的指标有很多,而这些指标往往难以直接量化,因而采用指标打分法来量化指标,这种方法可以将影响行政垄断的主要因素通过调查问卷打分的方式全部量化,从而较为全面地测度行政垄断程度。于良春团队对多因素打分法的应用较为成熟,他们在研究转轨经济中的行政垄断问题时构造了适用于分析这一问题的 ISCP 框架,然后从

---

① 金玉国. 行业所有制垄断与行业劳动力价格[J].山西财经大学学报,2001(3):11-14.

② 石淑华. 行政垄断的经济学分析[M].北京:社会科学文献出版社,2006.

③ 杨骞,刘华军. 中国烟草产业行政垄断及其绩效的实证研究[J].中国工业经济,2009,4(253):51-61.

制度、结构、行为与绩效四个方面构造三级指标体系,由于部分指标无法直接量化,因此对指标进行量化打分,据此确定行政垄断程度①。综上所述,第二种方法的应用更为成熟,且被广泛地应用于电信、铁路、电力以及烟草等行业的行政垄断程度测度中。

2. 收费公路行业行政垄断程度测度模型

要客观、准确地测度收费公路行业的行政垄断程度,离不开对行业技术经济特征的掌握以及实际运营指标的选择。已有研究使用的熵值法、模糊综合评判法、层次分析法和打分法等方法虽然操作性较强,但为了客观反映现状,往往选择众多影响变量作为指标,增加了分析过程的复杂性与难度。而主成分分析法在最大限度保留有效信息的基础上,缩减和降低了系统中多个变量之间相互关联和相互交叠的复杂程度,使上述问题得以解决。因此,本研究运用主成分分析法对收费公路行业行政垄断程度进行测度。主成分分析法是一种降维的统计方法,该方法利用降维思想,在较少信息的前提下,把多个指标转化为几个互不相关的综合指标。一般情况下,主成分分析过程遵循图 3-5 的逻辑框架。

主成分分析法的计算原理如下:

对原始数据进行标准化,依据指标变量,获得 p 维随机向量 $X = (x_1, x_2, \cdots, x_p)^T$ 和数量为 n 的样本 $X_i = (x_{i1}, x_{i2}, \cdots, x_{ip})^T, i = 1, 2, \cdots, n, n > p$。构造样本相关矩阵后,对其样本进行标准化变换,得到标准化矩阵 Z。

$$Z_{ij} = \frac{x_{ij} - \bar{x}_j}{s_j}, i = 1, 2, \cdots, n; j = 1, 2, \cdots, p \ (3-1)$$

其中,$\bar{x}_j = \sum_{i=1}^{n} (x_{ij}/n)$,$s_j^2 = \sum_{i=1}^{n} (x_{ij} - \bar{x}_j)^2/(n-1)$。

进而得到标准化矩阵 Z 的相关系数矩阵:

$$R = [r_{ij}]_{p*p} xp = \frac{Z^T Z}{n-1} \ (3-2)$$

其中,$r_{ij} = \frac{\sum z_{kj} \cdot z_{kj}}{n-1}, i, j = 1, 2, \cdots, p$。

求解样本相关矩阵 R 的特征方程 $|R - \lambda I_p| = 0$,得到 p 个特征根,据此确定主成分。为了使信息的利用率超过 85%,以 $\dfrac{\sum_{j=1}^{m} \lambda_j}{\sum_{j=1}^{p} \lambda_j} \geqslant 0.85$ 为标准确定 m 值。

---

① 于良春. 转轨经济中的反行政性垄断与促进竞争政策研究[M].北京:经济科学出版社,2011.

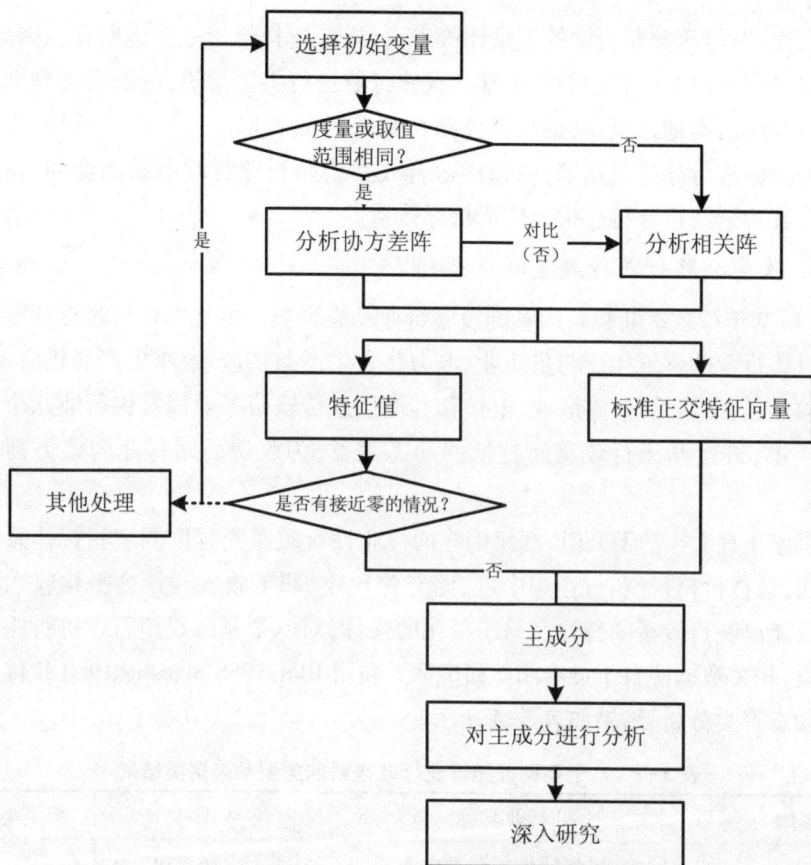

图 3-5 主成分分析的逻辑框

通过求解方程组 $Rb = \lambda_j b$，针对单个 λ_j，$j = 1, 2, \cdots, m$，获得单位特征向量 b_j^0；进行主成分转换，依据标准化后的指标变量可得：

$$U_{ij} = z_i^T b_j^0, j = 1, 2, \cdots, m \quad (3\text{-}3)$$

其中，第一主成分、第二主成分、$\cdots$、第 p 主成分分别为 $U_1, U_2, \cdots, U_P$。

通过加权求和可以得到 m 个主成分的最终评价值，此时各主成分的方差贡献率为权数。

3.4.2 收费公路行业行政垄断测度指标体系构建

在 ISCP 范式下，烟草、铁路运输等行业行政垄断程度测度所使用的方法虽然具有很好的借鉴价值，但其所用指标却明显带有各自行业的特点，不能全面反映收费公路行业的市场结构、产权结构以及规制制度，且指标的选择、甄别过程也缺乏科学性。

然而,对行政垄断程度的定量评价来说,指标选择恰恰是关键所在。因此,本研究对具有行政垄断属性的八个基础设施行业进行类型聚类,进而聚类判别收费公路行业所属类别,然后根据收费公路行政垄断的表现形式与产生后果,对同类行业的指标进行分析与甄别,以选择适合收费公路行业行政垄断测度的指标,最后结合收费公路行业特有指标构造指标体系。

1. 收费公路行业行政垄断类型判定

(1)基于行政垄断视角的基础设施行业动态聚类。本文选择与收费公路同为基础设施行业的燃气生产与供应业、电力热力生产与供应业、水生产与供应业、铁路运输业、航空运输业、邮政业、电信和其他信息传输服务业以及银行业八个行业作为样本,进行基于行政垄断特征的动态聚类,为收费公路行业的聚类判别做准备。

借鉴于良春①基于ISCP框架构建的行业性行政垄断程度测度指标体系及相关方法,选择价格规制、行业集中度、国有化比重、职工收入与社会平均收入之比四个既能反映行政垄断特性又易于量化的指标,对八个基础设施行业进行距离动态聚类,相关数据源自于良春团队研究②。利用IBM SPSS Statistics19.0软件进行上述动态聚类分析,结果如表3-4所示。

表3-4 八个基础设施行业行政垄断的类型动态聚类结果

案例	行业名称	距离	聚类类别
1	燃气的生产和供应业	16.739	2
2	电力热力的生产和供应业	19.695	2
3	水的生产和供应业	5.609	2
4	铁路运输业	10.038	3
5	航空运输业	4.808	1
6	邮政业	10.038	3
7	电信和其他信息传输服务业	15.971	1
8	银行业	12.686	1

① 于良春,张伟. 中国行业性行政垄断的强度与效率损失研究[J].经济研究,2010(3):16-39.
② 于良春. 转轨经济中的反行政性垄断与促进竞争政策研究[M].北京:经济科学出版社,2011.

2. 基于行政垄断视角的收费公路行业类别分析

对八大基础设施行业动态聚类后,选择距离判别法对收费公路行业进行基于行政垄断特性的类型判别分析。2017 年年末,全国高速公路里程占收费公路里程的比例高达 81%①,且随着一级与二级收费公路的逐渐减少,这一比例还将继续上升,因此这里使用高速公路替代收费公路。基于数据一致性考虑,选择与八大基础设施行业相同的数据来源时间,并根据判别分析理论对收费公路行业进行 IBM SPSS Statistics19.0 聚类判别分析,结果见图 3-6。

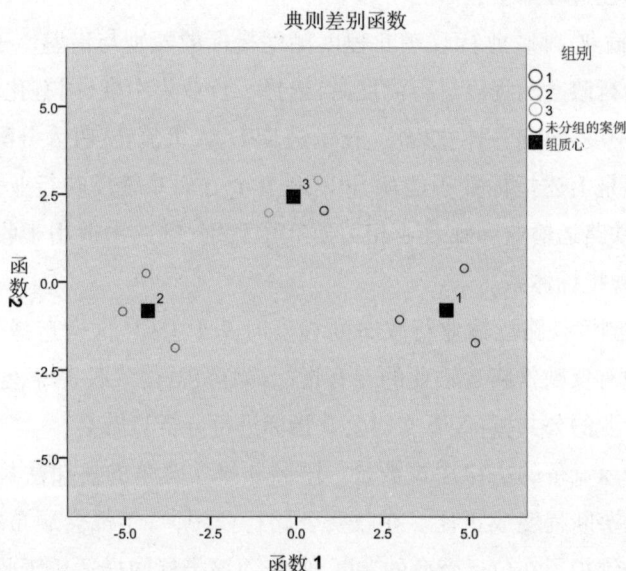

图 3-6　收费公路判别分析聚类信息②

结果显示,收费公路行业属于动态聚类结果中的第三组 G_3,同一组中还有铁路运输业和邮政业。因而,基于行政垄断属性考虑,收费公路行业与铁路行业、邮政业同属一类,即收费公路行业与二者所具有的行政垄断属性相似。

---

① 数据来源:《2017 年全国收费公路统计公报》。
② 注:价格规制:收费公路行业存在明显的价格规制,因此指标赋值为 1;行业集中度:以国家投资的收费公路里程占全国收费公路里程的比重为指标赋值;国有化比重:以收费公路行业国有资金占比为指标赋值;职工收入占社会平均收入比重:以收费公路行业平均工资水平与社会职工平均工资水平之比为指标赋值。

3. 收费公路行业行政垄断程度测度指标确定

国有产权一家独大的产权结构与具有行业特点的政府规制体系是收费公路行业行政垄断的主要特征,因此,为突出行业的产权特征与规制特征,本研究将 ISCP 模式改进为 SPRCP 模式,构建包含市场结构、产权结构、规制制度、市场行为和市场绩效因素的指标体系。具体指标来源有三种途径:一是借鉴以往收费公路行业行政垄断测度研究所使用的指标。二是借鉴铁路运输业和邮政业行政垄断程度测度研究所使用的指标。三是根据收费公路行业特点,挑选部分专有指标。具体指标体系构建过程如下:

(1) 铁路运输业、邮政业行政垄断程度测度指标的甄别与借鉴。王婕妤[①]在对收费公路行业行政垄断程度进行测度时,选择了行业集中度、国有化比重、市场占有率、产权集中度、纵向一体化程度、技术进步率、人事流转、收入分配和价格规制九个指标。但是上述指标并不能从 SPRCP 五个方面系统反映行业行政垄断,因而,本研究从铁路运输业和邮政业相关研究中甄别、挑选出适用于收费公路行业的指标,以完善指标体系。

王会宗[②]在测度铁路运输业行政垄断程度时基于 ISCP 框架选择了 37 个指标。这些指标中有反映铁路运输业的专有指标,如搭售、退票收费等,也有反映交通运输这一大行业的公共指标,下文对公共指标进行分析与借鉴。

①限制与排斥竞争的法律法规数量。限制和排斥竞争的法律法规数量与铁路运输业的行政垄断程度成正比。在收费公路行业中,每年都会颁布多个法规,其中相当一部分维护了在位运营商的垄断利益,而该指标同样适用于收费公路行业。本研究选取每年收费公路行业限制与排斥竞争的法律法规数量占本年法律法规总数量的比例对该指标赋值。

②投资。投资是反映企业经营活动自主权的指标,铁路运输企业在生产经营活动中的投资决策权往往集中于铁路主管部门。在收费公路行业中,政府以及行业主管部门具有绝对的投资决策权。本研究使用政府还贷公路建设环节的完成公路投资增长率为该指标赋值。

③价格歧视。铁路运输业中,对部分消费者采取的优惠政策造成对其他消费

---

① 王婕妤,徐海成. 收费公路行业行政垄断程度测度及治理[J].西安交通大学学报(社会科学版),2012,7(32):75-80.

② 王会宗. 中国铁路运输业行政垄断与引入竞争问题研究[D].济南:山东大学,2010:48-75.

者的不公,形成价格歧视。具有垄断特性的收费公路行业同样存在价格歧视问题。本研究使用全国高速公路网年平均交通拥挤度的倒数为该指标赋值。

④供需缺口。铁路运输业的投资需求缺口反映作为行政垄断行业的铁路运输业投资满足行业发展的所需资金①。由于铁路运输行业具有行业垄断属性,政府对行业的进入实施严格控制,导致行业内竞争极为有限从而生产效率低下,对行业供需失衡起到推波助澜的作用②。而收费公路行业也同样存在上述现象,行政垄断的低效率使供需出现缺口。因此,供需缺口能很好地反映收费公路行业行政垄断程度。本研究选取收费公路的资金到位率作为供需缺口指标。

姜延钊③在对邮政行业行政垄断的改革效果进行测度时,基于 SCP 框架选择了 30 个指标,这些指标中有反映行政垄断优化成效的行业利润率与劳动生产率。此外,杨秀玉④对中国电信行业行政垄断程度测度时,从行业绩效角度选择服务质量作为测度指标之一。结合收费公路行业特点,本研究认为邮政业和电信业的行业利润率、劳动生产率与服务质量三个指标可用来从行业绩效层面反映行政垄断的作用程度。

⑤行业利润率。邮政业长期执行国家制定的“低运价”政策,导致行业出现连续数年的低利润率现象,这与行业内高程度的行政垄断密不可分。而政府以及行业主管部门对收费公路采取的低收费以及节假日免费政策使收费公路行业也出现类似的情况。因此,行业利润率能在一定程度上反映收费公路行业行政垄断程度。本研究以收费公路行业净利润与业务收入之比对该指标赋值,并进行逆指标的正向化处理。

⑥劳动生产率。垄断的低效率早已不证自明,而行政垄断对生产效率提高的阻碍作用更加明显。无论是邮政行业还是收费公路行业,都存在因为行政垄断造成的劳动生产率低下问题。本研究使用收费公路总里程与职工总人数之比(万人/万千米)对这一指标进行赋值,并进行逆指标的正向化处理。

⑦服务质量。行业向顾客提供服务的优劣程度可以通过服务质量加以考察,服务质量能很好地反映行政垄断行业的市场绩效。收费公路行业提供的产品为道路运输服务,而运输服务质量可通过道路路况的好坏间接表示。因此,本研究

① 支春红. 对我国铁路建设融资模式的思考[J].铁道运输与经济,2006,28(6):13-14.

② 于良春,彭恒文. 中国铁路运输供需缺口及相关产业组织政策分析[J].中国工业经济,2005(4):38-44.

③ 姜延钊. 邮政业改革的国际比较和评价研究[D].长春:吉林大学,2010:78-85.

④ 杨秀玉. 中国电信行业行政垄断与竞争政策研究[D].济南:山东大学,2010:79-80.

使用收费公路养护里程与收费公路总里程之比对该指标赋值。由于收费公路的养护里程无法统计,这里用全国养护公路里程占总公路里程的比例表示,并进行逆指标的正向化处理。

(2)收费公路行业特有指标选择。为完善 SPRCP 框架下的收费公路行业行政垄断程度测度指标体系,充分体现行业特点,这里对产权结构类指标进行遴选。

国有法人持股比重。收费公路对社会、经济发展的特殊意义使运营单位中"国有法人"①持股往往在总股份中占据绝对地位,而较大比例的国有法人持股促使行政垄断程度加剧,因此,二者在一定程度上成正比例关系。本研究使用行业内国有法人持股占所有股金的比重衡量这一指标。

除上述指标以外,纵向一体化程度、产权集中度和主管部门对行政垄断行业的影响力也是 SPRCP 框架的核心指标,这是因为纵向一体化在一定程度上可以增强垄断势力以及造成更严重的价格歧视②;行业国有产权越高,政府对收费公路行业经营活动的参与就越多,竞争性市场结构就越难形成③;主管部门对行政垄断行业的影响力越强,"旋转门现象"就越严重④。这些因素都将导致行政垄断程度加深。王婕妤已对上述三个指标运用于收费公路行业的合理性进行过系统论证⑤,这里不再赘述,只对它们表示的特殊含义加以说明。

行业集中度、国有化比重、职工收入与全社会平均收入比重和价格规制四个指标都是反映行政垄断特性的基础指标,因此都可纳入测度指标体系。对于收费公路行业来说,市场占有率与行业集中度一样,都用来反映行业内运营企业的垄断势力,故此处去掉重复指标。此外,技术进步率可由劳动生产率代替。

综上所述,通过对收费公路行业特性以及其他行业指标的分析,确定了收费公路行业行政垄断程度测度指标体系:市场结构类指标包括行业集中度和纵向一体化程度两个指标;产权结构类指标包括国有化比重、国有法人持股比重和产权集中度三个指标;规制制度类指标包括价格规制、限制与排斥竞争的法律法规的数量和主管部门对行业的影响三个指标;行为类指标包括投资和价格歧视两个指

---

① 注:收费公路企业中的国有法人多是国家政府部门的直属企业。
② 孙维峰. 纵向一体化理论研究[J].生产力研究,2009(19):17-20.
③ 于良春,张伟. 中国行业性行政垄断的强度与效率损失研究[J].经济研究,2010(3):16-39.
④ 注:由于无法收集到行业相关行政单位进入收费公路行业任职的全部人员的资料,这里用行政事业单位人员任职公司领导层的比例来量化这一指标。
⑤ 王婕妤,徐海成. 收费公路行业行政垄断程度测度及治理[J].西安交通大学学报(社会科学版),2012,7(32):75-80.

标;绩效类指标包括职工收入与社会平均收入之比、供需缺口、行业利润率、劳动生产率和服务质量五个指标。

3.5　收费公路行业行政垄断程度测度

根据上文构建的收费公路行业行政垄断程度测度模型和指标体系,对收费公路行业行政垄断程度进行具体测度。

3.5.1　数据的采集和说明

在具体指标的计算过程中,受数据可获性所限,为保证数据选择的一致性与科学性,选用收费公路的主要组成部分高速公路作为研究对象。此外,由于各高速公路经营企业所公布的数据中,无法对收费还贷高速公路与收费经营高速公路数据进行区分,因此,所使用数据包含部分经营性公路数据。其中,行业集中度指标用国家投资的高速营运里程占全国高速营运里程的比重替代;国有化比重指标指高速公路行业国有资金占比;职工收入与社会平均收入之比指标指高速公路行业的职工收入占社会平均收入水平的比例;使用投入产出增加值指数表示纵向一体化程度,从产业进程角度反映高速公路行业行政垄断程度;采用高速公路行业前四家国有企业的资产总额占整个行业总资产的比重表示产权集中度,从产权角度反映行政垄断程度。本研究选取 2001—2016 年的时间序列数据,数据来源于《中国统计年鉴》《中国交通年鉴》《交通运输行业发展统计公报》、交通部综合规划司《公路水路交通运输行业发展统计公报》、高速公路上市公司年报、各省公路融资平台公司年报和债券说明书。

表 3-5 收费公路行业行政垄断程度测度的指标数据

年份	X_1 价格规制	X_2 行业集中度 (%)	X_3 国有化比重 (%)	X_4 职工收入与社会平均收入之比	X_5 纵向一体化程度 (%)	X_6 国有法人持股比重 (%)	X_7 产权集中度 (%)	X_8 限制与排斥竞争的法律法规的数量 (%)	X_9 主管部门对行业的影响 (%)	X_{10} 价格歧视	X_{11} 投资 (%)	X_{12} 供需缺口 (%)	X_{13} 行业利润率 (%)	X_{14} 劳动生产率 (%)	X_{15} 服务质量 (%)
2001	1	85.67	97.03	1.63	74	61.89	30.02	38.76	75.44	2.6	15.3	4.6	86.54	73.71	5.8
2002	1	84.56	98.34	1.77	76	58.54	31.01	38.55	77.38	2.63	20.3	6.7	81.23	65.85	5.9
2003	1	78.83	96.67	1.84	77	62.84	29.06	37.97	79.1	2.73	15.7	7.3	81.2	71.03	5.7
2004	1	74.92	97.73	1.93	78	62.65	29.43	38.49	82.32	2.58	26.6	6.6	81.85	75.08	4.4
2005	1	77.58	98.06	1.8	73	61.04	28.04	38.81	81.63	3.10	16.6	11	77.07	77.87	4.7
2006	1	77.24	94.01	1.82	71	56.95	27.46	38.89	80.79	3.42	13.6	12	76.69	79.64	22.4
2007	1	77.32	92.07	1.53	67	55.46	27.43	39.38	78.74	3.25	4.2	11.5	74.55	81.5	15.2
2008	1	76.89	93.09	2.76	63	54.86	28.18	39.6	75.88	3.50	6	7	76.07	77.26	6
2009	1	76.67	90.02	2.85	62	52.62	26.93	39.94	76	3.70	40.5	9.3	75.57	71.23	4.5
2010	1	77.87	90.09	2.32	61	52.76	26.91	40.34	75.04	3.45	18.8	11.5	77.61	57.87	3.3
2011	1	74.91	90.7	2.36	61	51.51	25.34	39.07	73.7	3.23	9.7	15.5	82.93	64.25	3.1
2012	1	70.69	90.15	2.39	60	51.55	24.77	38.19	71.06	2.86	0.9	12.5	81.1	62.59	2.8
2013	1	67.82	90.1	2.36	61	51.96	24.56	37.5	68.13	2.94	7.7	18.22	81.04	61.9	2.4
2014	1	65.33	89.49	2.36	59	49.52	25.05	36.33	65.86	2.78	12.9	19.6	79.17	58.91	2.5
2015	1	64.45	91	2	61	49.24	25.05	35	63.12	2.7	6.8	19	80.84	75.72	2.4
2016	1	75.73	91	2.25	61	49.15	26	38	59.12	3.03	8.9	20	81.26	74.65	2.3

3.5.2 收费公路行业行政垄断程度测度

1. 指标的一致性与可靠性检验

使用 IBM SPSS Statistics19 统计软件对表 3-6 的原始数据进行一致性与可靠性检验,检验结果如下:

表 3-6 方差分析

		平方和	df	均方	F	Sig
人员之间		1219.655	15	81.310		
人员内部	项之间	224453.795	13	17265.677	730.857	.000
	残差	4606.655	195	23.624		
	总计	229060.451	208	1101.252		
总计		230280.105	223	1032.646		

如表 3-6 所示,F=730.857,P<0.001,结果显示各测定项目之间的一致性和相关性良好。

如表 3-7 所示,对于收费公路行业行政垄断程度测量而言,指标设计涵盖70.9%的内容,因此可信度较高。

表 3-7 可靠性统计量

Cronbach's Alpha	基于标准化项的 Cronbachs Alpha	项数
.709	.652	14

2. 权重赋予

由于主观赋权法确定出的权重系数受主观因素的干扰较大,因此,本研究使用客观数据赋权。根据因子分析结果,参照主成分贡献率及各指标得分系数,对不同指标赋予不同权重,将不同测算单位的参数转化为分值形式来对收费公路行业的行政垄断程度进行度量。这里需要说明的是,由于收费公路行业内普遍存在价格规制,因此对该指标的赋值恒定为1,且不使其参与因子分析。为消除量纲和数量级的影响,对原始数据进行标准化处理,进而对其余各指标进行因子分析,结果如表 3-8 所示。

表 3-8   KMO 和 Bartlett 的检验

取样足够度的 Kaiser-Meyer-Olkin 度量		.556
Bartlett 的球形度检验	近似卡方	225.700
	df	91
	Sig.	.000

经 Bartlett 检验表明:Bartlett 值 = 225.700,P < 0.001,故适合进行因子分析;KMO 值 = 0.556,意味着因子分析的最终结果可以接受。

为突出主成分变量的意义,进行因子旋转得到旋转成分矩阵,结果如表 3-9 所示。在旋转成分矩阵中,数值的绝对值越大则说明贡献越大,据此可以得出,第一因子、第二因了、第三因子、第四因子及第五因子可以替代 15 个指标。同时,从表 3-10 解释的总方差与表 3-11 成分得分系数矩阵可以看到,五个主成分包含了原始数据信息量的 91.897%,即因子得分有效。

表 3-9   旋转成分矩阵

	成分				
	1	2	3	4	5
X_2	0.568	−0.06	0.765	0.011	0.173
X_3	0.915	−0.168	0.118	0.066	0.231
X_4	−0.745	0.039	0.167	0.485	−0.205
X_5	0.97	−0.059	0.079	0.066	0.163
X_6	0.94	−0.009	0.206	0.092	0.075
X_7	0.82	−0.097	0.408	0.175	0.22
X_8	0.124	0.389	0.869	0.151	−0.104
X_9	0.755	0.471	0.34	0.142	−0.124
X_{10}	−0.459	0.702	0.471	0.187	0.077
X_{11}	0.287	0.1	0.151	0.864	−0.036
X_{12}	−0.71	−0.043	−0.562	−0.229	−0.025
X_{13}	0.196	−0.882	−0.043	−0.172	−0.135
X_{14}	0.328	0.315	0.012	−0.09	0.86
X_{15}	0.356	0.706	0.103	−0.389	0.257

表 3-10 解释的总方差

成分	初始特征值			提取平方和载入			旋转平方和载入		
	合计	方差%	累计%	合计	方差%	累计%	合计	方差%	累计%
1	6.783	48.449	48.449	6.783	48.449	48.449	5.868	41.915	41.915
2	2.969	21.205	69.654	2.969	21.205	69.654	2.299	16.421	58.336
3	1.776	12.684	82.338	1.776	12.684	82.338	2.285	16.325	74.66
4	0.792	5.656	87.994	0.792	5.656	87.994	1.349	9.639	84.299
5	0.546	3.903	91.897	0.546	3.903	91.897	1.064	7.597	91.897
6	0.438	3.126	95.022						
7	0.26	1.855	96.877						
8	0.207	1.482	98.359						
9	0.117	0.833	99.191						
10	0.045	0.32	99.511						
11	0.039	0.276	99.787						
12	0.016	0.115	99.902						
13	0.009	0.067	99.969						
14	0.004	0.031	100						

表 3-11 收费公路行业行政垄断程度测度指标成分得分系数矩阵

	成分				
	1	2	3	4	5
X_2	-0.087	-0.257	0.528	-0.172	0.221
X_3	0.144	-0.081	-0.058	0.085	0.133
X_4	-0.197	-0.083	0.132	0.356	0.093
X_5	0.21	0.035	-0.151	0.077	-0.031
X_6	0.207	0.053	-0.079	0.04	-0.139
X_7	0.056	-0.143	0.146	0.098	0.202
X_8	-0.083	0.021	0.489	-0.148	-0.144

	成分				
	1	2	3	4	5
X_9	0.261	0.355	-0.129	-0.011	-0.506
X_{10}	-0.169	0.185	0.229	0.05	0.136
X_{11}	0.072	0.062	-0.242	0.753	0.072
X_{12}	-0.072	0.051	-0.203	-0.051	0.056
X_{13}	-0.029	-0.459	0.229	-0.173	0.011
X_{14}	-0.135	-0.066	0.001	0.134	1.001
X_{15}	0.115	0.382	-0.075	-0.339	-0.089

根据上述因子分析结果,对照表 3-10、表 3-11 中方差以及各指标的得分系数,计算 15 个指标的权重,结果如表 3-12 所示。

表 3-12　收费公路行业行政垄断程度测度指标的权重分配

	主成分 Fac1	主成分 Fac2	主成分 Fac3	主成分 Fac4	主成分 Fac5	指标权重
累计贡献率	0.4943	0.21605	0.12986	0.05708	0.03146	1
X_2			0.52			0.0660
X_3	0.14					0.0678
X_4	-0.19					0.0921
X_5	0.21					0.1017
X_6	0.2					0.0969
X_7	0.05					0.0242
X_8			0.48			0.0609
X_9	0.26					0.1260
X_{10}		0.18				0.0382
X_{11}				0.75		0.0424
X_{12}	-0.07					0.0339
X_{13}		-0.45				0.0954
X_{14}					1	0.0390

续表

	主成分Fac1	主成分Fac2	主成分Fac3	主成分Fac4	主成分Fac5	指标权重
X_{15}		0.38				0.0806
X_1						0.0349

3. 综合测度值计算

为统一指标计量单位,首先将原始数据进行百分化处理,然后取2001—2016年16年间15个指标的平均值,最后根据权重结果计算收费公路行业行政垄断程度为XZLD:

$XZLD = 3.49\% X_1 + 6.6\% X_2 + 6.78\% X_3 + 9.21\% X_4 + 10.17\% X_5 + 9.69\% X_6 + 2.42\% X_7 + 6.09\% X_8 + 12.6\% X_9 + 3.82\% X_{10} + 4.24\% X_{11} + 3.39\% X_{12} + 9.54\% X_{13} + 3.9 X_{14} + 8.06\% X_{15} = 82.26\%$。

3.5.3 结果分析

结果显示,收费公路行业行政垄断程度(82.26%)低于铁路运输业(86.91%)[1],高于电信行业(79.93%)及电力行业(78.1%)[2][3],但差距并不明显,说明收费公路行业与上述行业同属于行政垄断程度过高的行业。就它们之间的差别而言,铁路运输业无论是铁道线路还是交通运输工具火车多由国家垄断经营,只有为数不多的几家非国有企业从事铁道线路运营(如大秦铁路股份有限公司),且占比很小;而电信行业中市场化改革的不断深入使行业中政府干预减少,因而行政垄断程度较低。

与王婕妤[4](2012)测算的收费公路行业行政垄断程度(88.64%)相比,本研究所得结果较低。导致结果差异的原因可能有以下两方面:第一,相比较于技术进步率,行业利润率和劳动生产率更易在实际调研中获取数据且能更准确地反映行业经济绩效。这也是本文在选定行业绩效类指标时用行业利润率和劳动生产率指标替换技术进步率指标的原因所在。第二,本研究完善了SPRCP指标体系,

---

① 王会宗. 中国铁路运输业行政垄断与引入竞争问题研究[D].济南:山东大学,2010:75-76.

② 杨秀玉. 中国电信行业行政垄断与竞争政策研究[D].济南:山东大学,2010:80-81.

③ 杨淑云. 中国电力产业行政垄断及其效率影响分析[D].济南:山东大学,2010:36-37.

④ 王婕妤,徐海成. 收费公路行业行政垄断程度测度及治理[J].西安交通大学学报(社会科学版),2012,7(32):75-80.

并重点突出行业特性。为更加准确地反映收费公路行业的行政垄断程度,增加了国有法人持股比重,限制与排斥竞争的法律法规数量、投资、价格歧视、供需缺口和服务质量等7个指标。因此,本研究选取的指标更为合理,所得结果更能反映实际情况。

定量结果证实了行业中的行政垄断已经过度,也给出了行业中行政垄断现状制约行业发展的部分原因。

第4章

收费公路行业行政垄断的租值耗散及测度

研究表明,收费公路行业经济绩效不理想的主要与过度行政垄断有关。因此,要通过优化行政垄断来提高经济绩效,需要研究二者之间的作用机理。本章围绕收费公路行业行政垄断的租值耗散问题展开,对行业行政垄断的租值、租值耗散、租值耗散表现形式、租值耗散程度测度问题进行系统研究,为理清行政垄断与经济绩效作用机理进行理论铺垫。

4.1 收费公路行业行政垄断的租值和租值耗散

收费公路行业行政垄断造成的资源浪费、生产效率低下及行业寻租等问题都属于租值耗散范畴。因此,本节从上述现象入手,依据资源配置效率理论和内部效率理论对收费公路行业行政垄断的租值、租值耗散及其构成进行理论研究。

4.1.1 行政垄断的资源配置效率和内部效率理论

1. 行政垄断的资源配置效率

资源配置指为了最大限度减少宏微观经济浪费、实现社会福利最大化而对现代技术成果与各种投入要素进行有机组合,即基于效用最大化原则对存量的调整和增量的分配。从经济发展方面看,资源配置是一个连续的动态过程,具有调节功能、生长功能、辐射功能等特点①。在资源配置的理想状态即帕累托最优状态下,任意两种商品之间的边际替代率必须与任意生产者在这两种商品之间的边际产品转换率相等。实际经济运行过程中,由于行政垄断制度性因素的长期制约,市场机制的作用难以有效发挥,使帕累托条件无法满足,资源配置效率达不到最优。

---

① 周月秋. 资源配置理论探索[J].金融管理科学,1994(2):9-13.

最早研究行政垄断资源配置效率问题要追溯到哈伯格①（Harberger Arnold C.）基于勒纳②（Abba Ptachya Lerner）垄断势力测度下的垄断社会成本衡量。经济理论表明，垄断市场结构会造成福利损失或社会成本。美国经济学家哈伯格运用消费者剩余概念，对垄断的社会成本进行测度，认为处于垄断地位的企业会通过垄断定价侵占消费者剩余从而获得垄断租值，即图 4-1 的四边形 CBTP 部分，而消费者因为垄断导致的消费者剩余损失为梯形 CDTP 部分，垄断的社会成本为上述二者的差值，即三角形 BCD 部分，也被称为"哈伯格三角"。哈伯格将哈伯格三角形的产生归因为价格扭曲和资源配置效率降低。因此，本研究认为行政垄断下的资源配置低效率为哈伯格三角。

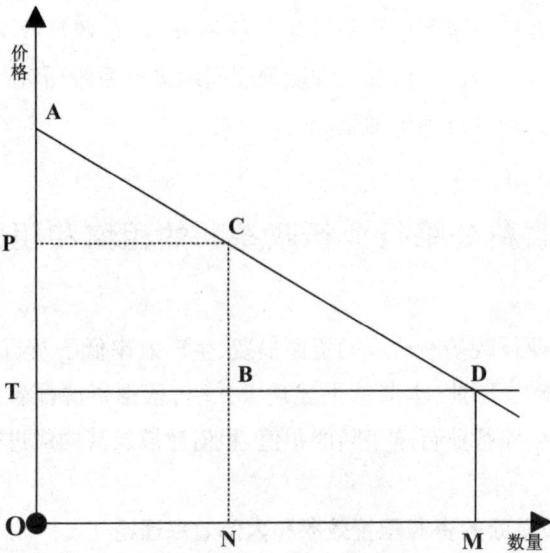

图 4-1　哈伯格三角形表示的垄断的福利损失

依据新制度经济学理论，行业资源配置效率受经济制度结构制约，而经济制度结构包括所有制结构、产权结构和企业组织结构，这些结构性因素主要通过影响行业的内在运行机制、管理费用与交易费用对行业资源配置的具体方式与效率

---

① HARBERGER A. C. Monopoly and Resourceal Location [J]. American Economic Review, 1954,44(2):77.

② LERNER A. P. The Concept of Monopoly and the Measurement of Monopoly Power [J]. Review of Economic Studies,1934,1(3):157 - 17.

水平产生作用①。我国电力行业的投资体制改革、电信行业的横向分割与纵向分割、铁路行业的网运分离、航空业的市场化改革及放松规制以及邮政业的邮电分营和内部重组等,都是从经济制度结构入手提高资源配置效率②。

2. 行政垄断的内部效率

内部效率指企业内部生产效率,也被称为 X 效率,包含技术效率与规模效率。它由莱宾斯坦③(Harvey Leibenstein)在研究社会成本时提出,莱宾斯坦认为垄断的社会成本是由垄断企业 X 非效率造成的社会成本和哈伯格三角两部分组成。传统经济学认为存在完全的生产效率,生产者会将产量和价格定在利润最大化点。但实际经济运行中普遍存在的是利润非最大化状态,因为企业内部组织的协调性和员工的努力程度等因素也会影响产量。因此,莱宾斯坦认为,在垄断的市场结构中,企业规模庞大、组织层次较多且缺乏竞争压力,企业的技术革新与员工的努力难以得到有效激励,造成企业生产经营效率下降,形成 X 非效率。以图4-1为例,相比较完全竞争,垄断不仅使市场价格从 OT 上升到 OP,产出从 OM 下降到 ON,同时,由于 X 非效率的存在,垄断企业的长期平均成本也将会上升到 TD 之上。

技术效率作为衡量内部生产效率的重要指标,指由企业技术水平改变带来的产出效率,即企业当前技术水平下的生产能力与生产前沿面状态下的生产能力的相对值。在规模效率不变情况下,技术效率可被当作短期解释变量。法国数量经济学家法雷尔④(Joseph Farrell)和美国经济学家莱宾斯坦分别从投入和产出角度给出技术效率的计量方法。另外,多数学者也将规模效率作为衡量内部效率的指标,这里的规模效率是指企业的实际规模与最优规模的比率。

4.1.2 收费公路行业行政垄断的租值

1. 收费公路行业的资源价值

收费公路行业的资源价值指收费公路作为稀缺资源所产生的社会价值,即收费公路处于资源配置最优状态下所产生的社会收益与社会成本之差。在不考虑

① 靳来群,林金忠,丁诗诗. 行政垄断对所有制差异所致资源错配的影响[J].中国工业经济,2015(4):31-43.
② 王婕妤. 收费公路产业提高经济绩效的市场结构优化研究[D].西安:长安大学,2013:40.
③ LEIBENSTEIN H. Allocative Efficiency Vs X-Efficiency[J].American Economic Review,1966,56(3):392-415.
④ FARRELL M. J. The Measurement of Productive Efficiency[J].Journal of the Royal Statistical Society,1957,120(3):253-290.

外部性的情况下,社会收益为消费者效用,社会成本为收费公路企业在管理、运营与养护等环节发生的全部费用。为了简化分析,使用线性函数表示需求函数,并假定边际成本固定不变且等于平均成本。如图 4-2 所示,直线 AD 和 AB 分别为厂商的需求曲线和边际收益曲线,直线 $P_C D$ 为边际成本曲线与平均成本曲线。边际成本曲线与厂商需求曲线交于 D 点,对应的产量为 Q_c。如果垄断厂商追求利润最大化,则在边际成本等于边际收益时进行生产,产量为 Q_m,与之对应的价格为 P_m。

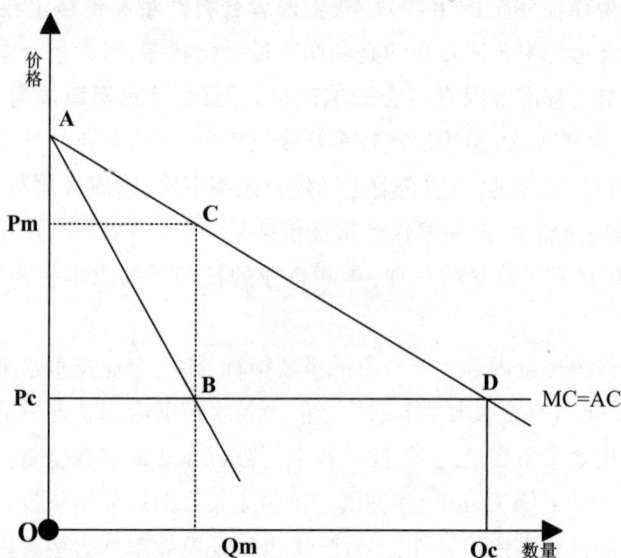

图 4-2　收费公路行业行政垄断的租值构成

为追求社会福利最大化,应使价格等于边际成本,以实现行业资源价值最大化。此时,厂商在需求曲线与边际成本曲线的交点 D 处进行生产。本研究认为收费公路行业资源价值为社会福利最大化状态下的收益与成本之差,即三角形 ADP_C 部分。

2. 收费公路行业行政垄断租值

尽管收费公路行业受到行政干预,但行业资源价值 ADP_C 三角形并不直接等同于行政垄断租值。参考胡鞍钢[1]对行政垄断租值的界定,行政垄断租值为通过借用公共机构的名义和滥用公共权力的手段获得的租值。简单计算公式为:行政

---

① 胡鞍钢,过勇. 从垄断市场到竞争市场:深刻的社会变革[J].改革,2002(1):17-28.

垄断租值=消费量×(垄断价格−竞争价格)+净福利损失,在图 4-2 中表示为净福利损失三角形 BCD 以及四边形 CBP_cP_m 部分,其中四边形部分为垄断高价侵占的消费者剩余,三角形部分为垄断厂商可以通过歧视性定价获得的租金(该部分通常因未被生产出来而耗散)①。在收费公路行业中,行政垄断租值具体表现为借用行政垄断权力通过垄断性定价、歧视性定价以及政府补助等形式获得的垄断租值。

4.1.3 收费公路行业行政垄断的租值耗散及其构成

收费公路行业行政垄断的租值耗散指过度的行政垄断引起垄断权力界定不清,进而导致收费公路行业行政垄断租值降低,即过度行政垄断引起的资源浪费,主要由三部分构成:社会福利净损失、内部效率损失和寻租耗散。

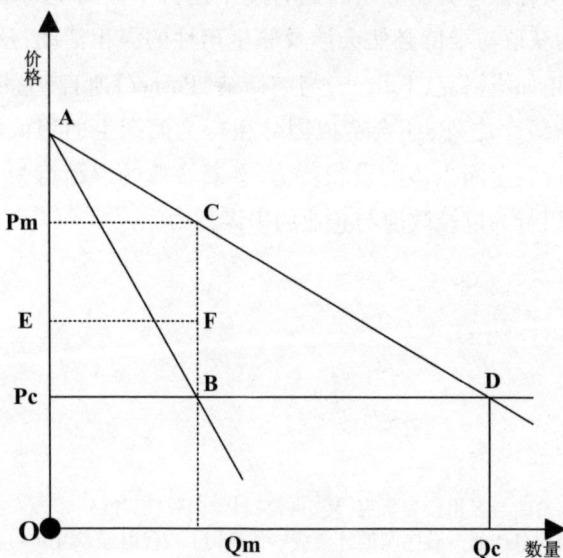

图 4-3　收费公路行业行政垄断的租值耗散构成

收费公路行业行政垄断的社会福利净损失指“无谓损失”或哈伯格三角,即图 4-3 中的 BCD 三角形。之所以称为“无谓损失”,是因为这部分租值既没有被消费者获得也没有被生产者获得,而是被过度行政垄断导致的资源错配无谓损失

---

① 注:事实上,三角形 ACP_m 部分通过完全价格歧视也能转化为垄断租值,此时收费公路资源价值与行政垄断租值相同。为了简化分析,本研究仍采用胡鞍钢的观点。

掉①。正如哈伯格和杨骞②认为,收费公路行业的过度行政垄断使原本属于消费者剩余的 CDP_cP_m 四边形的一部分转移为生产者剩余 CBP_cP_m 四边形,但 BCD 三角形却没有以生产者剩余或消费者剩余的形式保留下来,而是没有被生产。

收费公路行业行政垄断的内部效率损失指企业内部的"X-非效率",即图4-3中 $EFBP_c$ 四边形,表现为部分行政垄断租值因过度行政垄断导致的企业内部组织协调不当与缺乏员工激励机制而被耗散。樊建强③在分析收费公路内部效率损失时指出,正如莱宾斯坦当初提出 X-非效率时那样,过度行政垄断使垄断厂商不能做出基于利润最大化的产量和价格选择,最优生产效率无法实现。这是因为在过度行政垄断下,处于垄断地位的企业由于缺乏竞争压力造成内部组织机构层次重叠等一系列企业内部低效安排,形成较高的生产成本。

收费公路行业行政垄断的寻租耗散指"塔洛克四边形",表现为部分行政垄断租值被寻租行为所耗散。我国收费公路行业中运营单位的垄断地位由行政权力赋予,垄断利润的获取与维持必然会涉及非生产性的寻租活动,从而引发行政垄断的租值耗散。正如塔洛克(Tullock)与波斯纳(Posner)所言,垄断势力除了造成无谓损失与 X-非效率之外,还会造成因寻租行为而产生的租值耗散④⑤⑥⑦⑧。这里的寻租包括行政垄断主体的设租行为、垄断企业的寻租行为、受行政垄断影响的消费者的避租行为以及政府与企业的串谋行为。

---

① 蒲艳.行政垄断与寻租行为研究[M].北京:科学出版社,2013.
② 杨骞.我国烟草产业行政垄断的社会成本估算[J].当代财经,2010(4):87-93.
③ 樊建强,李丽娟.收费公路行业行政垄断及其社会成本测度[J].经济问题,2012(2):56-60.
④ POSNER R. A. The Social Cost of Monopoly and Regulation[J].The Journal of Political Economy,1975,83(4):807-828.
⑤ COWLING K.,MUELLER D. C. The Social Cost of Monopoly Power[J].Economic Journal,1978(12):725-748.
⑥ TULLOCK G. The Welfare Costs of Tariffs, Monopolies, and Theft[J].Western Economic Journal,1967(5):224-232.
⑦ KRUEGER A. O. The Political Economy of the Rent-Seeking Society[J].The American Economic review,1974,64(3):291-303.
⑧ HILLMAN A. L.,KATZ E. Risk-Averse Rent Seekers and the Social Cost of Monopoly Power[J].The Economic Journal,1984,94(373):104-110.

4.2 收费公路行业行政垄断租值耗散的表现形式

本课题组通过对各地收费公路行业和公路经营企业调研后发现,收费公路行业的租值耗散问题较为普遍,而行政垄断的租值耗散最为严重。因此,本节从行业层面、企业层面、行政特许三个层面对行业行政垄断租值耗散的表现形式进行研究,为行业行政垄断租值耗散程度测度的方法与指标选择提供参考。

4.2.1 行业层面的租值耗散

1. 行业内普遍的寻租行为造成的租值耗散

我国收费公路行业内寻租行为较为普遍,主要包括部门利益寻租和个人利益寻租。寻租行为产生的主要原因是收费公路行业主管部门、运营企业与地方政府之间存在着互利关系。政府的局部利益与政府代理人的个人利益的存在具有客观必然性,且时常与社会公众利益产生矛盾,此时局部利益与个人利益将会凌驾于社会公众利益之上,由此产生的行为必将使收费公路行业的政府职能朝不利于行业健康发展的方向转变。因而,收费公路行业政府利益的客观存在,不仅是行业政府职能转变的重要阻力,也是行业内普遍的寻租行为存在的根本原因,此类寻租行为造成的租值耗散不容忽视。

2. 行业结构引发的租值耗散

行政垄断下的收费公路行业管理体制是制度博弈的结果,也是公益属性与商品属性博弈的结果。收费公路虽然是商品性公路,但也具有很强的公益性。决定收费公路行业结构的主要因素是基于收费公路公益性而形成的"政监、政事、政企"三合一的管理体制而非市场机制。同时,我国收费公路的行业结构呈现出以下显著特征:收费公路运营单位依据行政区域划分市场;收费公路行业的整体规模经济水平低下;收费公路运营单位的国有化比重严重偏高且市场集中度偏低。在这一背景下,收费公路行业过度行政垄断造成运营单位的管理非效率问题,使运营单位投入虚拟膨胀、技术进步缓慢且缺乏竞争意识。只要行业内这种根深蒂固的行政垄断不降低,上述不良后果就无法根除。

3. 管理体制引发的租值耗散

我国收费公路行业的管理体制主要有两种,分别为横向分割式与纵向交叠式。这两种管理体制都容易使政府规制产生问题,从而引发租值耗散。在横向管理体制中,存在管理主体多元、管理目标相异与管理要求不同等问题,使规制成本增加、运输效率下降,并最终制约行业整体效益的发挥。在纵向管理体制中,中央政府与地方政府(包括省、市、县三级)的监管权限与监管内容多有重叠,行业内公路局与高管局也各自为政,造成收费公路管理机构职能交叉及隶属关系复杂等问题。上述管理体制问题使我国收费公路行业政府规制中产生立法滞后、政府职能定位不清、规制机构权责交叉以及外部监督机制不健全等弊端,最终形成严重的租值耗散。

4. 行业建设环节资源配置扭曲产生的租值耗散

收费公路建设环节存在着借公共服务之名行私人之利的行为,这种行为将会引发租值耗散。收费公路建设项目决策应基于客观的可行性研究来决定,通过大量数据测度公路建设能否带来应有的经济与社会价值。但实际运行中,这一决策的形成远非如此,常常出现非理性因素主导决策的现象。许多收费公路项目的建设并没有经过客观论证,而是由个别部门和领导的主观意志决定,这些项目偏离了提高经济效益与社会效益的初衷,而去追求部门利益与个人利益的最大化。此外,建设资金使用方面的监管不到位也给不法之徒留有可乘之机,使某些部门和个人为了一己私利虚设项目并随意扩大建设预算,造成有限的资源被侵占、挪用。这种公路建设政绩化和预算虚拟扩大化使资源配置受到扭曲,资源应有价值无法实现,产生严重的租值耗散。

4.2.2 企业层面的租值耗散

1. 现行运营管理模式造成的租值耗散

我国收费公路实行属地管理模式,相邻行政区域间本应连接的收费公路由分属于两个行政区域的多家运营企业运营,这种运营管理模式是收费公路行业租值耗散的主要表现形式之一。相比之下,西方发达国家则较少受行政性区域划分限制,其运营的收费公路也多是跨州际甚至是跨国界的,该模式相对容易实现最佳运营规模,从而取得理想的经济效益。

同时,收费公路行业普遍存在"一路一公司"或"一路一管理处"的企业运营模式。众所周知,网络经济是自然垄断行业规模经济的主要来源之一,即建造庞大的网络系统所投入的固定成本会随着需求的增加而被逐渐稀释,使平均成本随之下降,形成规模经济,这也是收费公路行业规模经济的主要来源。然而,"一路一管理处"或"一路一公司"的企业运营管理模式使企业在扩大规模的同时也增加了固定投入,平均成本难以有效下降,同时,管理处层级的运营机构也很难保证自

身的规模经济水平。因此,运营模式不合理是收费公路行业规模非效率方面产生
租值耗散的重要原因。

再者,在规模不经济的"一路一公司"或"一路一管理处"企业运营模式中,管
理处(分公司)之下又设置多级运营管理机构,如公司或管理处下设收费管理所,
管理所下设收费管理站(收费站、治超站),形成"公司(管理处)—管理所—收费
(治超)站"自上而下的多层机构模式。无论管理处还是其下设管理所都设置多个
行政机构,组织机构设置复杂,内部组织结构不合理,加大了实现规模经济的难
度。这种不合理的机构设置增加了公司的运营成本,使租值耗散程度不断加深。

2. 养护运营模式的租值耗散

由于各地收费公路管理体制存在较大差异,导致收费公路养护企业运行机制
呈现多样性,大致可分为四种养护模式:自主养护模式、承包养护模式、属地养护
模式及公司化养护模式。其中承包养护模式与公司化养护模式市场化程度较高,
存在问题较少,这里不做具体分析。而自主养护模式即公司自管自养模式,存在
不利于成本控制、养护管理模式僵化、养护效率低下、无法实现规模化养护以及不
易实现机械化养护等问题。属地养护模式则是典型的事业性养护体制产物,是收
费公路运营单位向地方交通部门转让养护市场的一种做法,这种模式在提高养护
质量与降低养护成本等方面均难以发挥积极作用。综上所述,自主养护模式与属
地养护模式,在养护人员、养护资金与养护设备的利用方面都存在效率低下问题,
因而在保证养护质量、降低养护成本、提高养护绩效方面均存在较为严重的租值
耗散。

3. 多元化经营模式引发的租值耗散

随着我国高速公路网的逐渐成形以及航空、高速铁路等快速运输方式的迅猛
发展,收费公路的车流量分流现象日益加剧,收费公路运营单位的经营压力不断
增加。因此,为了实现"等车上路"到"引车上路"的转变,收费公路运营单位不得
不改变原有业务结构,借助"多元化业务"拓展盈利渠道。近年来,各地区开始逐
渐接受收费公路运营单位的多元化经营开发。在开发过程中,业务的形式与内容
也逐渐丰富,其中最主要的有运输业开发、旅游资源开发、土地开发、证券投资与
信息产业开发等。尽管某些多元化开发经营业务增加了收费公路运营单位的经
济效益,但整体来看,盲目新增经营业务、进军不熟悉的业务领域,带给收费公路
运营单位的风险与亏损也同样不可小觑,这一类的投资损耗构成收费公路多元化
经营模式所引发的租值耗散。

除了上述表现形式,企业层面的租值耗散还存在于地方政府为公路建设举债

环节和融资平台公司"借管用还"环节中①。

4.2.3　行政特许的租值耗散

1. 行政特许引发的租值耗散

在我国收费公路行业特许经营实践中,无论采用何种特许经营运作模式,都将涉及政府干预和行政管理问题。如公路股份制公司的运作离不开政府干预,中外合作公司在建设中也不得不依靠行政力量进行操作。在一定时期内,政府干预企业经营,对于加快公路建设进程、促进项目引资与融资具有一定的促进作用。但是随着市场经济的发展,政府应本着"有所为、有所不为"的原则,经过职能转变,逐步退出直接参与收费公路的经营管理活动。

收费公路特许经营活动中也存在收费权流转机制不畅等问题。例如,对于收费公路收费权二次转让,《收费公路权益转让办法》《收费公路管理条例》《中华人民共和国公路法》既没有明确同意也没有否定。虽然实践中部分省区市执行较灵活,在特殊情况下允许某些符合规定的收费公路经营权进行再转让,但毫无疑问,这种经营权再流转缺乏明确的法律条文支撑。因此,由于市场不成熟、机制不完善,这种只存在一级交易市场而没有二级交易市场的公路经营权转让市场严重阻碍了收费公路资源的优化配置。总之,由于特许经营协议中风险分担机制不够完善、经营权转让制度不够规范、缺乏必要的约束机制、政府与投资者双方地位不对等以及相关法律法规不够健全等问题的存在,使公共利益缺乏保障、经营者收益不平衡且缺乏稳定性,这些行政特许引发的租值耗散严重影响收费公路行业的可持续发展。

2. 通行费标准制定引发的租值耗散

我国现行收费公路车辆通行费收费标准,通常由收费公路业主根据公路的技术等级、投资总额、养护工程、经营管理费用以及交通量等因素制定并上报交通主管部门,交通主管部门会同物价主管部门与财政部门等进行审核确定。在收费标准的制定过程中,交通主管部门及地方政府既是"裁判员"又是"运动员",其使用数据的真实性与可靠性局外人难以判别,相应的收费标准是否合理也容易引起质疑。此外,作为价格规制机构的物价部门由于与被规制的收费公路运营单位之间存在着信息不对称的问题,因而无法掌握被规制运营单位的需求与成本等真实信

① 马铁雄.地方政府债务的租值耗散及国家审计治理——以融资平台为例[J].财经科学,2015(2):63-71.

息,会使收费标准制定的科学性受到影响,定价过程的随意性增大。

收费标准制定的合理性,不仅关系收费公路运营单位与道路通行者的利益,更影响区域经济的健康发展。当前通行费标准制定缺乏科学性、合理性与严谨性,价格形成机制不但无法保障道路通行者的利益,更无法刺激生产效率的提高,造成一定程度的租值耗散。

4.3 收费公路行业行政垄断租值耗散程度测度

本节通过文献综述,结合收费公路行业行政垄断的租值耗散表现形式,确立寻租行为角度的租值耗散程度计量思路。在行业寻租行为成本与收益分析基础上,构建租值耗散程度测度模型。

4.3.1 收费公路行业租值耗散程度计量思路

虽然租值耗散研究涉及的领域较广,但收费公路行业的租值耗散研究却几乎空白①②。李月③、何一鸣④与翁舟杰⑤分别从价格规制角度、产权管制角度与交易费用角度对水资源配置制度、转轨过程中农村经济流失与中小企业信贷配给中的租值耗散程度进行研究,但因行业属性差异较大,收费公路行业租值耗散程度测度中不宜借鉴上述视角。陈江龙⑥、谭蓉⑦、肖屹⑧与韩江波⑨从产权角度研究

① 张卫东,童睿. 租值消散理论述评[J].江西师范大学学报(哲学社会科学版),2005(3):44-48.
② 徐海成,贾锐宁,白鹏锐. 租值耗散理论研究进展及其在收费公路行业应用展望[J].长安大学学报(社会科学版),2014,9(16):25-30.
③ 李月,贾绍凤. 水权制度选择理论——基于交易成本、租值消散的研究[J].自然资源学报,2007(5):692-700.
④ 何一鸣,罗必良. 产权管制、制度行为与经济绩效——来自中国农业经济体制转轨的证据(1958—2005)[J].中国农村经济,2010(10):4-15.
⑤ 翁舟杰. 中国中小企业信贷配给问题研究——"租值耗散—交易费用"框架[D].成都:西南财经大学,2008:92-97.
⑥ 陈江龙,曲福田,陈雯. 农地非农化效率的空间差异及其对土地利用政策调整的启示[J].管理世界,2004(8):37-42.
⑦ 谭荣,曲福田. 现阶段农地非农化配置方式效率损失及农地过度性损失[J].中国土地科学,2006,20(3):3-8.
⑧ 肖屹,曲福田,钱忠好等. 土地征用中农民土地权益受损程度研究——以江苏省为例[J].农业经济问题,2008(3):77-83.
⑨ 韩江波. 农地商业化配置租值消散研究[D].广州:暨南大学,2012:156-167.

农地商业化过程中的租值耗散程度,但他们仅对资源配置效率进行分析,忽略了内部效率与寻租成本。李世刚和尹恒①利用 OLG 模型测度了寻租状态下人才错配所造成的社会损失程度。曹海霞②对煤炭资源租值耗散的研究虽然涵盖了租值耗散的三个主要构成部分,但其研究的是行业总租值的耗散,与本研究的视角存在一定差异。杨骞③对行政垄断的租值耗散构成进行了深入分析,但其分析的电信行业中运营单位之间的竞争性寻租活动在收费公路行业并不存在。相比而言,蒲艳④在行政垄断与寻租行为研究中认为,寻租行为不仅会产生寻租成本,还会导致资源低效配置带来的无谓损失与内部非效率,三者最终都以寻租成本的形式表现出来,因而,在租值耗散程度测度时,她选择了寻租行为视角。

综上所述,蒲艳的研究视角对于收费公路行业行政垄断租值耗散程度测度的研究最具参考价值。因此,借鉴蒲艳的研究思路,结合收费公路行业租值耗散的构成及行业行政垄断特点,本研究形成以下计量思路:以寻租行为为切入点,从寻租成本与收益角度分析收费公路行业的寻租行为,构建行政垄断租值耗散程度计量模型,进而测算耗散程度并对其进行评价。

4.3.2　收费公路行业寻租行为分析

1. 寻租的成本与收益

在收费公路行业中,无论是建设环节、运营环节还是养护环节,都存在行政垄断租值。由于该行业属于基础设施行业,各环节涉及的租值数额较大,巨额租值的诱惑加之行业监管不力等因素共同导致行业存在普遍的寻租行为。寻租问题可以通过市场设租与寻租行为的经济模型进行分析。假设有 A、B 两个活动主体,A 为权力拥有者,即设租人,在现实中可能是收费公路行业政府规制部门;B 为经济个体,即寻租人,在现实中可能是收费公路运营单位。同时假设参与人 A 与 B 都为最大化效用的理性经济人。

在设租过程中,风险成本、时间成本等成本共同构成设租"投资"成本,在无其他因素影响条件下,设租成本越大,租值越小,如图 4-4 所示:

①　李世刚,尹恒.寻租导致的人才误配置的社会成本有多大[J].经济研究,2014(8):56-66.
②　曹海霞.矿产资源的产权残缺与租值耗散问题研究[D].太原:山西财经大学,2013:96-102.
③　杨骞.行政垄断租值耗散的理论与实证研究[J].中南财经政法大学学报,2009(3):49-54.
④　蒲艳.行政垄断与寻租行为研究[M].北京:科学出版社,2013.

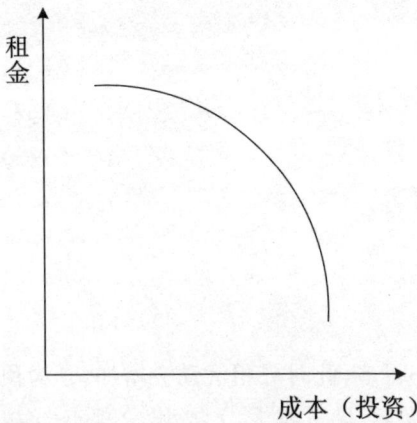

图 4-4　设租曲线图图

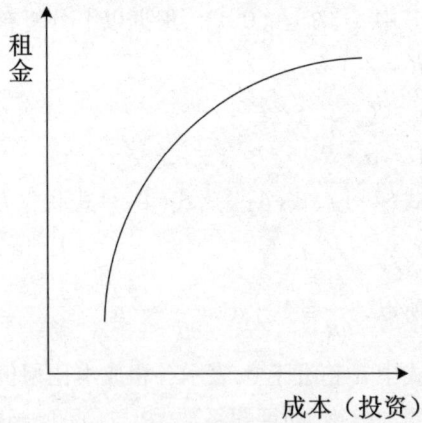

图 4-5　寻租曲线图图

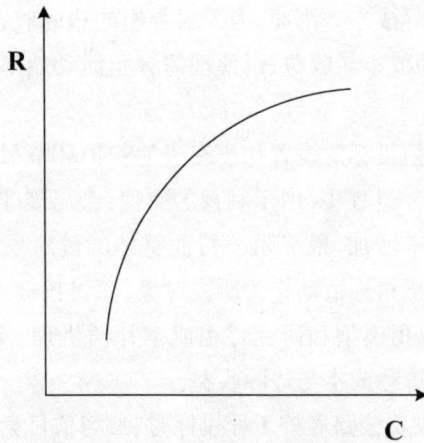

图 4-6　"设租—寻租"曲线

在寻租过程中,寻租投入越大,A 与 B 的关系越密切,所得租值越大。即成本投入越大,租值收益也越大,如图 4-5 所示。

如果设租与寻租合为一体,成本与回报曲线如图 4-6 所示。建立模型如下:

假设差价为 Z,收费公路行业政府规制部门的支出为 G,租值的供给量为 R,寻租预期收益为 r,寻租成本为 C,受罚损失为 p,受罚概率为 β,寻租成本占租值

供给量的比例为 α 。

其中 α , $\beta \in (0,1)$,根据以上分析有：

$$R = Z + G \tag{4-1}$$

$$r = R - C - \beta p \tag{4-2}$$

$$C = \alpha \cdot R \tag{4-3}$$

式(4-1)、式(4-2)、式(4-3)式联立方程得：

$$r = (1 - \alpha)R - \beta p$$

所以， $\dfrac{\partial r}{\partial R} = 1 - \alpha$, $\dfrac{\partial r}{\partial \beta} = -p$

式中 α 趋近于 0,表示寻租成本比租值小得多,此时寻租活动会增加。β 为预期受罚的概率,即惩罚系数,β 与 r 呈反函数关系,即 β 越大,r 越小;β 越小,r 越大。只要满足 r 大于 0,就必然有寻租活动发生。上述模型形象地描述了收费公路行业中寻租活动的收益与成本关系。

2. 收费公路养护工程招投标中寻租行为的成本与收益分析

寻租活动的总收益与总成本取决于寻租的均衡状态,而寻租均衡状态又决定于寻租的边际收益与边际成本。因此,为了对寻租的边际收益与边际成本进行分析,有必要先研究寻租的成本与收益,以便理清寻租活动始末,明确均衡时的寻租成本。

收费公路养护工程招投标的设置初衷在于为养护环节引入市场竞争机制,实现优胜劣汰。然而在这一过程中,由于利益的驱使,会出现非生产性的寻租活动,导致资源浪费与社会成本增加,最终阻碍行业整体的健康发展。因此,这里选择收费公路行业养护工程招投标活动作为研究对象,探讨投标人与招标人共同参与的寻租活动,通过建立寻租模型和研究寻租成本补偿机理,分析收费公路养护工程招投标中寻租行为的边际成本与边际收益。

(1)模型假设。在收费公路养护工程投标时,参与项目竞争的单位有多家,投标人可能存在的行为有行贿与不行贿两种。假定投标人选择行贿,不一定能获得项目,但投标人若选择不行贿,则一定不能获得项目。各参数设置如下：

N_i 为投标单位($1 \leqslant i \leqslant n$)。将投标单位的行贿金额记为 B_{ij} (当投标单位 i 不存在行贿时, $j = 0$, $B_{i0} = 0$;当投标单位 i 存在行贿时, $j = 1$, $B_{i1} \neq 0$);将项目的租值记为 R ;将投标单位的行贿成本记为 NC_{ij} (当投标单位 i 没有行贿时, $j = 0$, $NC_{i0} = 0$;当投标单位 i 行贿时, $j = 1$, $NC_{i1} \neq 0$),且是 Pl 、DM 、QC 、B_{ij} 的函数;将业主的寻租成本记为 MC 。

(2)目标函数。在寻租活动中,投标单位行贿花费成本;项目招标单位接受贿

赂的同时承担被揭发和惩罚的风险成本。项目业主的目标为最小化寻租成本,目标函数如下:

$$\min f(x) = \min MC \tag{4-4}$$

(3)约束条件。当寻租活动发生时,需满足三个约束条件:第一,投标单位因项目付出的寻租成本须小于项目租值;第二,投标单位的行贿金额小于寻租活动过程中的行贿成本,这里的行贿成本包括直接向业主提供的贿赂费用,担心揭发的心理成本以及被揭发后的惩罚成本三项;第三,寻租所花费的成本必然小于招标单位接受的贿赂。约束条件表达式如下:

$$S_1(x) = R - NC_{ij} > 0 \tag{4-5a}$$

$$S_2(x) = NC_{ij} - B_{ij} > 0 \tag{4-5b}$$

$$S_3(x) = \sum B_{ij} - MC > 0 \tag{4-5c}$$

(4)模型分析。约束条件(4-5a)有解,表示当 $\sum B_{ij}$ 不变时,项目租值 R 大于行贿成本 NC_{ij}。此时,投标单位有利可图,寻租活动将被执行(如图 4-7 所示)。

在投标单位参与寻租活动时,约束条件(4-5b)恒成立,因为投标单位向招标单位的贿赂花费必定小于其寻租成本(如图 4-8 所示)。

约束条件(4-5c)有解,表示经招标单位权衡后认为其收到的贿赂大于寻租成本,招标单位的权力寻租发生(如图 4-9 所示)。

由此可见,在收费公路养护工程招投标过程中,加大监督力度、增加招投标环节信息公开程度、避免招标单位直接招标、提高揭发概率与增加惩罚程度,可以使寻租活动的成本超过收益,从而有效减少招标过程中的寻租现象。

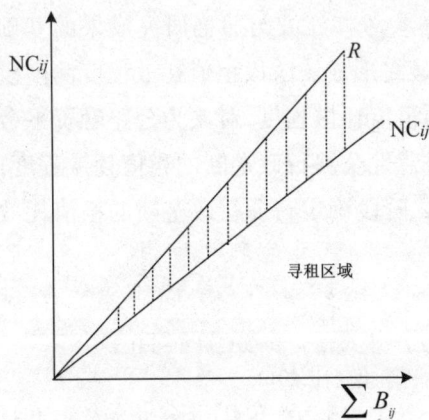

图 4-7 约束条件示意(一)

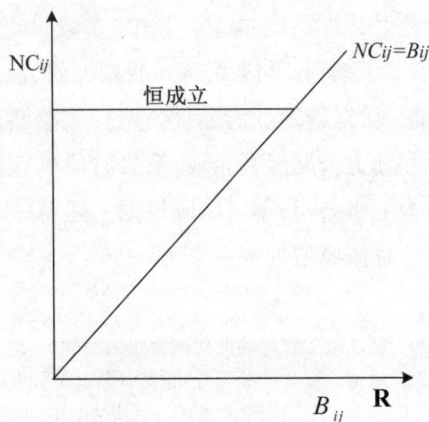

图 4-8 约束条件示意(二)

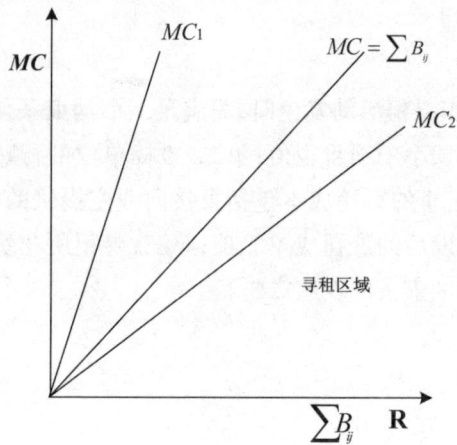

图 4-9 约束条件示意（三）

收费公路行业其他环节中寻租行为的作用机理与上述养护工程招投标过程中的寻租机理相同，这里不再赘述。由上述分析可以推知，当寻租的边际收益等于边际成本时，寻租活动处于均衡状态。因此，下文从寻租均衡角度构建收费公路行业行政垄断租值耗散程度的测度模型。

4.3.3 收费公路行业行政垄断租值耗散程度计量模型构建

本研究从寻租行为角度测度租值耗散程度。结合行业特征，在韩江波[①]与蒲艳[②]所使用的寻租博弈模型基础上构建基于寻租角度的收费公路行业行政垄断租值耗散程度测度模型。其中，参数设定在参考韩江波与蒲艳研究成果的基础上，借鉴了杨骞[③]与曹海霞[④]的相关研究。最终形成三阶段租值耗散程度测度模型：第一阶段确定政府还贷公路行政垄断的租值耗散程度，对象为公路融资平台公司和地方公路经营企业；第二阶段确定经营性公路行政垄断的租值耗散程度，对象为上市公司；第三阶段根据上述第一、二阶段确定行业行政垄断的租值耗散程度。具体模型如下：

① 韩江波. 农地商业化配置租值消散研究[D].广州:暨南大学,2012:120-131.
② 蒲艳. 行政垄断与寻租行为研究[M].北京:科学出版社,2013.
③ 杨骞. 中国烟草产业的行政垄断问题研究—程度、效率与改革[D].济南:山东大学,2011:70-81.
④ 曹海霞. 矿产资源的产权残缺与租值耗散问题研究[D].太原:山西财经大学,2013:96-98.

假设在某一活动范围内，收费公路行业行政垄断带来的租值是 V。行业内参与寻租的企业集合为 $\{x_i \mid x_1, x_2, \cdots, x_n\}$，且每个参与企业都具有风险中立性。为了获得租值 V，企业 x_i 会发生寻租支出 e_i，寻租支出受企业寻租收益率 γ、企业自身的行政影响力 λ_i 以及不确定因素 U 影响。

由上所述，定义企业 x_i 通过"企业行为"获胜赢得租值的概率为：

$$P_{x_i} = \frac{\lambda_i e_i^r}{\lambda_1 e_1^r + \lambda_2 e_2^r + \cdots + \lambda_n e_n^r + U}; \ (i = 1, 2, \cdots, n) \qquad (4\text{-}6)$$

可以看到，企业 x_i 获胜的概率遵循 $P_{x_1} + P_{x_2} + \cdots + P_{x_n} \leqslant 1$ 的规律。因此，各企业预期收益函数为：

$$\pi_i = P_{x_i} V - e_i; \ (i = 1, 2, \cdots, n) \qquad (4\text{-}7)$$

达到纳什均衡时，各企业视竞争对手的寻租支出为确定值，并选择自己的寻租支出以最大化预期收益。企业 x_i 最优化问题的一阶条件为：

$$\frac{\partial \pi_i}{\partial e_i} = \frac{\partial P_{x_i}}{\partial e_i} V - 1 = 0; \ (i = 1, 2, \cdots, n) \qquad (4\text{-}8)$$

通过整理与计算，在各企业对称的假定下，非线性方程为：

$$(\lambda_1 + \cdots + \lambda_n)^2 e^{2r} - [(\lambda_1 + \cdots + \lambda_n) - \lambda_i] \lambda_i r V e^{2r-1} + 2(\lambda_1 + \cdots + \lambda_n) U e^r - \lambda_i r U V e^{r-1} + U^2 = 0$$

解方程，得企业 x_i 寻租支出的纳什均衡解为 e_i^*，e_i^* 可由租值 V、寻租收益率 γ、行政影响力 λ_i 和不确定因素 U 来表示。

将 e_i^* 带入式（4-6），得到均衡时企业 x_i 获胜的概率为：

$$P_{x_i}^* = \frac{\lambda_i e_i^{*r}}{\lambda_1 e_1^{*r} + \lambda_2 e_2^{*r} + \cdots + \lambda_n e_n^{*r} + U}; (i = 1, 2, \cdots, n) \qquad (4\text{-}9)$$

将式（4-9）代入式（4-7），得到均衡时企业 x_i 的预期收益为：

$$\pi_i^* = P_{x_i}^* V - e_i^*; \ (i = 1, 2, \cdots, n) \qquad (4\text{-}10)$$

根据企业 x_i 寻租支出的纳什均衡解 e_i^*，可求得某一时间段内某地域范围中总寻租支出为 $\sum\limits_{i=1}^{n} e_i^*$（$i = 1, 2, \cdots, n$），结合起初设定的收费公路行业行政垄断租值 V，可以得出某一时间段内某地域范围收费公路行业行政垄断的租值耗散程度为：

$$C_{AM} = \frac{\sum\limits_{i=1}^{n} e_i^*}{V}; (i = 1, 2, \cdots, n) \qquad (4\text{-}11)$$

其中，C_{AM} 由租值 V、寻租收益率 γ、行政影响力 λ_i 和不确定因素 U 构成。

4.4　收费公路行业行政垄断的租值耗散程度测度

本节对以上建立的三阶段租值耗散程度测度模型中的各项参数进行确定,在此基础上从寻租行为角度对收费公路行业行政垄断的租值耗散程度进行定量测度并予以分析评价。

4.4.1　收费公路行业行政垄断的租值耗散测度参数确定

1. 收费公路行业行政垄断租值 V 的构成

由上文分析可知,收费公路行业行政垄断租值所含内容在实践中难以清晰界定。本研究借鉴国内外学者对行业租值与地方性租值的界定,认为收费公路行业行政垄断租值可分为产业性租值和地方区域性租值。

产业性租值。收费公路的不可替代性决定该行业易产生垄断利润,而公益属性又要求政府给予特别扶持,二者分别使行业产生垄断租值和政府租值。

地方区域性租值。由于我国收费公路建设主要依靠各省完成,因此其建设资金主要依靠地方政府解决,这种权力的下放势必会形成行政区域性的工资租值和价格租值。

(1)垄断租值。

①企业利润。收费公路行业存在行政垄断,由此必然会产生垄断利润。根据经济学理论,在不完全竞争市场中,行业进入与退出壁垒的存在会使企业获得远高于市场正常水平的超额利润;而在完全竞争市场,企业长期经济利润为零。因此,可将会计利润总额近似看作垄断租值。将《2016 年交通运输行业发展统计公报》、19 家高速公路上市公司 2016 年年度报告、27 家地方省市融资平台公司 2016 年年度报告和公司 2017 年年度中期票据募集说明书等数据整理可得,2016 年行业上市公司的利润总额为 221.682 亿元,国有及国有控股企业的利润总额为 576.699 亿元。此外,还有多家经营高速公路的地方公司,利润总额为 33.333 亿元。综上所述,2016 年度经营高速公路的公司垄断利润合计为 831.714 亿元①,详情见附表 3(235 页),各类型高速公路经营企业的租值所占比例见图 4-10。

---

① 　注:831.714 亿元仅是 2016 年度收费公路行业垄断利润的一部分,许多收费公路运营公司因数据无法获得而被排除在研究之外,如宁夏的政府还贷性公路由于数据获取渠道的限制,无法获得运营数据。

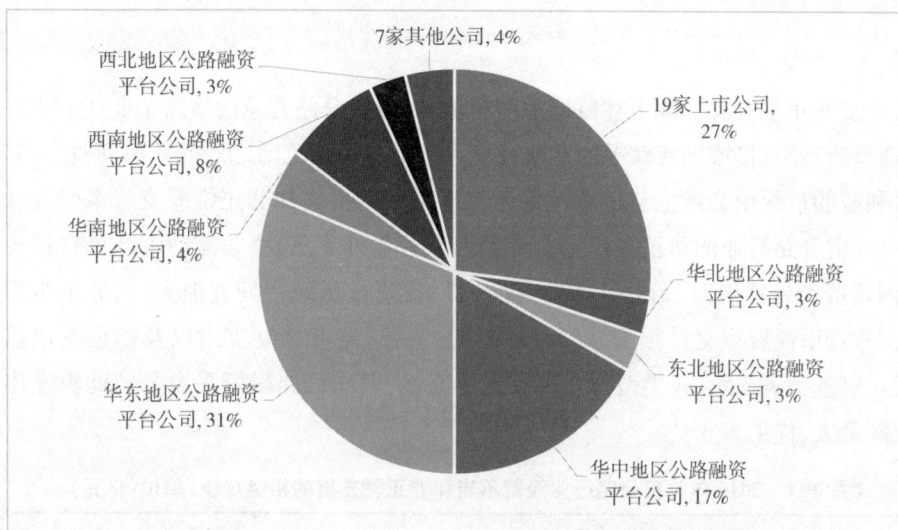

图 4-10　2016 年度收费公路行业高速公路经营企业的租值规模比例①

---

① 注:高速公路经营企业,包括以下公司:1. 上市公司 19 家:湖北楚天高速公路股份有限公司、东莞发展控股股份有限公司、江西赣粤高速公路股份有限公司、海南高速公路股份有限公司、黑龙江交通发展股份有限公司、湖南投资集团股份有限公司、华北高速公路股份有限公司、吉林高速公路股份有限公司、江苏宁沪高速公路股份有限公司、山东高速股份有限公司、深圳高速公路股份有限公司、四川成渝高速公路股份有限公司、安徽皖通高速公路股份有限公司、广西五洲交通股份有限公司、现代投资股份有限公司、广东省高速公路发展股份有限公司、河南中原高速公路股份有限公司、重庆路桥股份有限公司、福建发展高速公路股份有限公司。2. 公路融资平台公司 27 家:(1)华北地区:河北省高速公路开发有限公司、山西省交通开发投资集团有限公司、北京市首都公路发展集团有限公司、内蒙古高等级公路建设开发有限责任公司、天津高速公路集团有限公司;(2)东北地区:黑龙江省高速公路集团公司、吉林省高速公路集团有限公司;(3)华中地区:湖北省交通投资集团有限公司、湖南省高速公路建设开发总公司、江西省高速公路投资集团有限责任公司、河南交通投资集团有限公司;(4)华东地区:山东高速集团有限公司、江苏交通控股有限公司、安徽省交通控股集团有限公司、浙江省交通投资集团有限公司、福建省高速公路有限责任公司;(5)华南地区:广东省交通集团有限公司、广西交通投资集团有限公司、海南省交通投资控股有限公司;(6)西南地区:贵州高速公路集团有限公司、四川省交通投资集团有限责任公司、云南省公路开发投资有限责任公司、重庆高速公路集团有限公司;(7)西北地区:甘肃省公路航空旅游集团有限公司、青海交通投资有限公司、陕西省交通建设集团公司、陕西省高速公路建设集团公司。3. 其他公司 7 家:河南省收费还贷高速公路有限公司、福建省南平市高速公路有限责任公司、浙江台州高速公路集团股份有限公司、苏州苏嘉杭高速公路有限公司、上海路桥发展有限公司、唐山唐曹高速公路有限公司、重庆铁发遂渝高速公路有限公司。

数据来源:中国货币网、经营高速公路的 19 家上市公司官网、运营高速公路的 27 家公路融资平台公司官网和 7 家上述类别之外的其他公司官网。

②非正常开支。除上述巨额垄断租值外,收费公路行业的垄断企业还会借助政府和行业直接或间接赋予的垄断特权寻求企业经营范围之外的其他利益,在获得利益的过程中会产生与正常经营无直接关系的损失即非正常开支。本研究认为,收费公路行业的非正常开支主要表现为营业外支出,由非流动资产处置损失(固定资产处置损失、无形资产处置损失)、投资性房地产处置损失、债务重组损失、非货币性资产交换损失、罚款及滞纳金支出、路产修复支出以及赔偿支出组成。财务报表显示,各类型公司都有上述支出,其中公路融资平台公司此类支出数额最大,详见表 4-1。

表 4-1　2016 年收费公路行业经营不当和非正常支出的租值规模(单位:亿元)

高速公路经营企业	租值
一、上市公司:19 家上市公司	2.134
二、公路融资平台公司:27 家地方公路融资平台公司	38.206
三、其他公司:7 家上述类别以外的公司	0.178
合计	40.518

数据来源:《中国统计年鉴2016》,中国货币网,高速公路上市公司 2016 年年度报告,各地公路融资平台公司和其他高速公路经营公司 2010—2017 年债券募集说明书。

(2)政府租值。收费公路行业的政府租值表现较为明显,因为无论是上市公司,还是地方公路融资平台公司,尽管在形式上都为独立企业,但实际控股人却都是国家机构或者具有政府部门背景的国有企业,因而,这些企业直接或间接地受到政府行为干预。例如山东高速公路股份有限公司形式上为上市公司,但70.91%的股权由山东高速集团有限公司持有,16.02%的股权由招商局华建公路投资有限公司持有,最大的股东山东高速集团有限公司又由山东省国有资产监督管理委员会 100%控股。因此,收费公路行业运营企业中普遍存在着政府租值。下文将从国有资产投资和财政补贴两方面分析政府租值。

①有资产投资。收费公路行业国有资产投资监管落实不到位、法律建设落后以及监管和投资权责划分不清等因素使国有资产成为"无主产品",相关企业与个

人有机会对其进行侵占,使其成为被追逐的政府租值。参照国际经验,国有资产投资领域的损失通常按投资总额比例的 15%~20% 计算,发展中国家这一比例尤高①。考虑到我国国有资产投资缺乏公开投标且非直接性投资比例较高的事实,这里取上述比例的上限 20% 来估计国有资产投资损失额,并将这部分损失作为收费公路行业国有资产投资产生的租值。经计算得出,这部分租值总计为 1527.507 亿元,其中 27 家公路融资平台公司相应租值占比 93%,详情见附表 4(238 页),2016 年度,收费公路行业高速公路经营企业投资额及其产生的租值规模如图 4-11 所示。

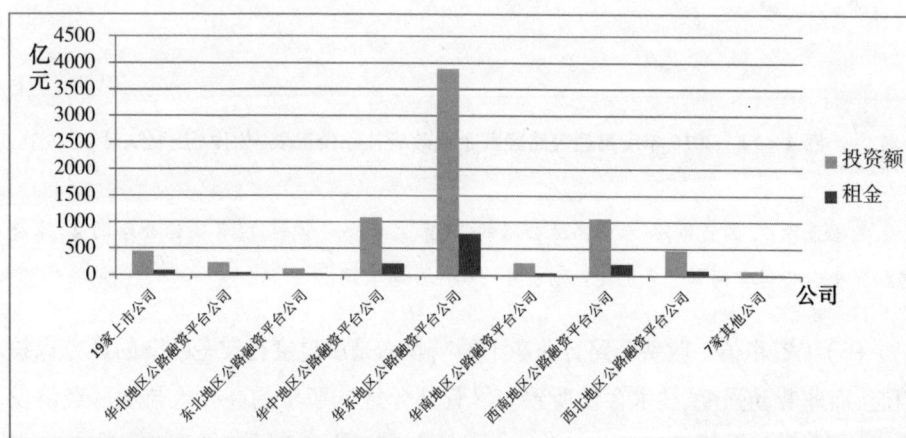

图 4-11　2016 年度收费公路行业高速公路经营企业投资产生的租值规模(单位:亿元)

数据来源:中国货币网、经营高速公路的 19 家上市公司官网、经营高速公路的 27 家公路融资平台公司官网和 7 家上述类别之外的其他公司官网。

　　②政府补助。收费公路行业作为基础设施所具有的公益性为行业带来不菲的政府补助,以弥补公益性给企业带来的经济损失。这种政府补助(包括中央财政补贴和地方财政补贴)在过度行政垄断下多数成为政府租值。近 30 年的行业改革虽然打破了我国收费公路行业国有企业垄断的局面,但实际运行中企业并没有真正获得自主经营权,政府部门与企业之间的代理关系使国有企业仍处于行政干预之下,政企关系无法彻底分离,导致政府补助无法公平、合理分配。财政补助更多分配给国有企业,用于弥补运营亏损,这一点 2015 年、2016 年全国收费公路统计公报可以佐证。附表 3(235 页)数据显示,2016 年度地方融资平台公司的政

---

① 胡鞍钢. 中国 90 年代后半期腐败造成的经济损失[J].国际经济评论,2001(6):12-21.

府补助约为 241. 931 亿元,占全国收费公路公司政府补助额的 97.84%。2016 年度高速公路经营企业政府补贴规模如图 4-12 所示。

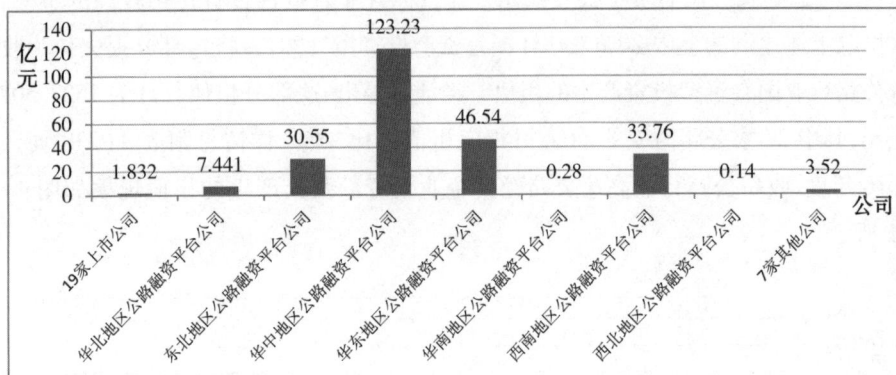

图 4- 12　2016 年度高速公路经营企业政府补贴情况表①(单位:亿元)

数据来源:中国货币网、经营高速公路的 19 家上市公司官网、经营高速公路的 27 家公路融资平台公司官网和 7 家上述类别之外的其他公司官网。

(3)工资租值。收费公路行业职工的高收入是由过度行政垄断下的地方保护引起,而非劳动强度、技术含量所致。尽管部分地区职工的高收入与地区经济发展水平有关,但主要受行政垄断和地方保护影响。收费公路行业职工的高收入在行政垄断高额利润下得以保证。为了测度收费公路行业不同地区的工资租值,假设各行业的资源可以在各地区之间无阻碍自由流动,此时行业存在统一工资即全国平均工资。不同地区之间的工资租值可根据下面步骤求得:首先,确定收费公路行业全国的平均职工工资,将其作为基准工资;其次,根据基准工资测算本行业各省区市的个人工资租值(正租值和负租值);再次,结合各省就业人数,确定各省的工资租值;最后,结合 2016 年度各项数据可测算收费公路行业中不同地区的工资总租值。最终计算结果如附表 5(241 页)所示,2016 年度收费公路行业地区的工资租值总额为 188. 427 亿元,上市公司的工资租值为 25. 402 亿元。

从各省区市情况来看,山东省人均工资最高,排在第二、三、四位的依次是广东省、河南省和江苏省,青海省的人均工资最低。可以看出,部分地区的高收入是由地区经济整体发展较快引起,但仍有部分地区的高收入来源于行政垄断和地方

---

① 注:具体公司见图 4-10(117 页)脚注。

保护。

（4）不同地区的价格租值。收费公路行业是一个受行政垄断和地方保护影响较大的行业,地方政府关注的焦点主要是本地利益而非社会整体利益,再加上现实中各地建设成本千差万别,在这两个因素共同作用下最终各地区之间公路通行费的收费标准大相径庭。这种不同收费标准下的地区价格差异构成了价格租值。

2016年度收费公路行业的价格租值可通过如下过程计算获得①:首先,从各地区财政厅、物价局和交通运输厅收集截至2016年年底各地区批复的高速公路通行费收费标准,计算各地区平均通行费收费标准;其次,根据高速公路通行费收费标准的各地区平均值计算全国平均值,作为全国标准值,计算结果为0.469元/车/千米②;再次,根据各地区高速公路通行费平均收费标准和全国平均值,计算二者之间的差值;然后,根据全国各地区私家车占比和高速公路占比计算各地区年高速公路通行量的权重比值,结合国家高速公路节假日免收通行费天数与交通运输部公布的2016年全国高速公路日车流量③计算各地区高速公路车流量;最后,通过各地高速公路收费标准差价与各地车流量和里程,得出各地区之间的价格差异租值。计算结果显示,2016年度地区的高速公路价格租值合计为30.211亿元,上市公司的价格租值为626.729亿元,详见附表6(244页)。

2. 模型中寻租收益率 γ、行政影响力 λ_i 和不确定因素 U 的确定

（1）寻租收益率 γ。本研究认为收费公路行业在一定时间和地域范围内,各企业寻租收益率 γ_i 相同,即 $\gamma_i = \gamma$。假定企业进入市场后不能自由地退出租值,那么收费公路企业的寻租收益率 γ 有三种可能④:第一, $\gamma = 1$。表明企业的寻租花费与寻租预期收益在数值上相同。此时,若 $N \to \infty$,那么租值将呈现完全耗散状态;第二, $\gamma > 1$。表明企业的寻租支出大于实际租值,租值将呈现过度耗散状态;第三, $\gamma < 1$。表明企业的寻租支出小于实际租值,租值将呈现耗散不足状态。企业性质和行业外部环境特点共同决定,在收费公路行业中,国有企业对于租值的期望较高且其寻租花费与预期收益大致相等,而上市公司则较为注重市场竞争

---

① 注:由全国各地高速公路收费标准可以计算出全国平均收费标准为0.469元;全国高速公路日平均交通量为24468辆,而2016年全国高速公路节假日免收通行费天数为20天,则全国高速公路年交通量为8441460辆。

② 注:将各类车型折算成标准车,即按照2010年交通部办公厅文件《关于调整公路交通情况调查车型分类及折算系数的通知》国家标准划分下的一类车。

③ 数据来源:《2016年交通运输行业发展统计公报》。

④ 韩江波. 农地商业化配置租值消散研究[D].广州:暨南大学,2012:28-32.

力,更愿意通过企业自身能力的提升而不是增加寻租活动来获取利润,因此寻租成本较低。综上所述,本研究将收费公路企业的寻租收益率表示为:

$$\gamma = \begin{cases} 1; x_i \text{ 为公路融资平台公司和其他国有公司} \\ 0.5; x_i \text{ 为上市公司} \end{cases}$$

(2)行政影响力 λ_i。参与企业会在一定时间和区域内竞争同一资源,而企业能否获得资源不仅取决于企业的生产能力,还取决于企业与政府之间的关系。因此,行政影响力 λ_i 随企业对政府影响力的大小而改变,且 $0 < \lambda_i < 1$。本研究将行政影响力在一定范围内按照不同的比例分配给各企业,且 $\lambda_1 + \lambda_2 + \cdots \lambda_n = 1$。在收费公路行业中,无论是上市公司、融资平台公司还是其他性质的企业,或多或少都会受到 λ_i 的作用,因此各企业的 λ_i 均不为零;本研究将公路融资平台公司和其他地方国有企业按地区分类(这里设定为 λ_{rzptgs}),通过注册资本金大小计算其与行政机构的密切程度,以确定权重;对于可在全国范围内进行收费公路相关经营活动的上市公司(这里设定为 λ_{ssgs}),由于国有资产比重反映着行政干预程度,因此这里用上市公司国有资产比重对其赋权,见表4-2。

表4-2 收费公路经营企业中上市公司国有资产占比及其对应标度

国有资产占比	(0,10]	(10,20]	(20,30]	(30,40]	(40,50]
标度	1	2	3	4	5
国有资产占比	(50,60]	(60,70]	(70,80]	(80,90]	(90,100]
标度	6	7	8	9	10

(3)不确定因素 U。在收费公路行业中,企业寻租过程中的不确定因素主要包括垄断地位维持的不确定性、寻租者对租值价值判断的不确定性以及寻租者对寻租投资成本具有私人信息所产生的不确定性[①]。现阶段,我国处于经济转型期,企业合并以及重组现象频繁,新企业的产生将会对原有企业产生影响,使原有企业垄断地位发生变化,从而导致寻租者获得的垄断地位存在不确定性。此外,企业对租值的价值判断和寻租者对寻租投资成本都具有"私人信息"特性,这也在一定程度上造成不确定性。本研究认为诸如此类的企业内生不确定因素都涵盖于寻租获胜概率中,这里不需要专门考虑。因此,不确定因素 U 的取值范围为 U

---

① 蒲艳. 行政垄断与寻租行为研究[M].北京:科学出版社,2013.

$\in (0,\infty)$,且与租值相关。U越大,说明企业获胜并得到租值的概率越小,从而倾向于不寻租,因此发生租值耗散的可能性就越小。

这种不确定因素是一种受市场因素影响的地区性行业调整,与行业行政垄断影响互补构成整个信息度。而对于同一地区内的寻租企业而言,面对的不确定因素及其受影响程度几乎没有差别,所以不确定因素 $U = (1 - D_{xzld}) \bar{V}_i = 18\% \bar{V}_i$①。

4.4.2 收费公路行业行政垄断的租值耗散程度测度

第一阶段:政府还贷公路行政垄断的寻租成本

第一阶段确定政府还贷公路行政垄断的租值耗散程度,研究对象为公路融资平台公司和地方公路运营企业。

我国收费公路行业实行属地管理模式,地域上相近的行政区社会经济发展情况较接近,因而同一区域内租值耗散程度趋于一致②。因此,这里以地区为单位研究租值耗散情况。以西北地区③为例,区域内政府还贷公路行政垄断租值为 $V_{XB} = 134.153$ 亿元。行业参与寻租的企业集合为 $\{x_{gsgl}, x_{qhjt}, x_{sxjj}, x_{sxgs}\}$④;为获得租值 V_{XB},四个企业的寻租支出分别是 $\{e_i | e_{gsgl}, e_{qhjt}, e_{sxjj}, e_{sxgs}\}$。地方公路融资平台公司和其他公司为国有垄断企业,因而寻租收益率为1。由企业注册资本金排序后得到的权重,可以确定西北地区各企业的行政影响力 $\lambda_{gsgl}, \lambda_{qhjt}, \lambda_{sxjj}, \lambda_{sxgs}$ 分别为 $\frac{4}{9}, \frac{1}{9}, \frac{2}{9}, \frac{2}{9}$。由上文对不确定因素的分析可得,不确定因素 U 为 $(1 - D_{xzld}) \bar{V}$ $= 18\% \bar{V}$。

根据模型及上述参数,可知:

$$P_{x_{gsgl}} = \frac{\frac{4}{9} e_{gsgl}}{\frac{4}{9} e_{gsgl} + \frac{1}{9} e_{qhjt} + \frac{2}{9} e_{sxjj} + \frac{2}{9} e_{sxgs}};$$

---

① 注:本研究第3章第6节对收费公路行业的行政垄断程度进行了测度。结果显示,我国收费公路行业的行政垄断程度达到 D_{xzld},处于过度垄断状态。

② 注:同一地区由于其地理位置原因,经济发展水平以及基础设施建设等几乎相近。但各省之间的差异仍然客观存在。这里从研究可操作性考虑,对同一地区内的差异忽略不计。

③ 注:西北地区包括陕西、青海、甘肃、新疆4省区。

④ 注:e_{gsgl}代表甘肃省公路航空旅游集团有限公司,e_{qhjt}代表青海交通投资有限公司,x_{sxjj}代表陕西省交通建设集团公司,x_{sxgs}代表陕西省高速公路建设集团公司。

$$\Delta = \frac{4}{9}e_{gsgl} + \frac{1}{9}e_{qhjt} + \frac{2}{9}e_{sxjj} + \frac{2}{9}e_{sxgs} + U;$$

$$\pi_{gsgl} = P_{x_{gsgl}}V_{XB} - e_{gsgl};$$

企业对称假定下的非线性方程为 $e^2 - [(1-\lambda_i)\lambda_i V - 0.26\bar{V}]e - 0.13\lambda_i V\bar{V} + 0.0169\bar{V}^2 = 0$;代入 $\lambda_{gsgl} = \frac{4}{9}$ 和 $V_{XB} = 134.153$,利用 MATLAB 软件求解上述关于 e 的非线性方程,得到均衡时寻租成本最优解为 $e_{gsgl}^* = 31.946$。同理可求得其他最优解,最终得到西北地区寻租成本为 81.382 亿元。

利用相同方法可得,寻租均衡时华北、东北、华中、华东、华南与西南六个地区政府还贷公路的寻租成本分别为 68.782 亿元、36.804 亿元、330.877 亿元、791.112 亿元、62.009 亿元和 218.51 亿元。结果显示,各地区租值均因寻租行为被部分耗散,且耗散较为严重,$e_{政府还贷公路}^* = 1589.48$ 亿元。

第二阶段:经营性公路行政垄断的寻租成本

第二阶段确定经营性公路行政垄断的租值耗散程度,研究对象为上市公司。经营性公路行政垄断租值为 $V_{经营性公路} = 996.318$ 亿元。参与寻租的企业集合为 $\{x_i | x_{cqlq}, x_{szgs}, x_{hngs}, x_{hntz}, x_{xdtz}, x_{dwkg}, x_{ygs}, x_{wzjt}, x_{gygs}, x_{fjfz}, x_{sccy}, x_{wtgs}, x_{ctgs}, x_{zygs}, x_{jlgs}, x_{hbgs}, x_{nhgs}, x_{ljgs}, x_{sdgs}\}$ [1]。为了获得租值 $V_{全国性}$,19 家企业的寻租支出分别是 $\{e_i | e_{cqlq}, e_{szgs}, e_{hngs}, e_{hntz}, e_{xdtz}, e_{dwkg}, e_{ygs}, e_{wzjt}, e_{gygs}, e_{fjfz}, e_{sccy}, e_{wtgs}, e_{ctgs}, e_{zygs}, e_{jlgs}, e_{hbgs}, e_{nhgs}, e_{ljgs}, e_{sdgs}\}$。上市公司企业的寻租收益率 γ 为 0.5。依据上市公司的国有资产比重使用标度法对其赋权,得各企业的 λ_i 分别为 $\frac{1}{103}$、$\frac{1}{103}$、$\frac{3}{103}$、$\frac{4}{103}$、$\frac{4}{103}$、$\frac{5}{103}$、$\frac{5}{103}$、$\frac{6}{103}$、$\frac{6}{103}$、$\frac{6}{103}$、$\frac{6}{103}$、$\frac{6}{103}$、$\frac{7}{103}$、$\frac{7}{103}$、$\frac{7}{103}$、$\frac{7}{103}$、$\frac{7}{103}$、$\frac{9}{103}$。使用前文所述方法可得,不确定因素 U 为 $(1 - D_{xzld})\bar{V} = 18\%\bar{V}$。

根据模型及上述参数,可知:

$$P_{x_{cqlq}} = \frac{\frac{1}{103}e_{cqlq}^{\frac{1}{2}}}{\frac{1}{103}e_{cqlq}^{\frac{1}{2}} + \frac{1}{103}e_{szgs}^{\frac{1}{2}} + \cdots + \frac{9}{103}e_{sdgs}^{\frac{1}{2}} + U};$$

[1] 注:共 19 家高速公路上市公司。

令 $\Delta = \frac{1}{103}e_{cqlq}^{\frac{1}{2}} + \frac{1}{103}e_{szgs}^{\frac{1}{2}} + \cdots + \frac{9}{103}e_{sdgs}^{\frac{1}{2}} + U$; $\pi_{cqlq} = P_{x_{cqlq}}V - e_{cqlq}$;

企业对称假定下的非线性方程为:

$$e + 0.36\bar{V}e^{\frac{1}{2}} - 0.09\lambda_i\bar{V}V\frac{1}{e^{\frac{1}{2}}} - \frac{1}{2}(1 - \lambda_i)\lambda_iV + 0.0324\bar{V}^2 = 0$$

代入 $\lambda_{cqlq} = \frac{1}{103}$ 和 $V_{经营性公路} = 966.318$,利用 MATLAB 软件求解上述关于 e 的非线性方程,得到均衡时寻租成本最优解 $e_{cqlq}^* = 0.24$。同理可求得其他最优解,最终得到全国经营性公路经营企业的寻租成本 $e_{经营性公路}^* = 99.58$ 亿元。结果显示,尽管上市公司也存在寻租行为,但相比于及政府还贷公路为主的地方公路融资平台公司,其寻租成本较低且耗散程度不高。

第三阶段:收费公路行业行政垄断的租值耗散程度

在第三阶段中,利用第一、二阶段确定的政府还贷公路和经营性公路寻租成本,求出行业行政垄断的租值耗散程度。

收费公路行业行政垄断的总租值为 $V_{总租金} = 3465.61$ 亿元,全国七个区域的政府还贷公路运营企业的寻租总成本为 $e_{政府还贷公路}^* = 1589.48$ 亿元,经营性公路的经营企业的寻租总成本为 $e_{经营性公路} = 99.58$ 亿元。因此,收费公路行业行政垄断的租值耗散程度为:

$$D_{rentdissipation} = \frac{e_{政府还贷公路}^* + e_{经营性公路}^*}{V_{总租金}} = 48.7\%$$

此外,使用上述方法,可以得出政府还贷公路行政垄断的租值耗散程度为63.6%,经营性公路行政垄断的租值耗散程度为 10.3%。

4.4.3 结果分析

结果显示,收费公路行业行政垄断的租值被耗散掉 48.7%,耗散程度接近一半。其中,与以经营性公路为主的上市公司相比,以政府还贷公路为主的地方公路融资平台公司受行政垄断影响的范围与程度更大,由此引发的寻租行为更多且寻租成本也更高,因而租值耗散程度相对较高(63.6%),是上市公司(10.3%)的 6倍。这在一定程度上解释了我国收费公路行业中政府还贷公路亏损大于经营性公路的原因。

同时,收费公路行业行政垄断的租值耗散程度远高于煤炭资源开发过程中的租值耗散程度(18.3%)①,略低于农地商业化配置过程中的租值耗散程度(61%)②,但政府还贷公路的租值耗散程度(63.6%)较二者都高。较高的耗散程度揭示出我国收费公路行业经济绩效低下的重要原因。

---

① 曹海霞.矿产资源的产权残缺与租值耗散问题研究[D].太原:山西财经大学,2013:84-88.

② 韩江波.农地商业化配置租值消散研究[D].广州:暨南大学,2012:144-155.

第 5 章

行政垄断的租值耗散对收费公路行业经济
绩效的作用机理及影响分析

在行政垄断租值耗散的诸多表现形式中,寻租行为、行业结构引发的管理非效率以及运营管理模式造成的规模非效率问题表现最为突出。因此,本章以寻租行为、管理非效率与规模非效率为切入点,考察行业运营环节行政垄断的租值耗散对微观绩效的作用机理,并在此基础上分析行业垄断定价对宏观绩效的影响机理。

5.1 寻租行为对经济绩效的作用机理与影响分析

5.1.1 行业寻租问题

政府寻租,也称为政府权力寻租。通常指的是政府以行政权力为主要手段寻求其利益最大化实现机会的非生产性获利活动,是各国政府普遍存在的一种社会经济现象。经济学家布坎南认为,尽管在本质上,由于政府规制的不完善为寻租留下了公共政策的空间,但是一般来说,政府寻租大多出现在诸如政府的行政特许权、关税与进出口配额、政府采购等经济活动中。这些寻租的经济活动可以采取合法的形式,也可以采取非法的形式。

收费公路行业过度行政垄断为各方利益团体提供了寻租空间,地方政府作为发展收费公路的经济主体,直接参与通行服务生产的各个环节,成为收费公路行业垄断性最强的生产者,其具体表现为:截至 2018 年年末,政府还贷公路里程9.33 万公里,占全国收费公路总里程的 55.5%①。这使地方政府寻租具有理论和现实的可能性。因此,本节选择地方政府寻租作为研究行业寻租问题对行业经济绩效影响机理的逻辑起点。

---

① 数据来源:交通运输部《2018 年全国收费公路统计公报》。

5.1.2 政府寻租的经济分析

1. 政府寻租的经济分析理论模型

在当前收费公路行业"统一领导,分级管理"体制下,假设工作人员个体的效用水平取决于晋升因素 prom 和收入因素 inco,晋升 prom 与收入 inco 均满足递增和边际效用递减规律,则令个人的效用函数为 $U_{Gov} = F(prom, inco)$。

其中,晋升因素 prom 取决于本级职员与上级职员的关系 rela 以及本级职员的政绩表现 perf,关系越好、表现越突出,则晋升的可能性越大。政绩表现 perm 与行业发展的经济指标息息相关,例如高速公路通车里程 scale、投资计划完成情况 invest 以及收费公路国有资产的保值增值 pav 等。因此,令晋升因素为:

$$prom = P[rela, perf(scale, invest, pav)] \qquad (5-1)$$

收入因素则取决于个体的级别工资 wage 与隐性收入 hidden-inco,其中级别工资 wage 与职位等级直接相关,hidden-inco 与职员具体掌握的权力及项目投资规模相关,因此,令收入因素为:

$$inco = I(wage, hidden - inco) \qquad (5-2)$$

从而职员的效用函数进一步改写为:

$$U_{Gov} = F\{P[rela, perf(scale, invest, pav)], I(wage, hidden - inco)\} \qquad (5-3)$$

职员为提升政绩并增加收入,需要按照自上而下的考核要求不断推进行业的发展,同时攫取隐性收入,但这一过程受到经济资源的限制。令经济资源约束为 ecoR,其表现为实现经济发展所需的巨额投入,将式(5-3)简写为: $U_{Gov} = F(P, I)$,从而职员的效用函数模型为:

$$\begin{cases} \max U_{Gov} = F(P, I) \\ s.t.\ ecoR \end{cases} \qquad (5-4)$$

2. 政府寻租过程中的租金形式

由以上效用最大化模型可知,能够通过权力得以突破的经济资源约束 ecoR 成为地方政府所寻租金。模型中能够利用特权突破的经济资源约束 ecoR,在现实中往往是软约束,这些可利用行政手段获得的经济资源就是地方政府所寻租金。

地方政府的寻租行为表现为利用相关行政权力,不断突破行业发展所面临的经济约束。这种寻租行为一方面促进了收费公路里程的快速增长,另一方面形成了特定的寻租成本。

5.1.3 政府寻租对经济绩效的作用机理

为了突破收费公路的融资瓶颈,交通投融资平台应运而生。地方政府以国有独资的形式建立了交通融资平台和收费公路基础设施网络,60%左右的收费公路由地方政府垄断运营。融资平台既是政府投资的客体,也是其庇护的对象,在缺乏竞争的环境中和收入稳定的预期下,平台公司缺乏推动生产技术革新的动力和能力,从而处于低效运营状态。

地方政府具备利用行政手段使基础设施建设的资金需求与资金供给相匹配的能力。维持这种能力则需要地方政府加强对融资平台的实际管理,并将优质的项目路段纳入融资平台管理,以此获得银行贷款或其他债务资金。与此同时,还需要地方政府能够如上文所述持续"创造"出财务效益好的建设项目。因此,在政府寻租过程中逐渐形成了资本投入不断膨胀,融资杠杆不断提高的发展模式,累积了亟待解决的债务风险。

5.2 行政垄断的管理非效率对经济绩效的作用机理

收费公路行业行政垄断租值耗散的诸多表现形式并非孤立无关,而有其内在联系。就寻租行为、管理非效率与规模非效率而言,寻租导致的收费公路低效运营主要表现为管理非效率与规模非效率。因此,本节开始分别对管理非效率与规模非效率对经济绩效的作用机理进行剖析。

5.2.1 行业管理非效率现状

过度行政垄断下的收费公路运营单位不能直接面对市场竞争压力,管理层也无法获得足够的有效激励,这使得运营单位缺少节约成本与推进技术革新的动力,形成管理非效率的租值耗散。

从技术角度来看,测量管理绩效的角度和方法有许多,这里从厂商生产的投入产出角度以成本效率为例作简要说明。成本效率 CE 由技术效率 TE 和配置效率 AE 构成,技术效率反映给定投入时获得最大产出的能力,配置效率反映要素价格与生产技术给定时厂商投入最优化的能力。假设厂商投入两种要素(I_1 与 I_2)生产单一产出(Q),如图 5-1 所示,曲线 QQ' 代表完全效率厂商的单位等产量线,直线 PP' 代表要素价格下的等成本线,QQ' 曲线上的点技术有效,PP' 曲线上的点配置有效,则点 E 是管理有效的,而点 R、M、N 均是管理非效率的。

由第 2 章的分析可知,与经营性公路相比,政府还贷公路的运营管理效率相对较低。以单一投入的生产函数为例简要说明两者之间的差异,如图 5-2 所示,A、B 两点分别代表经营性公路运营企业和政府还贷公路运营机构的投入产出情

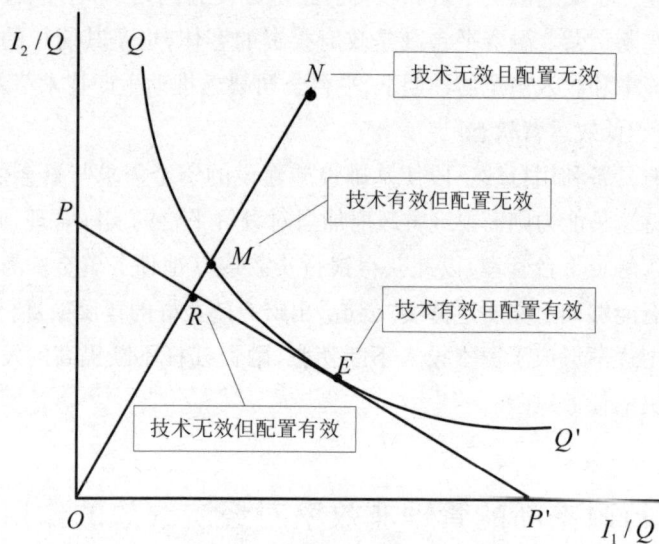

图 5-1　投入导向的技术效率与配置效率①

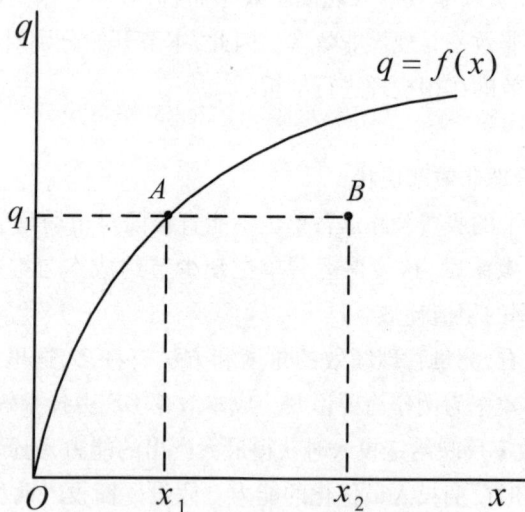

图 5-2　单一投入的生产函数②

---

① 蒂莫西.J.科埃利等著.效率与生产率分析引论[M].北京:中国人民大学出版社,2008:
　51.

② 蒂莫西.J.科埃利等著.效率与生产率分析引论[M].北京:中国人民大学出版社,2008:
　53.

况,在相同产量 q_1 水平上,A、B 两点的投入分别为 x_1、x_2,A 点优于 B 点。在产出不变的前提下可以通过减少 B 点的投入,使其平移到生产前沿面 $f(x)$ 上从而提高管理绩效。政府还贷公路的生产效率较差,但大部分的收费公路依然采用了这种运营模式,说明行业管理非效率问题客观存在。

5.2.2 管理非效率对经济绩效的作用机理

政府还贷公路与经营性公路运营效率的差异以及差异的持续存在,体现了资源配置的扭曲和经济资源的浪费。差异越大、存续时间越长,说明资源配置扭曲的状态长期得不到修正,社会资源的浪费也越大。

1. 政府还贷公路管理模式的经济分析

如第2章所述,目前政府还贷公路的运营机构有三种模式。设政府还贷公路运营机构负责人的效用函数为:

$$U = U(prom,inco) \tag{5-5}$$

其中晋升变量 $prom$ 取决于运营机构负责人与上级的关系 $rela$ 及其政绩表现 $perf$,政绩表现由地方政府所下达项目建设与投融资任务的完成效果决定;收入变量 $inco$ 取决于运营机构负责人的行政级别与隐性收入。同时负责人在凸显政绩表现、贯彻落实地方政府下达的行政命令时,也面临资源约束,即运营机构的成本约束 TC。因此,政府还贷公路运营机构负责人的效用函数模型为:

$$\begin{cases} \max U = U(prom,inco) \\ s.t.\ TC \end{cases} \tag{5-6}$$

2. 管理非效率导致运营机构投入浪费

基于行政事业化管理模式,政府还贷公路运营机构负责人在追求自身效用最大化的过程中面临的成本约束 TC 实际是软约束。与经营性公路注重成本控制的管理模式相比,政府还贷公路运营机构目前普遍存在人员冗余、机构庞大并不断膨胀的现象。

以 H 省政府还贷公路为例①,无论运营里程的长短,各管理处的机构设置十分相似,科室的平均数量为 20 个,包括机关科室(办公室、党委办公室、人事劳动科、财务科、收费科、养护科、机电科、计划科、安全办公室、信访办、总工办等)、直属单位(信息中心、收费稽查大队、调度指挥中心、直属分部)、管理所、养护工区、养护设备管理中心、路政支队、收费站、服务区等。在相同产出条件下,政府还贷

---

① 数据来源:由本课题组在 H 省实地调研数据整理得到。

公路与经营性公路运营管理中的投入差异,体现了政府还贷公路的低效运营状态。如果大范围采用并维持这种非效率运营模式,资源配置效率会越来越差,生产中的投入浪费也会随之增加。

3. 管理非效率导致通行服务的产出损失

在产出水平不变的条件下,采用投入较高的运营模式本身就是低效率的体现,而这种运营模式的持续则反映出生产力提高缓慢。随着路网的快速形成,互联网通信技术的迅猛发展,道路通行服务的需求形式也在演变,社会对智能、绿色、舒适通行服务的需求越来越迫切。在这一背景之下,管理非效率导致的投入浪费,不仅表现为运营环节的低效率,更表现为收费公路行业对新型通行服务的供给能力下降。

5.3　行政垄断的规模非效率对经济绩效的作用机理

5.3.1　行业规模非效率现状

1. 规模经济与规模效率

约翰·斯图亚特·穆勒是早期系统阐述大规模生产好处的经济学家之一。他认为"在很多情况下,进行大规模生产,可以大大提高生产效率,如果为了最大限度地提高劳动效率,众多劳动者必须联合起来,即便只是为了简单合作而联合"①。

阿尔弗雷德·马歇尔在《经济学原理》中用"规模经济"这一概念来说明报酬递增现象:长期来看,可以通过改变生产要素投入来调整生产规模,即使技术不变,厂商也可以通过生产规模的调整使长期供给价格下降,从而使报酬递增。他认为报酬递增是由于企业"扩大其不动产而获得了种种新的大规模生产经济,从而在相对低廉的成本上报酬增加了"②。

钱德勒将规模经济界定为:当生产或经销一单位产品的单一经营单位所增加的规模减少了生产或经销的单位成本时而导致的③。

---

① 约翰·斯图亚特·穆勒. 政治经济学原理(上卷)[M].北京:商务印书馆,1991:155.
② 马歇尔. 经济学原理(下)[M].北京:商务印书馆,1997:67.
③ 钱德勒. 企业规模经济与范围经济:工业资本主义的原动力[M].北京:中国社会科学出版社,1992(2):9.

2. 最小有效率规模(MES)与规模非效率

最小有效率规模亦称最小经济规模(MES),是指长期平均成本停止下降或出现最低点的产量水平所对应的生产规模,可视其为厂商生产的最佳规模。如图5-3所示,规模 Q_2 为最小经济规模(MES),当生产位于规模 Q_2 的水平时生产具有规模效率。在达到此规模前,例如在规模 Q_1 水平上,厂商的长期平均成本随规模的扩张而降低,生产具有规模经济性。超出 MES,如在规模 Q_3 的水平上,厂商长期平均成本随规模的扩张而上升,生产处于规模不经济阶段。无论规模 Q_1 还是规模 Q_3,都是规模非效率状态,应当通过扩张或缩减生产规模以实现规模效率。

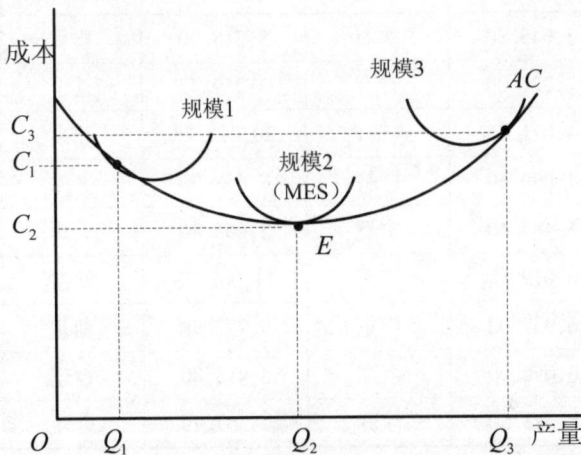

图 5-3　规模效率

3. 收费公路行业省级运营规模

本课题组通过实地调研和行业统计数据整理发现,行业省级运营规模从发展初期至今有了大幅增长,然而基层机构的运营规模受到行业管理体制的影响没有发生显著改变。省级运营规模的非效率是否存在,若存在,其具体表现是处于省级 MES 的左侧还是右侧,有待进一步的计量才能得出有效结论。基层运营规模的非效率是存在的,实务与理论界对此均有所讨论,并且认为基层非效率的表现是运营规模过小,可能处于基层 MES 的左侧。在这里,我们仅对省级运营规模和基层运营规模的现状进行展示,第 6 章将对这两个层面的 MES 以及规模经济水平进行深入的定量研究,并以此作为降低租值耗散的改革依据。

我国收费公路严格按照行政区域划分,由各个省、自治区、直辖市地方政府进行规划设计、组织建设和运营。在路网建设滞后并制约经济发展的瓶颈时期,通过投资公路基础设施拉动地方经济的发展方式受到地方政府的广泛追捧。政府寻租使得收费公路的里程快速攀升,在短时期内许多地区都建成了相当规模的收费公路网络。

截至 2014 年年底,全国收费公路总里程为 16.26 万千米①,各省区市收费公路里程规模如表 5-1 所示。值得注意的是,这里展示的是各省总体规模,而非省级运营机构的运营规模(如高速集团),后者将在第 6 章详细考察。

表 5-1　省级收费公路规模(单位:千米)

地区	规模	地区	规模	地区	规模
四川	6,070.10	甘肃	7,623.40	黑龙江	4,776.50
云南	3,645.80	陕西	5,215.90	吉林	3,326.40
重庆	2,327.00	青海	3,259.42	辽宁	4,171.87
贵州	4,071.65	内蒙古	20,011.78	北京	886.10
安徽	4,099.60	新疆	7,658.70	上海	682.90
江西	4,484.40	宁夏	2,665.40	天津	1,092.70
河南	6,019.85	广西	11,062.70	湖南	6,323.50
河北	6,937.02	广东	9,772.90	湖北	5,140.00
山西	6,050.90	浙江	5,418.80	福建	4,000.37
山东	8,323.50	江苏	7,367.49	合计	162,575.90

数据来源:交通运输部《2014 年全国收费公路统计公报》。

4. 收费公路行业基层运营规模

我国收费公路行业的基层运营机构(分公司或管理处)采用"一路一处"或"一路一公司"的运作模式。在同一行政区域内,基层运营机构之间独立运行。

收费公路行业基层运营机构(分公司或管理处)的里程规模最小几十千米,最大不超过 300 千米。以 H 省为例,截至 2012 年年底,该省收费公路总里程为 6469.4 千米,其中政府还贷公路为 5029.2 千米,经营性公路 1440.2 千米。收费公路运营机构 66 个②,其中政府还贷公路管理处 43 个,经营性公路企业 23 个。行业最大规模为 275.9 千米,平均规模为 96.6 千米,管理处平均规模 117 千米,经

---

① 数据来源:交通运输部《2014 年全国收费公路统计公报》。
② 数据仍沿用 2014 年该省调研数据,据 2019 年上半年调研,实际状况变化不大。

营性公路企业平均规模 62.6 千米①。如表 5-2 所示:

表5-2　H省收费公路行业平均规模

	运营规模(千米)	机构数量(个)	平均规模(千米)
全省基层运营单位	6469.4	66	96.6
其中: 1.政府还贷公路管理处	5029.2	43	117
2.经营性公路企业	1440.2	23	62.6

5.3.2　规模非效率对经济绩效的作用机理

1.规模非效率造成生产前沿面下降

地方政府普遍依靠在行政区域内投资建设基础设施拉动地方经济增长,收费公路基础设施网络因此得以快速扩张。然而,由于经济社会发展不均衡,各地区收费公路规模差异较大。第2章定量测度结果显示,如青海这样的经济欠发达地区,省内收费公路规模过小且短期内难以扩大,规模效率十分不理想。与此同时,经济发达或者地理位置优越的地区,规模扩张速度十分迅速,预期规模在不久的将来会超过 MES 进入规模不经济阶段,相应地,生产前沿面会随着规模偏离 MES 而逐渐下降。

对于行政区域内的基层运营机构,由于"一路一公司"管理模式的限制,往往不能实施收费权转让、兼并重组等市场行为通过横向扩张或收缩调整运营规模以实现规模效率。基层运营机构规模非效率的程度越高,资源配置的扭曲程度就越高,投入不当造成的经济损失也越大,生产前沿面将会因此逐渐下降。

2.规模非效率导致成本压缩困难

从省级规模来看,由于固定成本的存在,规模较小的省区市难以将成本有效分摊,导致平均成本过高。与此同时,省级规模若扩张至规模不经济阶段,通过取消收费站点、裁撤人员来缩减规模的难度非常大。有些项目建成通车后虽然出现了"越收越亏"的问题,但还是会继续收费。在这种情况下,运营机构的平均成本不但高于 MES 的最低成本,而且难以通过调整投入压缩成本。

在"一路一公司"管理模式的约束下,基层运营机构为了保证收费公路基础设施网络的生产能力、达到较高标准的技术要求,需要购进先进机械设备,配备专业

---

① 数据来源:由本课题组在 H 省实地调研数据整理得到。

人员,但由于里程规模过小,机械设备和人员往往处于闲置或应用开发不足的状态。在横向扩张受限的条件下,基层运营单位难以通过调整运营规模降低成本。

5.4 收费公路行业行政垄断租值耗散的微观绩效损失

从投入产出角度看,收费公路行业微观经济主体的绩效损失表现为一定产出条件下的投入浪费。本节基于以上管理非效率和规模非效率的分析探讨行业微观层面的绩效损失。

5.4.1 管理非效率的经济损失

这里以 2013 年和 2014 年为例,采用投入产出比反映政府还贷公路和经营性公路之间的效率差异,以此考察管理非效率导致的投入浪费。以当年通行费收入、通行费减免部分与税费支出之和作为产出,以年还本付息支出、运营管理支出、养护支出和其他支出之和作为投入,投入产出比 $R = \dfrac{\text{产出}}{\text{投入}}$,该比值表示每单位投入的产出情况,R 值越大说明投入产出效率越高; $\dfrac{1}{R}$ 则表示每单位产出的投入情况。具体如表 5-3 所示:

表 5-3　管理非效率(单位:亿元)

年份	类别	产出	投入	R	1/R
2013	还贷	1723.07	2552.56	0.675	1.481
	经营	2521.60	2711.95	0.930	1.075
2014	还贷	2002.79	2961.20	0.676	1.479
	经营	2636.33	2276.43	1.158	0.863

数据来源:由《2013 年全国收费公路统计公报》和《2014 年全国收费公路统计公报》整理得出。

由管理非效率导致的绩效损失等于政府还贷公路在投入方面的浪费,或者说当政府还贷公路具有与经营性公路相同的投入产出比时,投入方面能够节约经济资源。令管理非效率导致的微观绩效损失为 L_1,则:

$$L_1 = \text{投入}_{\text{还贷}} - \text{产出}_{\text{还贷}} \times \dfrac{1}{R_{\text{经营}}} \tag{5-7}$$

由式(5-7)可以估算出 2013 年、2014 年管理非效率导致的微观绩效损失分别为 700.26 亿元和 1232.80 亿元。

5.4.2　规模非效率的经济损失

若生产规模达不到最小经济规模 MES,则存在因规模非效率产生的资源浪费,实际规模与 MES 偏离程度越大,规模非效率的经济损失也就越大。如图 5-4 所示,当生产处于 MES 时,平均成本达到最小值 C^*;当生产处于规模 1 时,平均成本为 C_1,由于处在规模经济阶段,应当扩大规模至 MES,使生产的平均成本降低为 C^*,否则规模非效率的损失为 $(C_1 - C^*)\times$ 实际产量;当生产处于规模 2 时,平均成本为 C_2,由于处在规模不经济的阶段,应当缩减规模至 MES,使生产的平均成本降低为 C^*,否则规模非效率的损失为 $(C_2 - C^*)\times$ 实际产量。

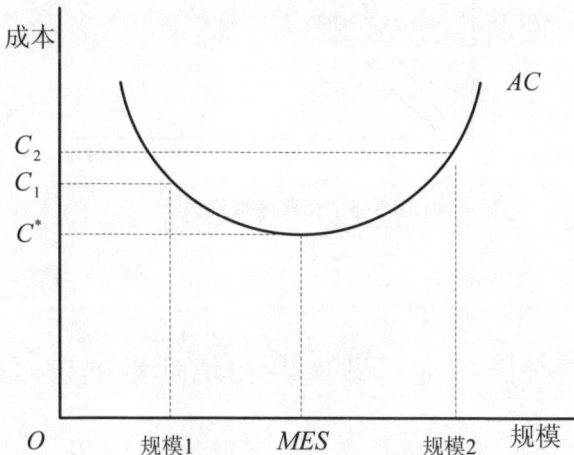

图 5-4　成本—规模关系

基于第 3 节的分析可知,省级层面和基层运营机构层面都有可能出现规模非效率的情况,因此令两者规模非效率导致的经济损失分别为 L_2 和 L_3。并假设两者的最小经济规模分别为 $MES_省$ 和 $MES_基$,处于最小经济规模时的平均成本分别为 $AC_省^*$ 和 $AC_基^*$,两者的实际平均成本分别为 $AC_省$ 和 $AC_基$,实际产出分别为 $Q_省$ 和 $Q_基$,则:

$$L_2 = (AC_省 - AC_省^*)\times Q_省 \tag{5-8}$$

$$L_3 = (AC_基 - AC_基^*)\times Q_基 \tag{5-9}$$

5.4.3 微观层面的绩效损失

以图 5-5 为例,假设规模保持不变条件下生产前沿面为 f_1,管理非效率则表现为运营机构位于 f_1 下方;当调整生产规模实现规模效率时,前沿面上升到 f_2。当运营机构消除管理非效率并且实现规模效率时,投入从 CQ 减少到 AQ。微观绩效损失为 AC,相当于在既定产出水平上投入被节约的数量。

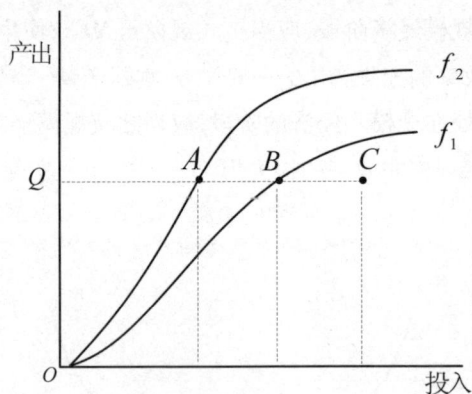

图 5-5 微观绩效损失①

5.5 收费公路行业行政垄断租值耗散的宏观绩效损失

本节从社会福利角度分析行业行政垄断租值耗散对宏观经济绩效的影响。内容主要涉及政府寻租通过管理非效率与规模非效率可能造成运营成本膨胀,同时,将运营过程的高成本利用价格规制方式向社会转嫁从而引起社会福利损失,本节将对这一过程进行分析。

5.5.1 经济学中的社会福利

微观经济学中生产者剩余和消费者剩余通常被结合起来用于分析社会福利问题,我们可以此评价可供选择的市场结构的得失,评价公共政策的得失②。假

---

① 蒂莫西.J. 科埃利等著. 效率与生产率分析引论[M].北京:中国人民大学出版社,2008.
② 平狄克,鲁宾费尔德. 微观经济学[M].北京:人民大学出版社,2000.

设某市场的供给和需求函数分别为 $Q_s = \alpha + \beta P$, $Q_D = \gamma - \delta P$, 当市场均衡时 $Q_s = Q_D$, 市场价格为 P_C , 产量为 Q_C , 市场的生产者剩余由市场价格曲线以下和市场供给曲线以上的面积来表示, 市场的消费者剩余由市场价格曲线以上和市场需求曲线以下的面积表示, 社会福利为市场的生产者剩余和消费者剩余之和①。如图 5-6 所示, 横轴代表产量, 纵轴代表价格, 市场供给曲线为向右上方倾斜的直线, 市场需求曲线为向右下方倾斜的直线, 市场的生产者剩余为阴影面积 AEP_C , 消费者剩余为阴影面积 BEP_C , 社会福利由图中整个阴影部分表示。

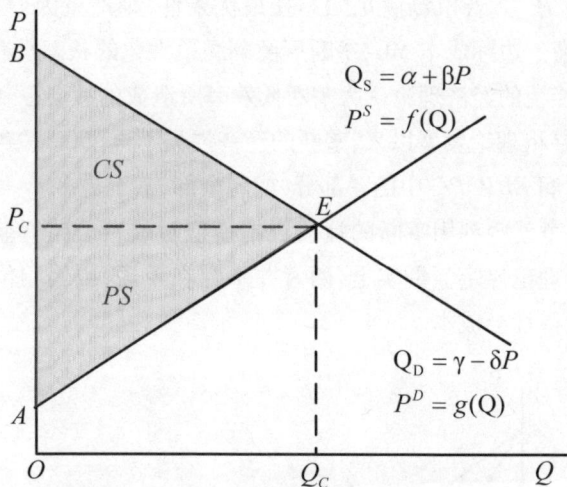

图 5-6　市场的生产者剩余与消费者剩余②

以上生产者剩余与消费者剩余也可以由数学公式表示, 令市场的反供给函数和反需求函数分别为: $P^S = f(Q)$, $P^D = g(Q)$, 市场均衡时价格与产量分别为 P_C 和 Q_C , 则生产者剩余、消费者剩余和社会福利分别为:

$$PS = P_C Q_C - \int_0^{Q_c} f(Q) \, dQ \tag{5-10}$$

$$CS = \int_0^{Q_c} g(Q) \, dQ - P_C Q_C \tag{5-11}$$

$$PS + CS = \int_0^{Q_c} g(Q) \, dQ - \int_0^{Q_c} f(Q) \, dQ \tag{5-12}$$

---

① 高鸿业. 西方经济学(微观部分)(第五版)[M].北京:人民大学出版社,2010.
② 平狄克,鲁宾费尔德. 微观经济学[M].北京:人民大学出版社,2000.

5.5.2　垄断的社会福利损失与价格规制

1. 垄断的社会福利损失

以某代表性垄断厂商为例,其利润最大化原则是边际成本等于边际收益,为简化分析,假设平均成本等于边际成本且为水平直线,如图 5-7 所示,横轴代表产量,纵轴代表价格,AC＝MC 为水平直线,市场需求曲线为向右下方倾斜的直线 D,边际收益曲线 MR 位于需求曲线 D 的下方,从而垄断厂商利润最大化的产量为 Q_m,垄断价格为 P_m。若市场满足帕累托最优条件,则产量为 Q^*,价格为 P^*。显然,垄断价格高于边际成本 MC,垄断厂商利润最大化的状态没有使市场处于帕累托最优状态,传统的经济理论认为垄断低效率所造成的社会福利"纯损"为阴影部分 EBC,但自寻租理论发展以来,垄断的经济损失不再仅仅是"纯损",还要包括垄断厂商经济利润 EBP_mP^* 中的一部分,或者全部,甚至更多。

本研究第 4 章就曾利用垄断的社会成本模型对收费公路行业行政垄断的租值耗散构成进行理论界定。事实上,两者并不存在矛盾,因为租值耗散本身就是从另一个角度看待社会成本。

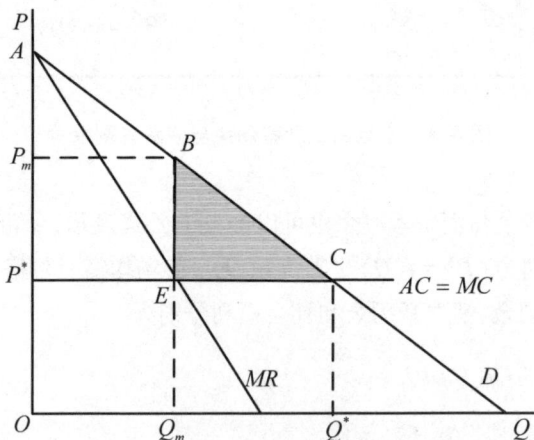

图 5-7　垄断的社会福利损失①

2. 价格规制的社会福利改进

垄断往往导致低效率和不公平,即社会福利"纯损"和消费者剩余向生产者的转移,经济学家普遍认为应当对垄断进行政府干预,这里主要探讨政府对垄断实

---

① W. 基普. 维斯库斯. 反垄断与管制经济学[M].北京:中国人民大学出版社,2010.

行价格管制带来的社会福利的改进。如图5-7所示,为简化分析,依然假设平均成本等于边际成本且为水平直线,当政府以平均成本法规制垄断厂商的产品价格时,价格P_m降为P^*,产量从Q_m增加到Q^*。从整个社会的角度社会福利增加了EBC部分;从消费者的角度,他们能够以更低的价格买到更多的产品;从垄断厂商的角度,虽然垄断利润转化为消费者剩余,但依然可以获得正常利润。

价格规制使低产高价的非效率得以修正,生产以更有利于消费者的方式进行。对于具有自然垄断属性的公益类行业,政府规制在增加社会净产出的同时若能极大改善大众消费者的福利,那么这种规制就能体现行业的社会公益性。

5.5.3 收费公路行业的价格规制

收费公路行业作为具有垄断属性的公共服务类行业,实行价格规制增进社会福利是十分必要的。收费公路行业规制价格的确定方法主要有:级差效益法、类比法和平均成本法等①。在价格规制实务中,类比法结合平均成本法运用较多,这两种方法具有共性之处,都是从生产者角度以收回成本为出发点制定价格标准。

1. 类比法

类比法是指参照可类比的其他收费公路已实行的通行费标准来规制价格。不同收费公路之间在建设成本、运营成本、交通量、区域经济发展水平、使用效率等方面存在较大差异,进行类比时应当选择可比性强的收费公路,并考虑经济发展、环境、交通量、投资结构、可替代程度等多方因素,根据每条收费公路的具体情况进行参数修正。

2. 平均成本法

平均成本法,是根据收费公路投资中贷款本金、利息、公路运营成本(通行费征收成本、养护成本等)、贷款偿还期限等因素来计算收费额,然后按照不同年份、不同车型的交通量预测值反向测算收费标准。按收费性质的不同,平均成本法在政府还贷公路和经营性公路通行费标准制定中的应用有所不同。

(1)政府还贷公路通行费标准制定的平均成本法。政府还贷公路通行费标准制定的平均成本法的总体思路如式(5-13)和式(5-14)所示。

$$\sum_{t=1}^{n} NCF_t \cdot (1+i)^{-t} - I = 0 \qquad (5-13)$$

---

① 徐海成. 公路经济[M].北京:人民交通出版社,2008.

$$NCF_t = f_t \cdot Q_t \cdot L - C_t \tag{5-14}$$

其中，NCF_t 为第 t 年投资收回额（元），n 为贷款或集资款本息偿还期（年），i 为贷款或集资款平均利率（%），I 为贷款或集资款本息（元），f_t 为第 t 年通行费率（元/车·千米），Q_t 为第 t 年交通量（辆），L 为通行车辆平均运行里程（千米），C_t 为第 t 年公路养护、管理费用（元）。

（2）经营性公路通行费标准制定的平均成本法。经营性公路要在特许经营期内收回全部投资并实现预期投资收益，因此按平均成本法制定收费标准时必须考虑投资额、投资要求的回报率、特许经营期限、收费公路运营成本、预期交通量等因素。其制定的总体思路如式（5-15）：

$$\sum_{t=1}^{n} NCF_t \cdot (1 + K)^{-t} - I = 0 \tag{5-15}$$

其中，NCF_t 为第 t 年投资收回额（元），计算方法同前，n 为收费经营年限（年），K 为投资收益率（%），I 为投资现值（元）。

5.5.4 价格规制失效与宏观绩效损失

理论上，按照成本法规制垄断厂商的价格可以增进社会福利，但如果垄断厂商的成本不断膨胀，那么从社会福利损失角度看价格规制就失效了。如图5-8所

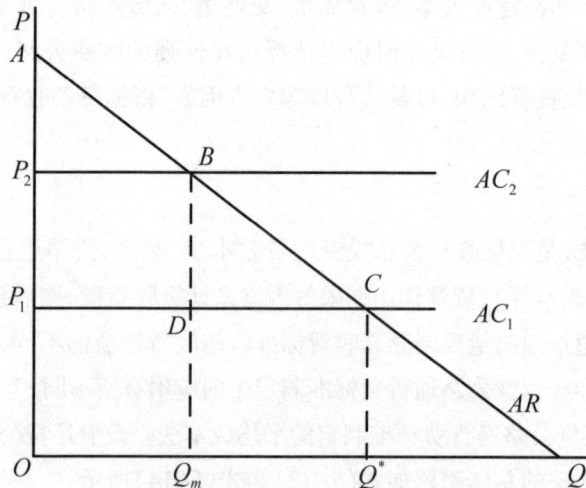

图5-8 成本膨胀的社会福利损失

示，在成本法的价格规制下，当厂商的平均成本为 AC_1 时，社会福利为 ACP_1；当成本上升到 AC_2 时，社会福利为 ABP_2。在成本规制法和成本膨胀的共同作用下，社

会福利的损失为 BCP_1P_2。

1. 运营机构成本膨胀

运营机构的成本虚高导致的运营阶段低效率,管理非效率和规模非效率问题的存在促使运营机构的前沿面逐渐出现退化,成本具有不断膨胀的趋势。如图 5-9 和 5-10 所示,当管理非效率和规模非效率导致生产前沿面逐渐从 $f_1(x)$ 下降到 $f_3(x)$ 时,在相同产出水平下,投入从 QA 增加到 QC,平均成本则从 AC_1 逐渐上升到 AC_3。

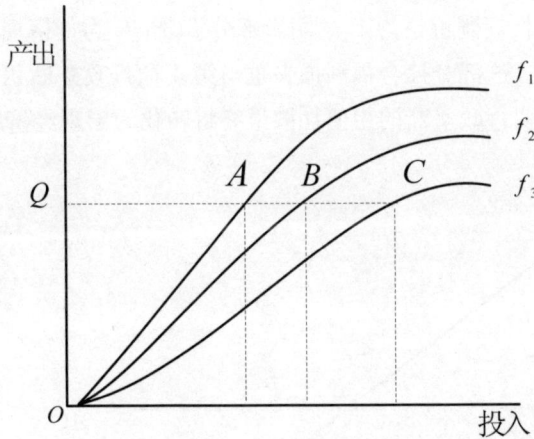

图 5-9 生产前沿面

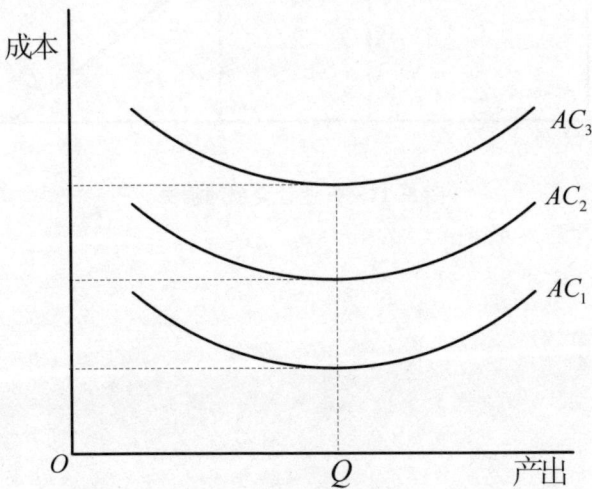

图 5-10 平均成本

2. 价格规制失效与社会福利损失

正如第 3 章所述,我国收费公路收费标准的形成机制是收费标准由收费单位也就是运营机构提出方案,报省级交通主管部门与物价管理部门审批。收费标准方案的制定大多采用类比与平均成本相结合的方法。

由于定价机制是从运营机构回收成本的角度出发,因此当运营机构的成本出现膨胀难以压缩时,价格规制实际是失效的,高成本可以通过这种定价机制向消费者转移,社会福利的损失并不能有效治理。

如图 5-11 所示,当运营机构的成本为 AC_1 时,规制价格为 P_1;当运营机构的成本上升为 AC_2 时,规制价格为 P_2。阴影部分 BCP_1P_2 为价格规制下成本膨胀导致的社会福利损失,这部分社会福利损失也与第 4 章行政垄断租值耗散的主要构成部分相吻合,说明行政垄断的租值耗散最终将转化为宏观经济绩效损失。

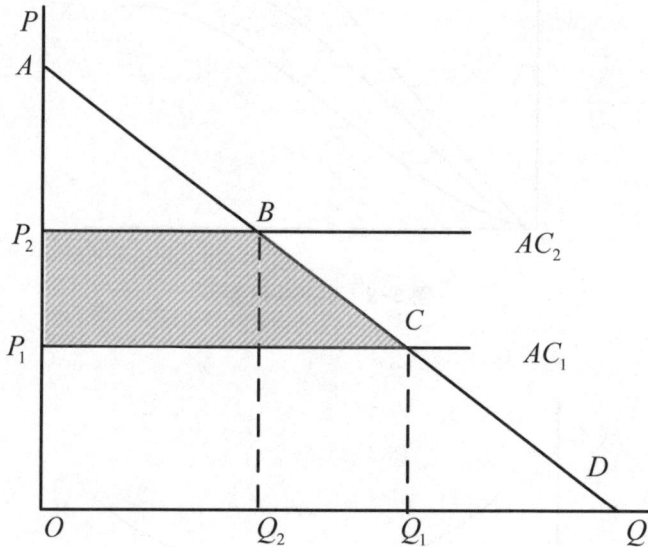

图 5-11 行业社会福利损失

第6章

收费公路行业降低租值耗散的路径选择

　　行政垄断通常被认为是保障收费公路行业规模经济得以实现的有效制度,但本课题组通过前期实地调研与研究发现,在诸多引致租值耗散、降低经济绩效的因素中,行业过度行政垄断下的属地管理体制与"一路一管理处"的运作模式是形成规模不经济从而造成租值耗散的主要途径。因此,本章以实现规模经济为触手,有针对性地为降低行业租值耗散提出路径选择,内容安排如下:首先,在规模经济与有效竞争概念界定基础上,对收费公路行业省级运营机构层面与分公司(管理处)层面的规模经济状况分别进行评价;其次,运用计量经济学方法,对上述两个层面的最优规模区间与最小经济规模进行实证测度,为实现规模经济提供参考标准;最后,参照定量测度标准,提出运营模式改革与跨区域联盟两条改革路径。

6.1　收费公路行业规模经济评价

　　从规模经济与有效竞争概念界定入手,对收费公路行业省级运营机构层面与分公司(管理处)层面的规模经济现状进行分析与评价,为下文的路径选择提供依据。

6.1.1　规模经济与有效竞争

　　前文在分析规模非效率对经济绩效的作用机理时,曾对规模经济概念进行简单界定,并使用公路里程作为规模变量对行业规模效率进行简要分析。本节将结合收费公路行业,从有效竞争角度对规模经济概念进行系统阐释。

　　1940年美国经济学家克拉克在《美国经济评论》上发表《论有效竞争的概念》一文,文中首次提出"有效竞争",并将其定义为"规模经济和市场竞争活力有效地协调,从而形成一种有利于长期均衡的竞争状态"①。国内学者王俊豪围绕有效竞争开展了一系列研究,特别是在《政府管制经济学导论》一书中,明确提出在自然垄断行业中,要以规模经济、范围经济、垄断与竞争等经济理论为依据,在政府引导和监管下,积极引入并不断强化市场竞争机制,最终形成规模经济与竞争活力相兼容的有效竞争②。

规模经济理论属于经济学范畴,是产业组织理论研究的核心问题之一。规模经济研究的是规模与成本之间的关系。规模经济的具体表现是随着企业规模的扩大,单位产品的成本不断降低,从而产生规模经济效应。从技术经济的角度看,在收费公路行业的运营、养护等业务领域,运营成本中的固定成本占比相当高,且均具有明显的不可分割性。另外,收费公路行业存在成本弱增性,即固定里程的收费公路由一家或少数几家企业管理比多家企业管理将具有更高的经济效率,简而言之,在一定区域内针对一定通车里程的公路管理业务,不该存在多家运营企业并存的现象,否则,就会造成规模经济损失,使运营管理成本虚增。

国内一些学者从不同角度对企业规模进行论述,孙晓华③认为,劳动力、生产资料和产品在企业内的集中程度可以反映出企业规模,而受此影响的资源配置水平将决定企业的生产率;各行业内企业规模的集中度将影响行业内生产率水平,决定这个行业未来的发展。余兰④认为,工厂和企业在一定条件下的生产能力或产量就是企业的规模,可以用六种具体指标来度量。夏春玉⑤认为,生产要素在企业内的集中程度例如资产总额是投入角度的企业规模,企业的产出水平例如销售额是产出角度的企业规模。由此可见,企业的经济规模可以从多方面来描述。泰勒尔指出,"在讨论企业经济规模时,认为习惯上要区分横向和纵向两方面。横向方面是指单一产品企业的生产规模或多产品企业的生产范围,纵向方面反映了企业在多大程度上自己生产那些可以从外部购买的商品和服务。"⑥

本研究认为,收费公路行业运营机构的规模可以理解为,通过投入一定的生产要素,运营机构能够为社会提供道路通行服务的能力,这种通行服务的供给能

① CLARK J. M. Toward a Concept of Workable Competition [J].The American Economic Review, 1940,30(2):241-256
② 王俊豪. 论有效竞争[J].中南财经大学学报,1995(5):56-61.
③ 孙晓华,王昀. 企业规模对生产率及其差异的影响——来自工业企业微观数据的实证研究[J].中国工业经济,2014,05(5):57-59.
④ 余兰. 中国企业规模经济现状分析[J].科技情报开发与经济,2004,14(8):194-195.
⑤ 夏春玉,张闯. 大型零售企业规模扩张的理论解读——兼论流通企业的性质、规模与边界[J].商业经济与管理, 2004(11):4-9,29.
⑥ 泰勒尔. 产业组织理论(中译本)[M].北京:中国人民大学出版社,1997.

力由横向规模与纵向规模两种属性共同决定。其中,运营机构的横向规模是指运营机构重复提供通行服务的数量,即运营里程。运营机构的纵向规模是指机构内部为了提供通行服务而包括的生产环节数目,例如建设、运营、养护、路政等。由研究角度决定,本研究所涉及的运营机构的规模应指运营机构的横向规模,即运营里程。

综上所述,本研究以政府还贷公路运营环节为研究对象,选取运营单位所运营的收费公路总里程作为衡量规模水平的指标。由于我国政府还贷公路大多采用纵向一体化的属地管理模式,各省级交通运输厅下设管理平台(通常称为"交投集团"或"高速集团"),集团下再设管理分公司(或管理处),因而下文从上述两个层面对行业规模经济状况予以评价,即省级运营机构层面与分公司(管理处)层面。

6.1.2 省级运营机构层面的规模经济评价

第3章的研究发现,经济社会发展程度与管理体制的不同,导致各省收费公路行业的市场集中度差异较大,即省级运营机构的里程规模具有很大差别。如表6-1所示,陕西省政府还贷公路的主要运营管理主体为陕西省高速公路建设集团公司(2460.49千米)和陕西省交通建设集团公司(2165.31千米)两家;山东省政府还贷公路的主要运营管理主体为山东高速集团有限公司(1824.34千米);安徽省政府还贷公路的主要运营管理主体为安徽省高速公路控股集团有限公司(1907.26千米)与安徽省交通投资集团有限公司(1119.93千米)两家;广西区政府还贷公路的主要运营管理主体为广西交通投资集团有限公司(2370.39千米);等等。可以看出,各省级运营机构之间的运营里程存在差异,有些运营机构里程规模未达到1000千米。

表6-1 2014年省级运营机构运营里程数(单位:千米)

公司	里程
1. 湖北省交通投资集团有限公司	2468.32
2. 山西省交通开发投资集团有限公司	571
3. 北京市首都公路发展集团有限公司	648.61
4. 内蒙古高等级公路建设开发有限责任公司	3975
5. 天津高速公路集团有限公司	887
6. 黑龙江省高速公路集团公司	1215.36
7. 吉林省高速公路集团有限公司	1299.54

续表

公司	里程
8. 河北省高速公路开发有限公司	423.22
9. 湖南省高速公路建设开发总公司	3587.55
10. 江西省高速公路投资集团有限责任公司	3741
11. 河南交通投资集团有限公司	2936.88
12. 山东高速集团有限公司	1824.34
13. 江苏交通控股有限公司	3269
14. 安徽省高速公路控股集团有限公司	1907.26
15. 安徽省交通投资集团有限公司	1119.93
16. 浙江省交通投资集团有限公司	2546
17. 福建省高速公路有限责任公司	3018.86
18. 广东省交通集团有限公司	3328
19. 广西交通投资集团有限公司	2370.39
20. 海南省交通投资控股有限公司	690.22
21. 贵州高速公路集团有限公司	2286
22. 四川省交通投资集团有限公司	3828.4
23. 云南省公路开发投资有限责任公司	1949.81
24. 重庆高速公路集团有限公司	1400
25. 甘肃省公路航空旅游集团有限公司	5598.4
26. 青海交通投资有限公司	875.49
27. 陕西省交通建设集团公司	2165.31
28. 陕西省高速公路建设集团公司	2460.49
29. 宁夏交通投资有限公司	1306

数据来源:29家公路融资平台公司2014年年报。

　　总体而言,各省级运营机构数量较少,政府还贷收费公路运营管理较为集中。由于各省级行政区域的收费公路里程规模存在很大差异,因而省级运营机构所负责运营管理的里程规模差异更加明显,没有呈现出显著的规模经济效益。下文将以 H 省和 S 省为例,对省级运营机构下分公司(管理处)的规模经济进行分析与评价。

6.1.3　分公司(管理处)层面的规模经济评价

第 5 章曾以 H 省为例,对分公司(管理处)运营机构层面的规模状况进行展示,本节将以 H 省和 S 省为案例,对此进行全面分析。

1. H 省案例

(1)H 省收费公路行业规模经济现状。截至 2012 年年底[①],H 省政府还贷公路的总里程为 5029.2 千米,由 H 省高速公路管理局和各地市交通局管理。共有运营机构 43 个(具体情况如图 6-1 和表 6-2 所示),其中,高管局下辖高速公路管理处 14 个,各地市交通局下辖管理处 24 个、公路运营企业 5 个。

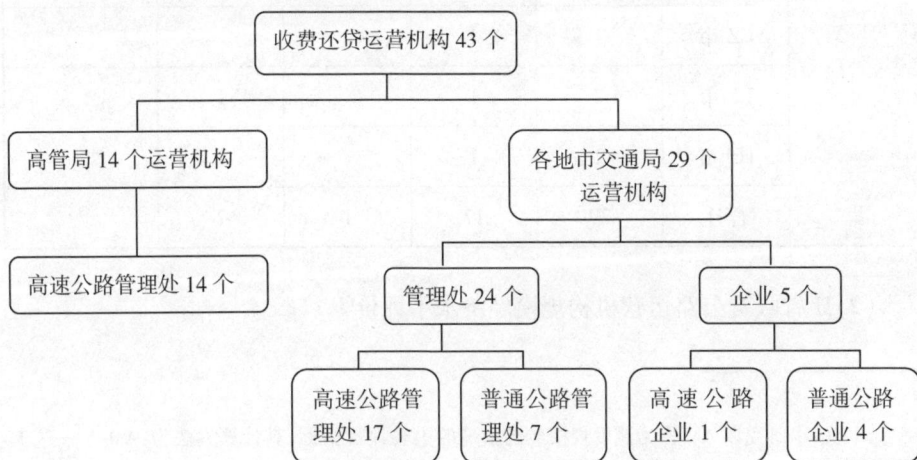

图 6- 1　H 省政府还贷公路运营机构分布

---

① 注:2013—2014 年,受 H 省交通运输厅委托,本研究团队完成了"H 省收费公路行业基于规模经济效率的规制改革研究"课题,其间对 H 省收费公路规模状况进行了较为全面深入的调研,至 2019 年,该省政府还贷公路运营机构状况变化不大,用原 2012 年年底资料并不影响此处分析问题的思路与结论。

表6-2 **H省各地市政府还贷公路运营机构数量统计表**(单位:个)

主管机构	城市	合计	高速公路		普通公路	
			管理处	企业	管理处	企业
地市交通局	SJZ市	2	2			
	TS市	11	3	1	3	4
	HD市	2	1		1	
	XT市	1	1			
	BD市	2	1		1	
	ZJK市	3	3			
	CD市	3	3			
	CZ市	1	1			
	LF市	2	1		1	
	HS市	2	1		1	
	合计	29	17	1	7	4

(2)H省收费公路运营机构规模经济水平评价①

——————————

① 注:本研究以AM作为测度规模经济水平的主要评价指标,其计算方法为:$AM_i = \dfrac{AS_i}{MES}$,其中AS_i为第i个运营机构的实际经济规模,MES为运营机构的平均经济规模。当$AS_i <$ MES时,$AM_i < 1$,此时运营机构规模不经济。AM_i越小说明规模经济水平越低。按AM_i值由小到大将规模经济水平分为5个等级(极低、较低、一般、较高、极高),每个等级对应的赋值分别为(1、2、3、4、5),规模经济水平评语集如下:

等级	极低	较低	一般	较高	高
等级值	1	2	3	4	5
AM	小于0.2	(0.2,0.5]	(0.5,0.7]	(0.7,0.9]	大于0.9

分别统计每个等级中运营机构的个数n_j,j=1,2,3,4,5,将$w_j = \dfrac{n_j}{N}$(其中N为机构总数)作为计算总体规模经济水平时的权重。总体的规模经济水平等级值$= \sum_{j=1}^{5} j \cdot w_j$,根据该值确定总体的规模经济水平等级。

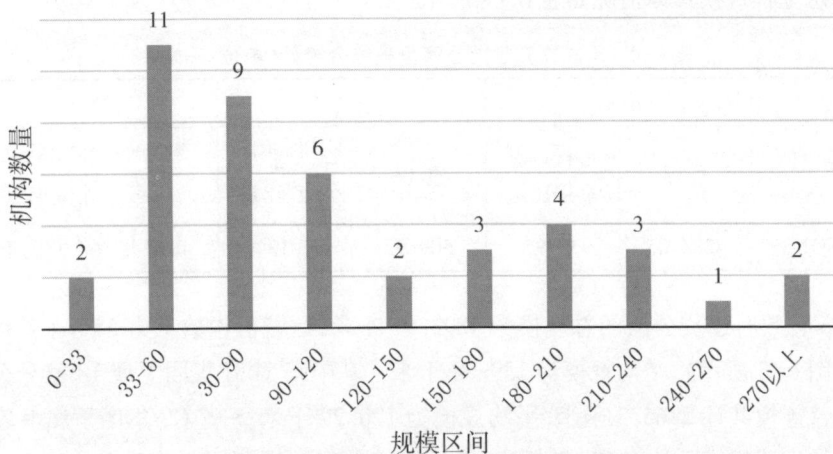

图 6-2 H 省政府还贷公路运营机构规模里程区间分布

通过计算 43 个运营机构的 AM_i 可知:规模经济水平"极低"的机构 29 个,规模经济水平"较低"的机构 13 个,规模经济水平"一般"的机构 1 个。详情如表 6-3所示:

表 6-3 H 省政府还贷公路运营机构总体规模经济水平

等级	极低	较低	一般	较高	极高
等级值	1	2	3	4	5
AM	小于 0.2	(0.2,0.5]	(0.5,0.7]	(0.7,0.9]	大于 0.9
n_j	29	13	1	0	0
所有运营机构规模经济水平等级值	$1 \times \frac{29}{43} + 2 \times \frac{13}{43} + 3 \times \frac{1}{43} \approx 1.35$				

H 省政府还贷公路运营机构的规模经济水平等级值约为 1.35,说明行业中政府还贷公路总体的规模经济水平介于"极低"与"较低"之间,且更靠近"极低"等级。

2. S 省案例

(1)S 省收费公路行业规模经济现状。截至 2013 年年底[①],S 全省政府还贷

---

① 注:本课题组曾受托为 SX 高速集团做"十三五"发展规划及"2018—2022 五年发展纲要",期间对该省政府还贷公路运营规模状况进行全面调研,至 2019 年,该省管理处层级机构设置基本维持原状,所以,原数据资料均可反映该省相关问题现状。

公路总里程规模具体情况如表6—4所示：

表6-4　S省政府还贷公路里程综合统计(单位:千米)

	高速		一级、二级		合计	
	里程	占行业总里程比重	里程	占行业总里程比重	里程	占行业总里程比重
政府还贷	4284.05	93.79%	609.92	71.13%	4893.97	90.21%

　　S省政府还贷公路的总规模为4893.97千米,运营机构数量为35个(具体情况如图6-3所示),平均规模为139.82千米。其中,S省JJ集团下属18家分公司的运营规模共计2165.3千米,平均规模为120.29千米;S省GS集团下属9家分公司的运营规模共计1917.87千米,平均规模为213.10千米。除此之外还有SBH高速公司及各地市交通局下属的7个运营机构。详细情况如表6-5所示:

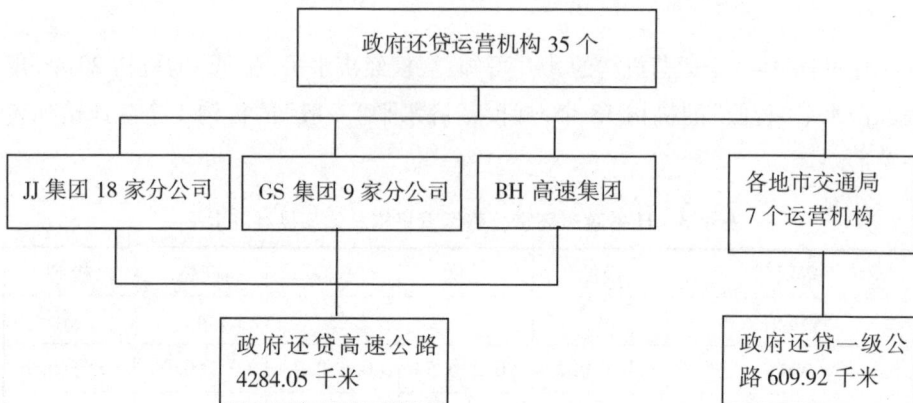

图6-3　S省政府还贷公路运营机构分布

表6-5　S省政府还贷公路平均规模统计表(单位:千米)

	总规模	运营机构数量	平均规模
政府还贷	4893.97	35	139.82
1. JJ集团	2165.3	18	120.29
2. GS集团	1917.87	9	213.10
3. BH高速	200.88	1	200.88
4. 地市交通局	609.92	7	87.13

（2）S省收费公路规模经济水平评价。使用上文方法，计算S省35个运营机构的 AM_i ，计算结果如表6-6所示。其中，S省政府还贷公路规模经济水平"极低"的机构17个，规模经济水平"较低"的机构18个。行业所有运营机构总体的规模经济水平等级值约为1.51，说明与H省相同，S省政府还贷公路总体的规模经济水平也介于"极低"与"较低"之间，且更靠近"极低"等级。

表6-6 S省政府还贷公路运营机构总体规模经济水平

等级	极低	较低	一般	较高	极高
等级值	1	2	3	4	5
AM	小于0.2	(0.2,0.5]	(0.5,0.7]	(0.7,0.9]	大于0.9
n_j	17	18	0	0	0
所有运营机构规模经济水平等级值	$1 \times \dfrac{17}{35} + 2 \times \dfrac{18}{35} \approx 1.51$				

通过对H及S省分公司（管理处）层面运营机构规模经济水平的案例分析可知，收费公路行业分公司（管理处）层面的规模经济状况并不理想。导致这一结果的主要原因是过度行政垄断下严格按照行政区域划分的属地管理模式与分散的管理格局，即一条完整的收费公路首先按照省级行政区域划分，再由省级行业主管部门分配到融资平台公司（高管局）和各地市交通局，最后高管局和各地市交通局所辖路段又按项目被进一步分割。这种"分而治之"的管理模式，在一定的历史背景下虽然促进了行业的发展，但是随着收费公路规模的不断扩张与路网的逐渐完善，该模式伴随的规模不经济的租值耗散现象逐渐显现，严重影响行业的经济绩效。

6.2 收费公路行业最优规模区间测度

降低租值耗散的主要路径是通过运营机构规模结构网络的调整来实现收费公路行业的规模经济。因此，本节对规模结构调整的参照标准进行定量测度与分析。

6.2.1 省级运营机构层面运营规模与经济绩效的关系验证
传统规模经济理论认为，具有规模经济的产业，其规模经济性应存在于特定范围之内,规模过小和过大都会造成产业的规模不经济,即规模与盈利能力之间呈倒 U 型的曲线关系。然而,由于技术经济特点的差别,对于特定行业而言,倒 U 型曲线是否能较为准确地拟合行业的规模经济关系仍存在疑问。因此,这里首先对收费公路行业省级运营机构的运营规模与经济绩效之间的关系进行研究。

1. 指标选择

已有研究选择运营里程和净资产收益率作为反映收费公路企业运营规模与盈利能力的指标,即改变收费公路企业所运营的里程会使净资产收益率也随之发生改变①。本研究认为,由单一盈利能力指标获得的定量结果很难反映运营规模与经济绩效之间的关系。为避免单一指标的片面性与偶然性,这里根据 2002 年交通运输部颁布的《交通部行业财务指标管理办法》②,选择净资产收益率、总资产收益率两个指标作为经济绩效的代理变量。其中,净资产收益率能够反映企业运用自有资产的盈利能力,是反映企业盈利能力的核心指标,总资产收益率则反映企业运用全部资产的盈利能力。

2. 定量分析

由于政府还贷公路数据样本量较小,因此,基于数据合理性、完整性以及科学性考虑,本研究选择江西赣粤高速公路股份有限公司、深圳高速公路股份有限公司、广西五洲交通股份有限公司、广东省高速公路发展股份有限公司 4 家高速公路上市企业 2001—2014 年共 14 年的数据来对行业省级运营机构层面运营规模与经济绩效的关系进行验证,具体数据(各年数据都为当年 4 家企业的平均值)如表 6-7 所示。

表 6-7　4 家高速公路上市企业 2001—2014 年收费里程与运营状况

时间	收费里程(千米)	净资产收益率(%)	总资产收益率(%)
2001	218.46	0.0754	0.0479
2002	235.39	0.0666	0.0434
2003	271.69	0.0972	0.0603
2004	351.92	0.0980	0.0610

---

① 王婕妤. 收费公路产业提高经济绩效的市场结构优化研究[D].西安:长安大学,2013:69-71.

② 注:2002 年交通运输部颁布的《交通部行业财务指标管理办法》中能够反映交通企业财务效率的指标为净资产收益率、总资产报酬率、营业收入利润率、资本保值增值率、成本费用利润率。

时间	收费里程(千米)	净资产收益率(%)	总资产收益率(%)
2005	381. 35	0. 1050	0. 0600
2006	420. 6	0. 1103	0. 0597
2007	434. 55	0. 1110	0. 0580
2008	481. 5	0. 1100	0. 0551
2009	503. 42	0. 1039	0. 0476
2010	557. 42	0. 1051	0. 0439
2011	604. 3	0. 0916	0. 0371
2012	614. 07	0. 0890	0. 0329
2013	652. 66	0. 0880	0. 0200
2014	718. 89	0. 0931	0. 0395

　　利用 MATLAB 软件对净资产收益率、总资产收益率与收费公路运营里程分别进行多项式拟合。

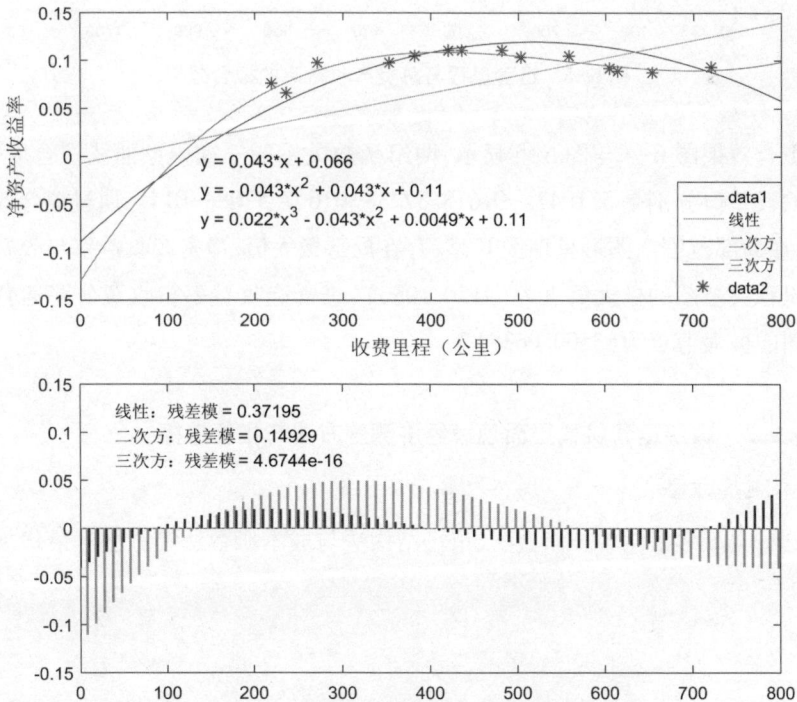

图 6-4　运营里程与净资产收益率的拟合效果

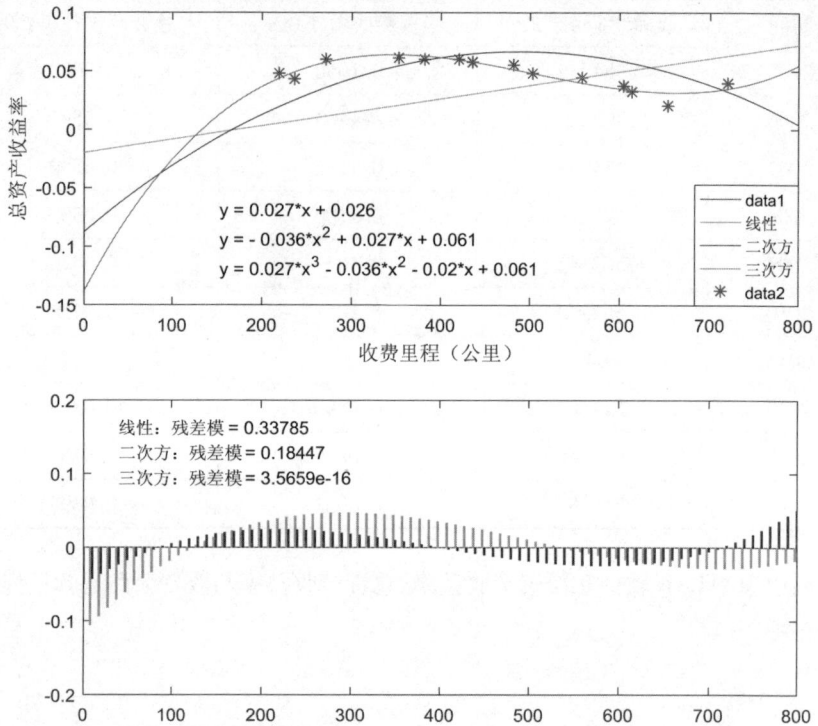

图6-5 运营里程与总资产收益率的拟合效果

　　拟合效果图6-4与图6-5显示,两组函数关系的三次模型曲线拟合度最高,拟合的残差值分别是5.1047e-016、3.3723e-016、7.5708e-014。通过拟合效果图可知,在局部范围内图形呈现倒U型,存在局部极大值,净资产收益率与收费公路运营里程关系图的极大值点为(4150.1086)、总资产收益率与收费公路运营里程关系图的极大值点为(3500.0638)。

6.2.2 省级运营机构层面规模经济测度方法与指标选择

1. 测度方法

已有文献多采用生产函数法、市场结构法与成本函数法等方法对最优规模进行测度①②③④。本研究则根据上文得出的运营里程与净资产收益率、总资产收益率之间的三次函数关系,加入必要的系统变量,建立非线性回归模型:

$$y_j = \alpha x^3 + \beta x^2 + \gamma x + \sum_{i=1}^{n} \mu_i x_i \tag{6-1}$$

其中, $y_j(j=1,2)$ 分别表示净资产收益率和总资产收益率, x 表示运营规模, x_i 表示影响规模效率的其他系统变量,包含行业内系统变量和外界环境系统变量, $\alpha, \beta, \gamma, \mu_i$ 为变量系数。

利用数理统计方法对数据检验、甄别后,选择有效数据对回归模型进行参数估计,利用估计参数拟合绩效随规模的发展变化趋势,以确定收费公路行业的最优经济规模。

将系统变量均值化处理后,令 $y_j \geqslant 0$,得 $x \in [X_1, X_2]$。

基于规模变量与经济绩效之间三次函数关系构建收费公路行业运营企业经济绩效与运营里程之间的回归模型,据此回归模型可以得出以收费运营里程为横轴、经济绩效为纵轴的三次函数曲线,该三次函数存在局部极值且局部呈现正 U 和倒 U 型关系,据此可得曲线上局部经济绩效为正的运营规模区间 $[X_1, X_2]$。

对式(6-1)求收费公路运营里程 x 的一阶导,并令 $y'_j \geqslant 0$,得 $x \in [X'_1, X'_2]$。

对此区间内的曲线进行变化率分析,进而确定局部曲线变化最优状态下的运营规模区间 $[X'_1, X'_2]$,求收费公路运营里程 x 的二阶导,验证 $y'_j(X'_1)$ 和 $y'_j(X'_2)$ 的正负性。

为确保范围的有效性,采用两个经济绩效指标分别重复上述过程,综合分析后确定基于经济绩效最佳状态的最优规模区间 $[X_1^*, X_2^*]$。

2. 收费公路行业省级运营机构层面规模经济测度指标体系构建

基于收费公路行业的经济特征以及指标选择的科学性与数据的完整性考虑,本研究从经济绩效、规模、内部行业运营、外界宏观经济情况四个方面选取测度指标,通过数理分析确定收费公路行业运营企业的最优经济规模。具体指标选取情

① 李怀.基于规模经济和网络经济效益的自然垄断理论创新——辅以中国自然垄断产业的经验检验[J].管理世界,2004(4):61-82.

② HESHMATI A., HAOUAS I. Economies of Scale in the Tunisian Industries[J]. International Journal of Economics and Finance,2013,5(1):48-65.

③ DIEWERT W. E., FOX K. J. On the Estimation of Returns to Sale,Technical Progress and Monopolistic Markups[J].Journal of Econometrics,2004,145(1-2):174-193.

④ LIU A., GAO G., YANG K. Z. Returns to scale in the production of selected manufacturing sectors in China[J].Energy Procedia,2011(5):604-612.

况如下所述：

（1）经济绩效变量。本研究选取净资产收益率和总资产收益率两个指标反映收费公路运营企业的经济绩效。上文在确定运营规模与经济绩效之间关系时，使用的是净资产收益率（Return On Equity）和总资产收益率（Return On Total Assets），下文分别用 ROE 和 ROTA 表示，两个效益指标效果较好，因此，这里仍然以此二者表征收费公路运营企业的经济绩效。其中，净资产收益率越高，表明企业所有者权益的投资回报越高；总资产收益率越高，表明企业运作的整体效果越好。

（2）规模变量。由上文运营规模与经济绩效关系的验证可知，收费公路运营总里程与绩效指标之间呈三次函数关系，且运营总里程的一次项、二次项与三次项系数符号不全相同。因此，存在局部倒 U 型关系，即存在最优运营里程，这与现实情况较为吻合。综上所述，本研究选取收费公路企业运营的总里程（Total Mileage）（千米）作为规模指标，下文用 TM 表示。

（3）系统变量。在规模经济与最优规模的定量研究中，系统变量的选择因研究领域不同而不同。收费公路相关研究更多关注的是财力、物力因素及行业内生变量，忽略了更能反映企业内部结构的人力因素以及影响企业运营的外生环境变量。因此，为了确定最优规模，本研究选取以下 7 个辅助指标，来反映政府还贷公路省级运营单位在运营、养护环节的经营状况。

①年平均养护成本。养护作业是收费公路建成并投入运营后必不可少的工作，具体包括：为保持路况和设施完好而进行的日常维护保养、为加固完善道路及运营设施而进行的专项养护、为恢复或改进原设计功能而进行的大型养护以及为解决因突发事件而造成道路及设施侵害的应急抢修养护。这些高昂的养护成本是收费公路运营过程中的主要费用支出，直接影响着运营单位的经济绩效。本研究选择年平均养护成本（Average Maintenance Cost）（元）表征这一指标，下文用 AMC 表示。

②车流量。车流量的多寡不仅直接决定运营环节的通行费收入与运营成本的大小，也间接反映了消费者对于公路的需求以及经济社会发展状况。本研究选择日均标准车车流量（Traffic Flow）（辆）表征该指标，下文用 TF 表示。

③通行费收入。收费公路"统一领导，分级管理"的行业管理模式导致各地区通行费标准不尽相同。由于通行费标准难以获得，且通行费标准的差异可以体现出相同车流量水平的不同路段的通行费收入差别。因而本研究选择每千米通行费收入（Average Toll Revenue）（元/千米）来反映运营过程中因收费标准不同所产生的经济绩效差别，下文用 ATR 表示。

④资产负债率。收费公路作为关乎国民经济命脉的基础设施,以往实务部门更注重其公益性的发挥。因此,在筹资方式和资本结构方面,无论是政府还是收费公路运营单位都不太重视负债结构对财务杠杆效益的影响。尽管收费公路行业的资产负债率(Debt-To-Assets Ratio)指标已经偏离了一般情况下的合理状态,但是仍然可以从利用债权人资金进行经营活动角度反映运营单位的运营效率状况,下文用 DAR 表示。

⑤员工受教育程度。企业效益与未来发展在很大程度上依赖于员工的受教育程度,适当的人员结构能够促进企业高效运营。收费公路行业属于人力资本密集型行业,不同岗位对人员受教育程度要求亦不相同,因此需要合理的员工受教育程度结构。综上所述,这里选择员工受教育程度结构(Education Structure)作为行业系统变量,即收费公路行业运营企业受过大专及以上教育的职工人数占总职工人数的比例,来衡量人力资本对企业经营效益的影响,下文用 ES 表示。

⑥年主营业务收入增长率。对于企业而言,主营业务是其重要收入来源。主营业务收入的增长情况既可以说明企业所在行业整体经济状况,也可以说明企业自身的竞争力。收费公路运营企业的主营业务是通行费征收及相关业务。在宏观经济环境一定的情况下,年主营业务收入增长率能够揭示企业运营行为产生的经济效益。因此,本研究选择年主营业务收入增长率(The Growth Rate of Main Operating Income),这一行业系统变量反映收费公路⑦企业运营环节主营业务对利润的影响,下文用 OI 表示。

地区 GDP 指数。GDP 是国民经济核算的核心指标,也是衡量一个国家或地区经济发展和市场规模的重要指标。在收费标准确定的情况下,收费公路运营企业的收入主要依赖于车流量,而车流量与经济环境有密切联系。因此,本研究选择 GDP 指数(GDP Index)来反映企业所在地区的外界宏观经济环境对收费公路企业运营效率的影响,下文用 GDPI 表示。

6.2.3　省级运营机构层面规模经济测度

1. 回归分析法的有效性及数据的采集与说明

本研究所用数据均为年度数据,主要来源于 2010—2014 年《中国统计年鉴》《(公路水路)交通运输行业发展统计公报》,2010—2014 年高速公路上市公司年度报告,2010—2014 年交通运输行业地方政府投融资平台公司年度报告、中期债券募集说明书及其信用评级研究和年度跟踪评级研究。依此建立 47 家收费公路省级运营机构层面的运营企业五年间运营状况的样本数据库,如表 6-8 所示,具体见附表7(247页)所示。

表6-8 收费公路运营单位经营情况统计

样本	盈利能力		规模变量	系统变量						
	ROE	ROTA	TM	AMC	TF	ATR	DAR	ES	OI	GDPI
1	0.1613	0.1414	423.22	450000000	105768	2863137	0.1897	0.1488	-0.1002	109.6
…	…	…	…	…	…	…	…	…	…	…
102	0.0845	0.0423	282.00	101494789	125319	9264284	0.4893	0.7006	0.0076	109.4

2. 数据残差分析

使用上述数据,通过 MATLAB 数据分析软件进行残差分析,分析结果如图 6-6 与图 6-7 所示:

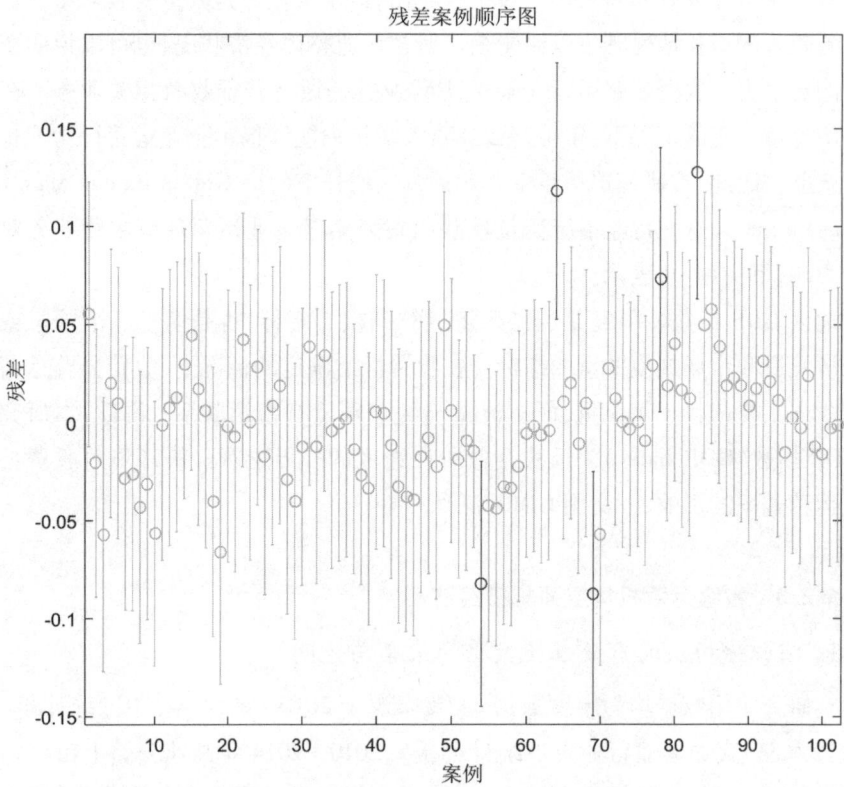

残差案例顺序图

图 6-6 净资产收益率回归分析残差

残差案例顺序图

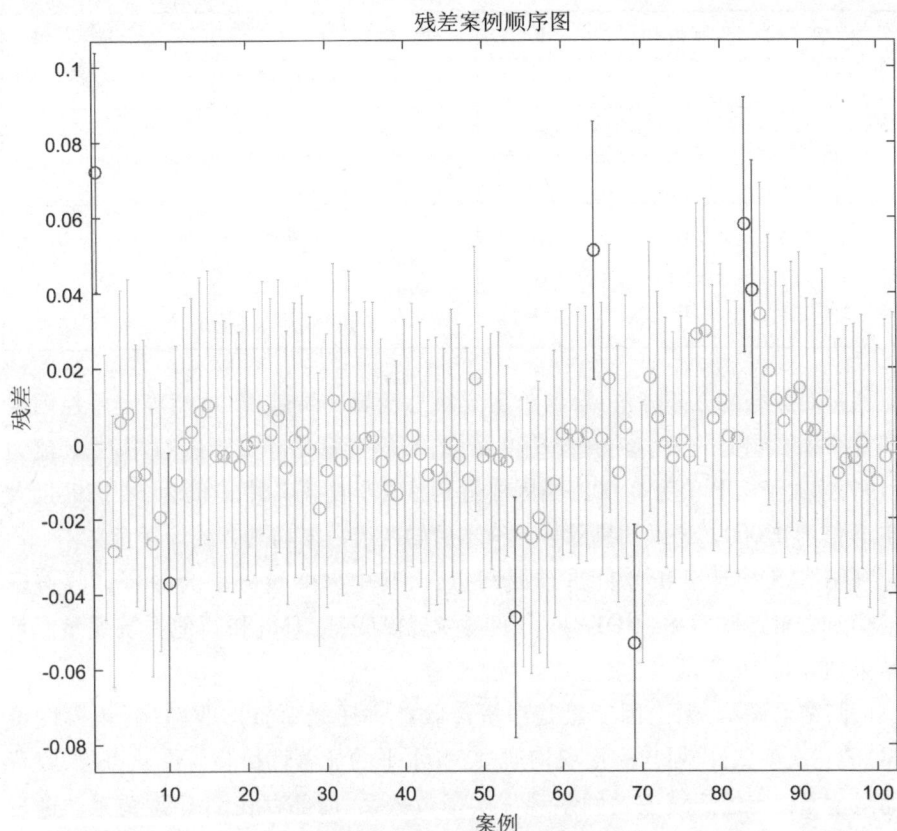

图 6-7 总资产收益率回归分析残差

从图 6-6 可以看出,回归模型能较好地符合原始数据。在净资产收益率回归分析残差图中,除第 54、64、69、78、83 位数据的残差离零点较远,且置信区间不含零点外,其余数据均符合误差检验标准。为最大程度地保证回归模型的有效性,将这 5 个异常点剔除。

从图 6-7 可以看出,回归模型能较好地符合原始数据。在总资产收益率回归分析残差图中,除第 1、10、54、64、69、84、85 位数据的残差离零点较远,且置信区间不含零点外,其余数据均符合误差检验标准。为最大程度地保证回归模型的有效性,将这 7 个异常点剔除。

3. 回归分析

删除图 6-6 中的 5 个异常点样本以及图 6-7 中的 7 个异常点样本,对净资产收益率模型与总资产收益率模型分别进行方差分析以检验数据。

表6-9　方差分析

模型		平方和	df	均方	F	Sig.
1	回归	.159	10	.016	22.196	.000ᵃ
	残差	.061	86	.001		
	总计	.220	96			
2	回归	.063	10	.006	38.029	.000ᵃ
	残差	.014	84	.000		
	总计	.076	94			

　　通过对数据的方差分析,得到单变异对总变异的贡献值,从而确定可控因素对研究结果影响力的大小。由表6-9可知,当因变量是净资产收益率时,F值为22.196,远大于1,P值为0.000;当因变量是总资产收益率时,F值为38.029,远大于1,P值为0.000。这说明剔除异常样本后的两组数据均具有统计学意义。

　　利用SAS统计分析软件进行回归拟合,其中因变量分别为净资产收益率(ROE)和总资产收益率(ROTA),自变量为规模变量(TM)和其他系统变量。具体结果如表6-10所示:

　　回归结果显示,无论因变量是净资产收益率还是总资产收益率,规模变量(TM)的三次项、二次项与一次项均通过5%水平的显著性检验。由此可见,收费公路运营里程与经济绩效之间呈现三次函数关系,局部存在倒U型关系。这表明,收费公路行业在局部范围内存在最优规模。

　　依据上述回归结果,对各变量采用全部入选法建立方程:

$$ROE = -(1.513E\text{-}12)TM^3 + (1.971E\text{-}8)TM^2 - (7.712E\text{-}5)TM + (2.670E\text{-}11)$$
$$AMC - (1.030E\text{-}9)TF + (1.032E\text{-}11)ATR - 0.111ES + 0.018OI + 0.002DAR +$$
$$0.003GDPI - 0.195; \tag{6-2}$$

$$ROTA = -(4.296E\text{-}13)TM^3 + (5.752E\text{-}9)TM^2 - (2.395E\text{-}5)TM + (8.176E\text{-}12)AMC - (2.322E\text{-}10)TF + (8.438E\text{-}12)ATR - 0.089ES + 0.008OI - 0.007DAR + 0.114。 \tag{6-3}$$

4. 适度经济规模区间及最小经济规模的确定

　　根据ROE、ROTA表达式,使用剔除异常点后的原始数据,求出系统变量中各个指标的均值,带入式(6-2)与式(6-3),求得收费公路省级运营企业关于规模里程与净资产收益率、总资产收益率之间的单变量表达式:

$$^*ROE = -(1.513E\text{-}12)TM^3 + (1.971E\text{-}8)TM^2 - (7.712E\text{-}5)TM + 0.099 \tag{6-4}$$

表 6-10 ROE 和 ROTA 的回归系数

模型	净资产收益率 ROE					总资产收益率 ROTA				
	非标准化系数		标准化系数	t	Sig.	非标准化系数		标准化系数	t	Sig.
	B	标准误差				B	标准误差			
（常量）	-.195	.156		-1.246	.216	.114	.078		1.459	.148
TM^3	-1.513E-12	.000	-1.415	-2.590	.011	-4.296E-13	.000	-.680	-1.521	.032
TM^2	1.971E-8	.000	3.195	3.574	.001	5.752E-9	.000	1.574	2.162	.033
TM	-7.712E-5	.000	-2.282	-5.367	.000	-2.395E-5	.000	-1.191	-3.487	.001
AMC	2.670E-11	.000	.319	4.238	.000	8.176E-12	.000	.164	2.638	.010
TF	-1.030E-9	.000	-.016	-.261	.795	-2.322E-10	.000	-.006	-.123	.902
ATR	1.032E-11	.000	.249	3.853	.000	8.438E-12.	.000	.345	6.413	.000
DAR	-.111	.020	-.426	-5.434	.000	-.089	.010	-.555	-8.637	.000
ES	.018	.013	.087	1.389	.169	.008	.006	.065	1.282	.203
OI	.002	.015	.008	.123	.902	-.007	.007	-.048	-.914	.363
GDPI	.003	.001	.139	2.193	.031	.000	.001	-.017	-.319	.751

$$^* ROTA = -(4.296E-13)TM^3 + (5.752E-9)TM^2 - (2.395E-5)TM + 0.071$$
$$(6-5)$$

对 $^*ROE$、$^*ROTA$ 求 TM 的一阶导,得

$$\frac{d*ROE}{dTM} = -(4.539E-12)TM^2 + (3.942E-8)TM - (7.712E-5) \qquad (6-6)$$

$$\frac{d*ROTA}{dTM} = -(1.489E-12)TM^2 + (1.15E-8)TM - (2.395E-5) \qquad (6-7)$$

根据式(6-4)与式(6-6)绘制净资产收益率及其变化率与收费公路运营里程之间的关系图6-8;根据式(6-5)与式(6-7)绘制总资产收益率及其变化率与收费公路运营里程之间的关系图6-9。由图6-8和图6-9可知,在收费公路运营里程的局部区间,净资产收益率和总资产收益率均存在局部最优,且两者的变化率在局部位置存在极值。

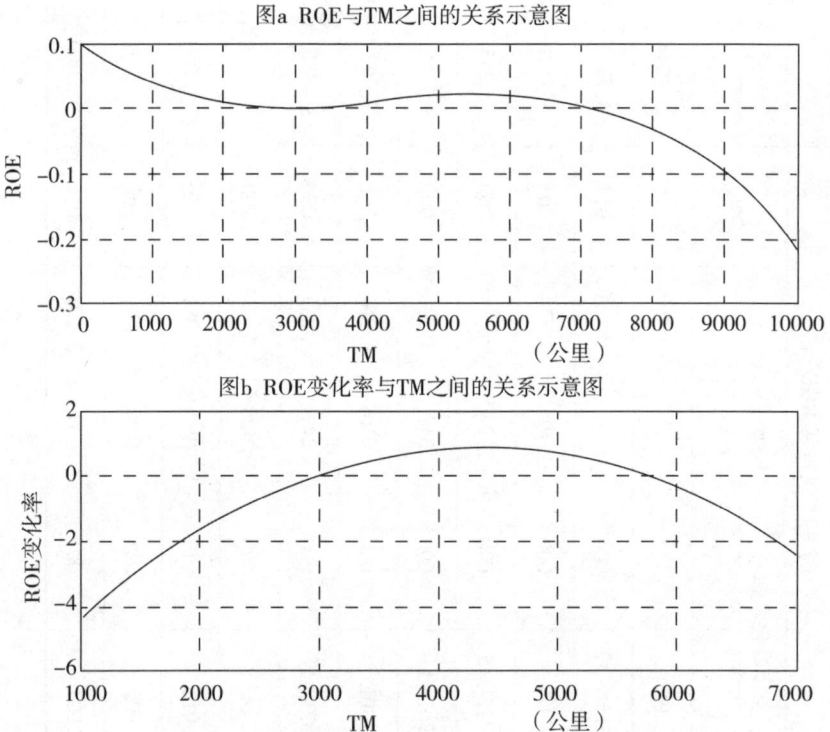

图a　ROE与TM之间的关系示意图

图b　ROE变化率与TM之间的关系示意图

图6-8　ROE、ROE 变化率与规模里程曲线图

由式(6-4)与图6-8a可知,净资产收益率的倒 U 型局部最优区间为 $[2990km, 7074km]$;令 $\dfrac{d*ROE}{dTM} = 0$。可得 $TM_1^{*ROE} = 2976$、$TM_2^{*ROE} = 5708$;对

图a RO TA与TM之间的关系示意图

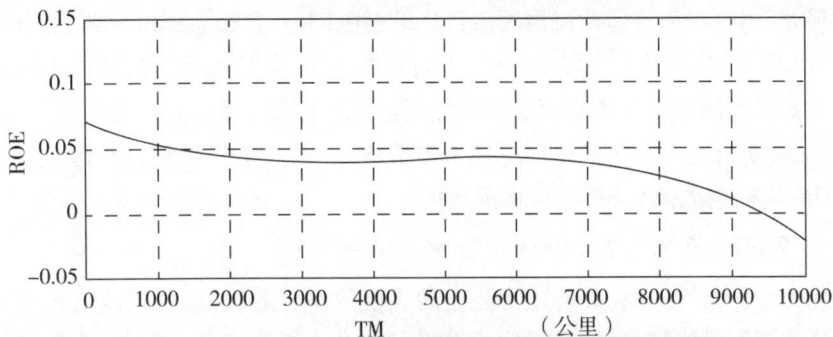

图b RO TA变化率与TM之间的关系示意图

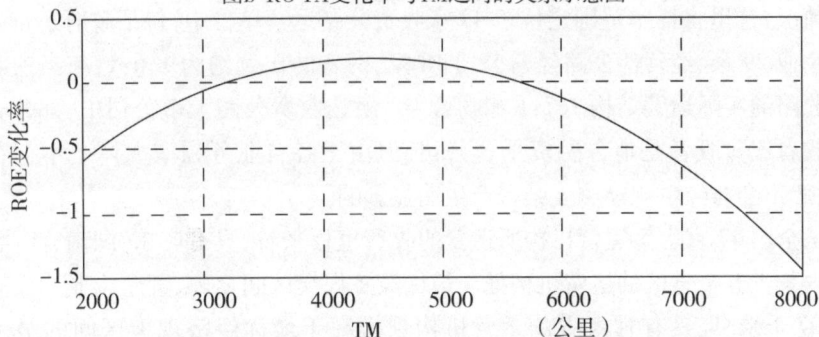

图6-9 ROTA、ROTA 变化率与规模里程曲线

$*ROE$ 求 TM 的二阶导并带入 TM_1^{*ROE}、TM_2^{*ROE} 可知 $*ROE''(TM_1^{*ROE}) > 0$、$*ROE''(TM_2^{*ROE}) < 0$,结合图 6-8b 可知,ROE 变化率的局部最优区间为 [2976km,5708km]。因此,对于净资产收益率而言,收费公路运营里程的最优区间为 [2990km,5708km]。

由式(6-5)与图 6-9a 可知,总资产收益率的倒 U 型局部最优区间为 [3300, 6716]。令 $\dfrac{d*ROTA}{dTM} = 0$,可得 $TM_1^{*ROTA} = 3307$、$TM_2^{*ROTA} = 5619$;对 $*ROTA$ 求 TM 的二阶导并带入 TM_1^{*ROTA}、TM_2^{*ROTA} 可知 $*ROTA''(TM_1^{*ROTA}) > 0$、$*ROTA''(TM_2^{*ROTA}) < 0$。结合图 6-9b 可知,ROTA 变化率的局部最优区间为 [3307km, 5619km]。因此,对于总资产收益率而言,收费公路运营里程的最优区间为 [3307km,5619km]。

综合考虑收费公路行业运营公司的净资产收益率和总资产收益率,省级运营机构层面收费公路运营里程的最优规模区间为 [3307km,5619km],最小经济规模为 3307 千米。当收费公路省级运营机构的运营总里程小于 3307 千米时,该收费公路运营机构尚未达到规模经济状态,尤其是在里程小于 2976 千米时,规模经济效率最差;当收费公路运营机构的运营总里程在 3307 千米与 5619 千米之间时,扩大运营规模可以降低平均成本,从而提高利润水平,尤其是当运营里程达到 4450 千米时规模经济效果最为显著;当收费公路运营机构的运营总里程大于 5619 千米时,该收费公路运营机构出现规模不经济状况,尤其是当收费公路运营里程超过 7074 千米时规模经济情况会逐渐恶化。

5. 省级运营机构层面规模经济测度结果评价

相对于经营性公路,政府还贷公路的规模效率普遍较差,仅以政府还贷公路作为样本测度最优规模区间,得到的结果可能会小于真实值。因此,为反映行业整体情况,这里将样本范围限定于 47 家收费公路运营单位中,包括政府还贷公路经营企业 29 家、经营性公路经营公司 18 家,两者的比例约为 1.6∶1,与当前我国收费公路的实际运营结构 1.7∶1 相吻合①。所选收费公路上市公司中,部分企业的控股者或参股者是地方融资平台公司,但由于各自业务领域大体上不存在关联,因此不会对经济规模测度结果产生明显影响。

从全国 47 家省级运营机构所运营的收费里程来看,只有广东、湖南、江西、四川及内蒙古五个省区的运营机构处于最优经济规模区间之内,其余企业均没有达到 3307 千米,且只有甘肃省的运营机构规模高于最优经济规模区间的最大值 5619 千米;除了部分企业处于盈利状态外,其他企业都表现出较差的运营效率,有些企业甚至处于长期亏损状态②。与钢铁业等其他行业相比,收费公路行业的规模经济效益较差,运营模式不具有规模效率③。

6.2.4 分公司(管理处)层面规模经济测度与分析

我国收费公路的管理体制多为各省区市下设高速公路管理局或收费公路经营企业,高速公路管理局再下设多个管理处,收费公路经营企业集团则下设多个管理分公司。因此,通过实现管理处或分公司层面的规模经济亦是本研究降低租值耗散的重要途径之一。

上文测度省级运营机构层面的最优规模区间时所使用的方法对样本量要求

---

① 数据来源:《2014 年全国收费公路统计公报》。

② 张蕊,刘小玄. 转型时期不同所有制企业的规模边界[J].财经科学,2013,12(309):38-46.

③ 王帅. 产融型企业集团规模经济效应度量模型的构建及其实证研究[J].财经理论与实践,2013,11(186):92-96.

较高,而管理处或分公司层面的数据难以系统收集。因而,这里借鉴王婕妤[1](2013)的方法对管理处或分公司层面的规模经济参照标准进行测度。

本研究选取S省高速集团下的五家收费公路运营分公司2011—2013年共3年的财务数据作为研究样本,得到分公司(管理处)层面的经济规模区间为[656km,978km],最小经济规模为656千米[2]。当分公司(管理处)层面的运营单位运营总里程小于656千米时,该收费公路运营单位尚未达到规模经济状态,我国多数分公司(管理处)的运营里程不足200千米,远远低于最小经济规模;当运营总里程在656千米与978千米之间时,扩大运营规模可以降低平均成本,从而实现经济组织的规模经济,即扩大企业生产规模会提高生产效率;当收费公路运营单位的运营总里程大于978千米时,再次出现运营单位规模不经济现象,此时无论是基于纵向还是基于横向的经济联系,收费公路运营单位都表现为集聚不经济,即因集聚不合理或集聚超过一定限度导致生产成本上升、企业利润下降。

由上文H省与S省分公司(管理处)层面的运营机构数据可知,H省政府还贷公路运营机构共计43个,最小规模为25.9千米,最大规模为437.5千米,平均规模为117千米。S省政府还贷公路的总规模为4893.97千米,运营机构数量为35个,平均规模为139.82千米。两省分公司(管理处)层面的运营机构的平均规模与656千米的最小经济规模相去甚远。即使是H省规模最大的管理处,其437.5千米的规模与656千米也还有一定差距。通过上述分析,我国收费公路行业分公司(管理处)层面的规模经济状况可见一斑。

6.3 规模经济实现路径之———运营管理体制改革

2004年国务院颁布的《收费公路管理条例》规定:"省、自治区、直辖市人民政府交通主管部门对本行政区域内的政府还贷公路,可以实行统一管理、统一贷款、统一还款。"在这一文件指导下,行业内严格按照行政区域设置运营机构,这种属地管理模式阻碍了最优规模的形成,造成严重的租值耗散。本节和下节将结合上两节研究结论,提出省级运营机构层面及其下属分公司(管理处)层面实现最优规

---

① 王婕妤,徐海成. 基于实现有效竞争的基础设施产业规模效率研究[J].西北大学学报(哲学社会科学版),2013,43(1):121-125.

② 注:所使用指标、方法均参照王婕妤的研究成果,仅研究对象与数据与其不同,故此处将详细的计算过程省略。

模从而降低租值耗散的路径选择。

中国绝大多数省级收费公路运营机构及其下属分公司(管理处)的运营里程都远远低于最优经济规模水平,究其原因,正是收费公路运营管理体制中存在的过度行政垄断,影响行业内的规模效率。因此,推行有效的运营管理体制改革是收费公路行业各行政区域内实现规模经济从而降低租值耗散的主要路径。本节仍以 H 省为例,针对行政区内的规模不经济问题做出以运营管理体制改革为主导的降低租值耗散的路径选择。

6.3.1 改革目标及思路

收费公路运营管理体制,是指以保证收费公路运营管理活动有效开展为目的的组织形式和作用机制。在"统一领导,分级管理"的管理模式下,我国尚未形成全国统一的收费公路运营管理体制①。纵观各省区市政府还贷公路运营管理体制,经过近十年的事业型高速公路管理局的企业集团化改制,各地交通主管部门结合自身实际情况大致形成三类运营管理体制。但无论是省级交通运输厅下设事业型高速公路管理局直接运营管理、省级交通运输厅下设企业型高速公路集团公司统一运营管理还是交通主管部门统一领导、公路管理机构实施行业管理、路段公司或管理处负责具体经营,最终的组织形式基本都为各层级下按路段成立运营公司或管理处负责经营收费公路,即形成了"一路一公司"或"一路一处"的管理格局。

这种特有的组织形式与我国收费公路的融资模式有关。从公路收费政策出台至今,在专项税收长期严重不足的情况下,只能通过银行贷款和吸引社会投资来筹措建设资金。出于融资项目的可执行性考虑,绝大部分的收费公路都是分区域、分路段举债建设,建成后也顺势按照路段成立运营公司或管理处负责运营管理,导致各自分管路段里程长短不一,无法顾及规模经济。

运营管理体制改革的目标就是通过扩张策略(横向联合或兼并)使各省区市内收费公路趋向规模化经营,尤其是对政府还贷公路实现省级集中管理。具体做法为,将以地方政府作为业主的收费公路,无论其收费性质或技术等级,全部上交到交通运输厅层面进行统管,减少运营机构数量,扩大主体运营机构的规模里程,从提升规模经济角度降低行业运营层面的租值耗散。

---

① 注:国务院办公厅关于交通部门在道路上设置检查站及高速公路管理问题的通知中规定:"各地对高速公路管理的组织机构形式,由省、自治区、直辖市人民政府根据当地实际情况确定,暂不作全国统一规定。"

具体思路为,将省区市内政府还贷公路与经营性公路进行分类管理,分别交由不同的省级收费公路管理机构经营管理,以提高省级运营机构层面的规模经济;在上述分类基础上,以本研究测度所得的分公司(管理处)层面的最小经济规模656千米为参考标准,根据一定原则成立政府还贷公路管理处,以提高分公司(管理处)层面的规模经济。

下文将以H省为例,来详细阐述通过运营管理体制改革提高规模效率从而降低租值耗散的具体改革路径。

6.3.2 省级运营机构层面的改革路径

H省收费公路的历史发展背景及现有管理体制造成H省收费公路项目管理主体多元化,致使各项目业主所管理的公路里程规模未达到最小经济规模标准。因此,对于H省收费公路行业组织层面的设置,建议实行下述方案,即在H省交通运输厅下设置两个收费公路管理机构:一是以管理政府还贷公路为主的省高速公路集团公司(或省高管局),二是以管理经营性公路为主的省交通投资集团。组织结构如图6-10所示。由于本研究的主要研究对象为政府还贷公路,因此下文主要围绕政府还贷公路进行阐述。

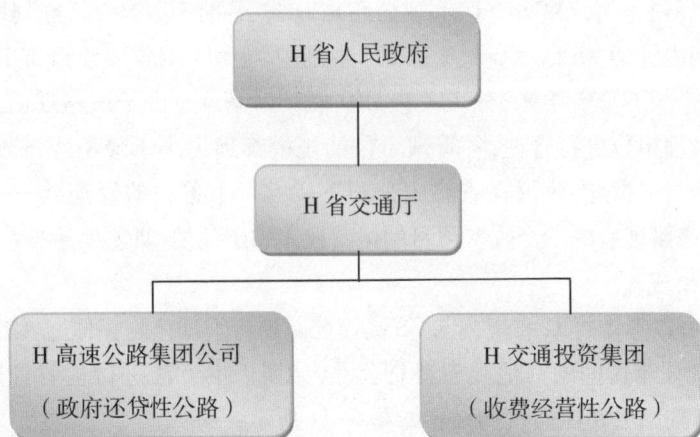

```
┌─────────────────┐
│   H省人民政府    │
└─────────────────┘
         │
┌─────────────────┐
│    H省交通厅     │
└─────────────────┘
    ┌────┴────────────────┐
┌──────────────┐    ┌──────────────┐
│ H高速公路集团公司 │    │  H交通投资集团  │
│ (政府还贷性公路) │    │ (收费经营性公路) │
└──────────────┘    └──────────────┘
```

图6-10 整合后的H收费公路行政管理机构设置

负责运营管理政府还贷公路的省高速公路集团公司名为企业单位,但实际上仍实行事业体制。由于在财务上实行"统收统支"管理,所有收费收入、各项开支及债权债务的管理全部由省交通主管部门承担,集团公司实质上是政府部门的延伸,具有部分政府职能。集团公司内设立相应管理处,负责全省境内政府还贷公路的各项运营管理工作①。

将各地市交通局管辖的收费公路统一上交给集团公司管理后,根据 2012 年年底的数字推算,集团公司负责的收费公路总里程可达到 5029.2 千米,十分接近 5619 千米这个规模里程的上限。动态分析,例如政府还贷一、二级公路到期停止收费后成为普通公路转由省公路局管理以及一些建设项目完工形成的新增通车里程,集团公司所负责的政府还贷公路总里程预期会与 3307 千米到 5619 千米的理想规模水平十分接近,即运营管理体制改革会使省级运营机构层面的规模经济水平提高。

6.3.3 分公司(管理处)层面的改革路径

与省级运营机构层面运营管理体制改革所依据的政府还贷公路与经营性公路分类管理的原则不同,分公司(管理处)层面的改革较为复杂。以本章第 2 节测度所得的最优规模区间作为标准,提出按照"一路一管理处"划分②、按照行政区域划分、按照省高速公路网规划划分三种原则进行分公司(管理处)层面的运营管理体制改革的路径设计,并以 H 省为例进行实证分析。

1. 按照"一路一处"划分的经营模式

以 ZS 高速为例,ZJK 至 SJZ 高速公路是 H 省公路建设"十五"规划以及 H 省高速公路网主骨架"五纵、六横、七条线"规划中"五纵"的重要组成部分,目前已全线通车,全长 602.5 千米,分 ZJK 段、BD 段、SJZ 段③。由于该路现由三个不同的地市级管理单位进行管理,各管理单位的规模都远远小于最小经济规模,租值耗散较为严重。据此,建议在省集团公司下成立一个单独的管理处——ZS 高速管理处,将该路现有的三个收费项目的运营权集中于该处,真正实现"一路一管理处"的运营模式。

另外,可以考虑将 H 省境内与 ZS 高速公路现行管理体制相似、全线通车里程在 656~978 千米区间的其他政府还贷公路,参照以上方法进行运营管理体制改革。最终省集团公司层面机构设置如图 6-11 所示:

---

① 注:将原来由各地市做业主的政府还贷公路项目也并入高管局管理体系。
② 注:这里所指"一路一处"与前文有所不同,指一条完整路段设立相应管理处。
③ 注:目前 ZJK 段(223.8 千米)由 ZJK 市交通运输局下的高等级公路资产管理中心下 ZS 高速公路 ZJK 管理处管理,BD 段(289.8 千米)由 BD 市交通运输局的桥梁通行费管理处管理,SJZ 段(88.9 千米)由 SJZ 公路局下 ZS 高速公路筹建处管理。

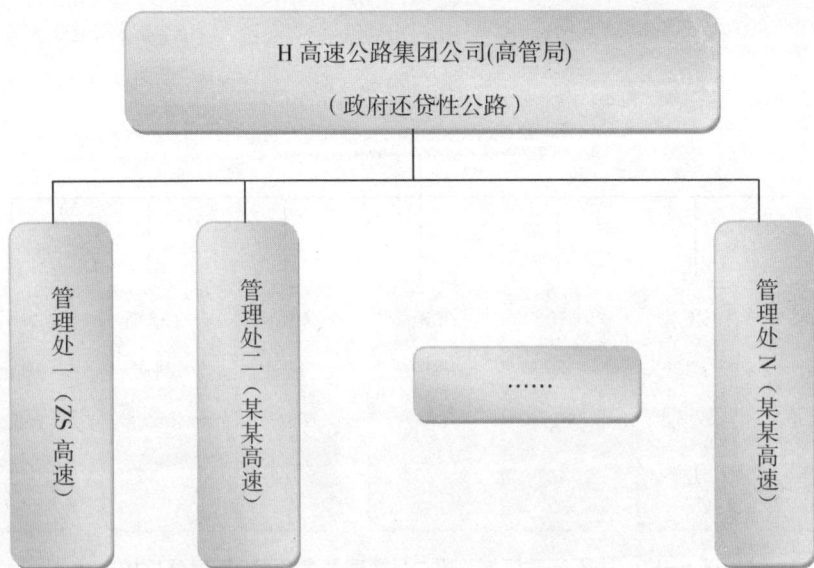

图 6-11 按照"一路一处"原则的管理处机构

2. 按照行政区域划分"一管理处多项目"经营模式

根据行政区域,将 H 省由南向北划为七个大区域交通版块,H 省高速集团公司下可设七个管理处,各自负责一个区域板块内的相关政府还贷高速公路的运营管理工作,各管理处的平均规模水平调整到 656 千米至 978 千米的最优规模区间之内。具体结构如图 6-12 所示:

首先,需指出上述整合规制建议是出于两方面的考虑:一是将地理位置相邻行政区域内所有收费公路项目交由一个管理处管理,优点是在保证运营业务正常开展的同时,管理机构得以精简、管理成本得以减少、管理效率得以提高、行业的有效竞争得以推动;二是出于各管理处规模经济水平因素的考虑,通过该方式整合后,七个管理处的最大规模里程为 CH 管理处(805.3 千米),最小规模里程为 SY 管理处(626.4 千米),平均规模里程为 732.87 千米,完全达到管理处层面 656~978 千米的最优规模区间,实现了适度规模水平,预期可大幅度降低运营成本。

其次,需指出上述改革方案并不是唯一的、固定的选择。因为路网的发展与完善是一个动态变迁过程,而上述整合方案是根据 2012 年年底收费公路存量数字制定的。事实上,在研究进行期间该存量已发生许多变化。如 2013 年期间,H 省高速公路续建 22 条(段)(1886 千米),建成通车 8 条(段)(518 千米),这些新

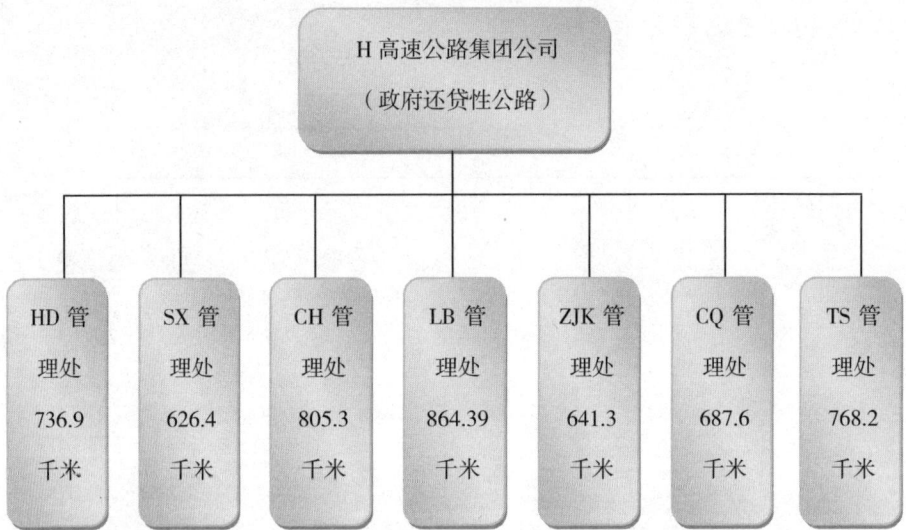

图6-12 按照行政区域划分"一管理处多项目"管理处机构

增数据未被考虑在上述方案内。

综上所述,本研究仅是提出一个运营管理体制改革方案的基本思路,即将一个或相邻几个行政区域内的所有政府还贷公路项目的运营管理业务交由集团公司下属的一个管理处负责,以保证管理处运营规模处于经济规模区间内。

3. 按照省高速公路网规划划分"一管理处多项目"经营模式

2003年,H省在全国率先提出"路网"概念,确定了"五纵、六横、七联、八支"的高速公路网新布局。省高速公路网是全省公路网中功能层次最高的公路主通道,也是全国及京津冀地区高速公路网络及综合运输体系的重要组成部分。H省高速公路网布局方案可以梳理为"五纵(2340.1千米)、六横(1578.1千米)、七联(1802.7千米)、八支(813.7千米)",简称"5678网"。

按照"适度超前"原则,建议根据省高速路网规划,集团公司下设9个管理处,管理处一(699.9千米)、二(1006.6千米)、三(633.6千米)负责纵向五条主线高速公路的运营管理工作,管理处四(856.1千米)、五(722千米)负责横向六条主线的运营管理工作,管理处六(960.7千米)、七(842千米)负责联线八条高速公路的运营管理工作,管理处八负责八条支线高速公路(813.7千米)的运营管理工作,管理处九负责原市管普通政府还贷公路(679.9千米)共12个收费项目的运营管理工作。具体机构设置如图6-13所示:

这种整合方案的优点是充分考虑到省内路网的统一性、整体性与系统性,将

```
                                      ┌──── 管理处一（负责纵一、纵二）
                                      │
                                      ├──── 管理处二（负责纵三、纵四）
                                      │
                                      ├──── 管理处三（负责纵五）
                                      │
                                      ├──── 管理处四（负责横一、横二、横三）
                                      │
┌─────────────────┐                   ├──── 管理处五（负责横四、横五、横六）
│ H 高速公路集团公司 │───────────────────┤
│  （政府还贷公路）  │                   ├──── 管理处六（负责联一、联二、联三）
└─────────────────┘                   │
                                      ├──── 管理处七（负责联四、联五、联六、联七）
                                      │
                                      ├──── 管理处八（负责八条支线高速）
                                      │
                                      └──── 管理处九（负责普通政府还贷公路）
```

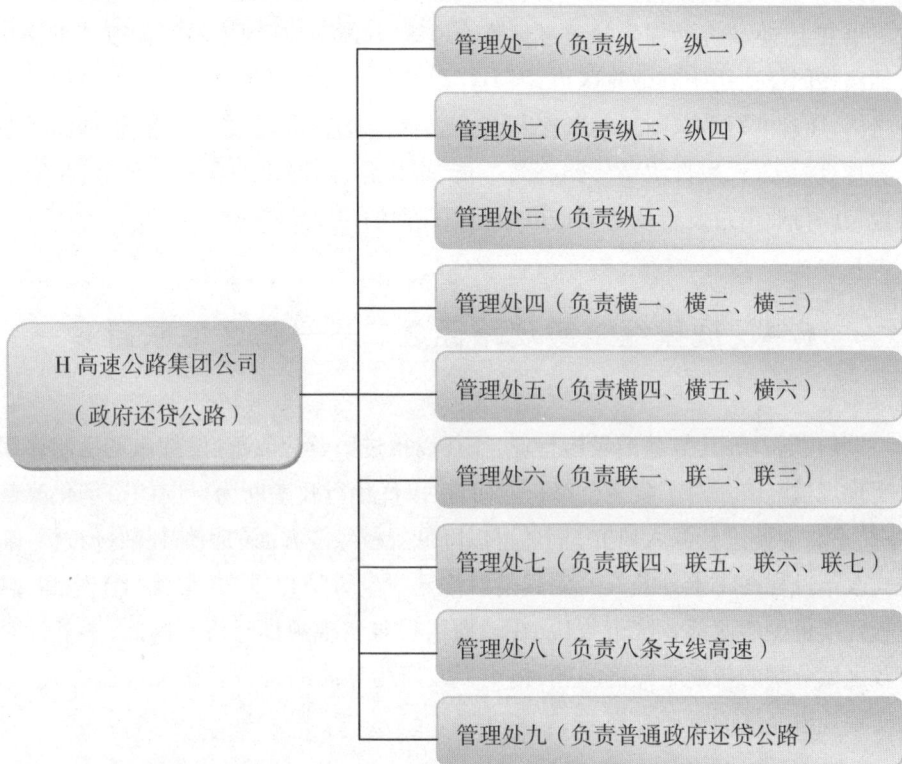

图 6-13　按照省高速公路网规划"一管理处多项目"管理处机构

各主线的运营管理权交由一个管理处管理,既优化了全线管理,也可以严格设置主线收费站间的距离,有利于便捷畅通,从管理上消除了收费公路路网特别是高速公路路网分割问题,能更好地发挥收费公路的整体效益优势。

难点在于各地方政府的阻力会较大,现有的债务债权问题不容易解决。本研究建议使用集中经营方式,采取"省级统一收费、统一拆账、按比分成"的方式来消除收费公路路网分割问题。

6.3.4　总结

通过政府规制下行政区域内运营机构的横向联合或兼并的方式,可以实现省级范围内收费公路的统筹管理,进而形成优势互补、规模经营和滚动发展的良性循环局面。以 H 省为例,省集团公司管理所有政府还贷公路,使省级运营机构层面的收费里程达到或接近最优规模水平;针对省"高管局"内的机构设置,提出三种改革路径,即"一路一管理处""按照行政区域划分、一管理处多项目""按照路网划分、一管理处多项目",使各管理处的运营里程被调整至规模经济范围之内。

事实上,本研究所提出的通过运营管理体制改革实现规模经济的改革思路与具体路径同样适用于其他省区市,因为行业现有运营管理体制根植于过度行政垄断之内,而过度行政垄断又是整个行业的共性问题。因此,通过运营管理体制改革实现规模经济,发挥收费公路高效节能、规模化、网络化的功能和效益,是降低收费公路行业由过度行政垄断造成的租值耗散的主要路径之一。

6.4　规模经济实现路径之二——跨区域联盟

电信、电力等其他基础设施行业,往往以推进民营化改革、发挥市场机制作用来实现规模经济。对于收费公路行业而言,以优化行政垄断为导向的市场化改革(下一章将对此进行深入研究)固然可以降低规模经济方面的租值耗散,但这一渐进式改革过程终将十分漫长。尤其是对于建设资金缺口较大、车流量不饱和、总里程规模偏少的西部省区市来说,在短期内很难实现规模经济。因此,本节针对行政区域分割的规模不经济问题,提出以政府为导向的跨行政区域联盟方式,作为实现规模经济的重要补充。

6.4.1　收费公路跨区域联盟的驱动力

1. 跨区域联盟的释义

美国著名区域经济学家胡佛①(1990)将区域定义为按内部的某种同质特性或者某种一体化的功能而划分的地区。在实践中,区域的边界会由于管理目的的不同而发生变化,按照省、市、县等行政区域的划分是最常被采用的一种。但多年来,通用的行政区域划分对市场作用的发挥造成一定程度上的阻碍,不妨设想收费公路运营管理机构的组织形式不再按固有的"行政区域"划分,而是按照"市场配置"的原则,两家或两家以上的运营机构通过合并、兼并等多种模式,成立相应的跨行政区域的业务集团,形成被称为跨区域联盟的组织形式。简而言之,跨行政区域联盟的本质就是收费公路运营机构之间的横向联合。

2. 跨区域联盟的驱动力

长期以来,收费公路行业执行严格的政府进入管制政策,这种带有计划经济

---

①　埃德加.M.胡佛.区域经济学导论[M].上海:远东出版社,1992.

特征的管制模式在较好地解决公共产品有效供给难题的同时,也形成了具有"按行政区域划分"特色的收费公路运营管理体系和养护体系。这种体系在很大程度上限制了收费公路行业的规模经济,使得全行业难以达到最优经济规模。所以,如何降低行政区域分割下规模不经济所造成的租值耗散则成为行业发展的重要问题。因此,本研究认为,严重的租值耗散是促使行业内收费公路运营单位建立基于实现最优规模的跨区域联盟的内在驱动力。

6.4.2 建立收费公路跨区域联盟的条件

建立跨行政区域联盟意味着收费公路行业运营机构横向上的规模扩张,其可执行性取决于以下几点:

1. 业务的相似性使联盟合作具备操作空间

收费公路的业务领域有很多,本研究针对的是收费公路运营单位的联盟。通常来说,建设环节不属于收费公路运营单位的业务范围,因而本研究所说的跨区域联盟不涉及投资主体的合作。据此,收费公路运营单位进行跨区域联盟的合作主要集中于运营管理与养护环节。对于不同主体来说,上述环节的业务相似度较高、技术通用且组织和管理模式类似,具有横向一体化运作的先决条件。以运营管理环节为例,智能收费网络基础设施的运行和管理是其中一项具体业务,运营机构里程规模的增加,可以减少智能收费网络基础设施单位里程数的管理费用,从缩减业务成本的角度提升整个运营机构的经济收益。

2. 地域相邻使联盟合作具备现实基础

从全国范围来看,中、东部地区效益较好的省区市宜采取 PPP 模式,使一省的经营管理主体通过市场化运作进入邻近省区市,以实现规模经济、降低租值耗散。对于西部经济欠发达地区,由于车流量较少,更适合通过政府主导的方式开展收费公路运营单位的跨区域联盟。以青海和宁夏为例,两省区的收费公路结构比较相似,政府还贷公路占比较大;经济发展水平相似,都面临车流量偏少的问题;二者地形、气候等自然特征相似,养护工程中一些常用技术和设备的需求耦合度较高;两省区之间的交界线较长,跨省区的收费公路项目数量多;等等。这些先天条件为两省区之间开展跨区域联盟降低了技术门槛,使跨区域联盟的可行性大大提升。因此,地域毗邻是通过跨区域联盟实现规模经济从而降低租值耗散的基础条件。

6.4.3 建立收费公路跨区域联盟的难点及破解方法

首先,对于各省区市交通主管部门而言,所在行政区域的收费公路运营管理权属于一种经济资源,出于地区和部门利益的驱动,在现有收费公路管理体制下,他们会对实施"联盟"存在诸多顾虑,这成为收费公路跨区域联盟实现的首要难点。其次,投资主体的不同,使收费公路资产的流动性大大降低,因此,如何在保证投资主体利益的同时,将收费公路的所有权和经营权明确划分、实现利益共享成为第二个难点。最后,东部与中部地区通过市场机制实现跨区域联盟可以有效确保规模经济的形成,但西部地区由于经济绩效较差,只能通过政府管制模式来促成跨区域联盟,那么,如何保证管制效果不偏离管制目的将成为第三个难点。针对以上难点,本研究提出以下破解方法:

1. 做好政策宣讲

中央政府及交通主管部门应该进行行政引导,以使各省区市交通主管部门意识到跨区域联盟是双赢的选择;通过实地调研撰写可行性研究,使各省级交通主管部门和相关企业对各自权责利的改变有一个清晰的认识,尤其是对联盟为各自带来的收益有足够了解。

2. 建立动力机制

出台制约机制与补偿机制,激励相关企业、地方政府和非政府组织共同为推进收费公路行业协调联动发挥作用,对行业跨区域联动产生推动力。

3. 建立政策保障机制

中央政府及交通主管部门出台专门的《收费公路运营企业区域合作办法》,做好政策保障,依据文件内容及时对行业跨区域联盟的行为进行过程控制和总体协调,对可能造成区域不协调后果的合作行为产生约束力。

4. 培育公平有序的产业资源跨区域交易市场

收费公路跨区域联盟的建立涉及收费公路经营权的流动,因此在技术手段方面需借助于形式多样的资本运作,如产权并购、收费权转让等方式。与传统的收费公路经营权转让相同,此类产权置换同样需要建立有效的资产管理、监督和运营机制,在一个公平有序的交易市场中进行产权流转,防止国有资产流失,确保国有资产保值增值。

5. 完善联盟运行机制中的政府职能

收费公路跨行政区域联盟是以政府为导向的改革措施,其中交通主管部门将扮演决策者的角色。而地方交通主管部门出于追求自身利益最大化的考虑,可能会与其他交通主管部门同谋,抵制联盟行为。此时,政府应发挥其监管职能,竭力纠正联盟机构利用信息不对称或者垄断地位欺瞒规制机构的行为,维持正常市场秩序下的企业联盟。

必须指出的是,此处针对西部落后地区提出的通过政府指导建立收费公路运营企业跨行政区域联盟仅是发展过程中的举措,随着社会经济发展以及"两个公路体系"建设的不断推进,针对中、东部地区提出的引入社会资本实现跨区域联盟的方式应成为主流。但无论哪种方式,目的都是通过异地同业兼并的横向一体化,在不同行政区域之间整合资源,改善企业规模效率、降低租值耗散从而提高行业经济绩效。

第7章

收费公路行业优化行政垄断的路径与措施

上述分析认为,过度行政垄断是行业租值耗散与经济绩效问题的本源。因此,优化行政垄断成为降低行业租值耗散的根本制度保障,也是提高行业经济绩效的必由之路。本章从四个方面研究收费公路行业行政垄断的优化措施及建议,主要观点为:理清政府与市场效率边界,调整政府职能与角色,完善行业规制体系与规制政策,深化行业产业化进程。这些观点也是优化收费公路行业行政垄断的基本思路。

7.1 收费公路行业政府与市场的效率边界

第3章的结论显示,在特定历史条件、政治体制和法律制度下,收费公路行业的自然垄断特征使市场机制无法实现资源配置的帕累托最优。因此,为了弥补市场不足和提高资源配置效率,行业内形成以行政权力代替市场机制的资源配置方式。这种政府主导的管理体制和产权制度安排对收费公路行业的快速发展曾起到积极的推动作用,但是随着经济发展,收费公路行业的业务结构及相关业务自然垄断属性随之改变,简单的政府完全主导模式已不能适应行业健康可持续发展态势。收费公路行业内政府规制与市场机制的边界不清成为行业内过度行政垄断得以存在的前提条件。

2013年党的十八届三中全会通过《中共中央关于全面深化改革若干重大问题的决定》,提出"全面深化改革的重点是经济体制改革,核心问题是处理好政府与市场的关系,并以此作为打破行政垄断的推手"。在收费公路行业内,合理界定政府规制与市场机制之间的效率边界亦是优化行业内过度行政垄断的重要理论保障,本节将围绕这一内容展开分析。

7.1.1 政府与市场的关系

在西方经典经济学理论中,政府与市场的关系是一个经久不衰的理论话题。纵观近百年的理论演变史可以发现,市场与政府二者关系的定位随着世界经济周期性波动而改变,不同的经济大环境造就了对政府与市场关系定位的不同需求,时至今日,新凯恩斯主义所强调的政府与市场并重的关系定位成为当今理论界和实务界的主流观点。

多年来,学术界特别是一些涉及经济体制转轨研究的经济学家在政府与市场关系定位方面取得了许多重要成果,但是对政府职能与市场机制之间协调关系的机理分析较少,对二者边界划分的研究也较为缺乏,至于涉及收费公路行业的相关研究则更是少之又少。

其中,国外诸多理论学派,如斯蒂格勒[1](Stigler)和佩尔兹曼[2](Peltzman)等提出的规制俘房理论、贝克尔[3](Becker)等提出的规制经济理论、鲍莫尔[4](Baumol)提出的可竞争市场理论、利勃和麦加特[5](Loeb. M. & Magat. W)等提出的激励性规制理论、布坎南[6]等提出的公共选择理论、诺斯[7]等提出的新制度经济学理论等,都有涉及政府与市场关系的观点,为开展针对政府与市场的研究及建立政府职能与市场机制的理论体系做好了前期的铺垫工作。

以此为基础,国内学者白永秀[8]、马力宏[9]、张宇[10]等围绕政府职能与市场机

[1] STIGLER G. J. The Theory of Economic Regulation[J].The Bell Journal of Economics and Management Science,1971,2(1):3-21.

[2] PELTZMAN S. Toward a More General Theory of Regulation[J].Journal of Law and Economics,1976,19(2):211-240.

[3] BECKER G. S. A Theory of Competition Among Pressure Groups for Political Influence[J].The Quarterly Journal of Economics,1983,98(3):371-400.

[4] BAUMOL W. J. Contestable Markets:An Uprising in the Theory of Industry Structure[J].American Economic Review,1982,72(1):1-15.

[5] LOEB M.,MAGAT W. A Decentralized Method for Utility Regulation[J].Journal of Law and Economics,1979,22(2):399-404.

[6] 布坎南. 自由市场和国家[M].北京:北京经济学院出版社,1989.

[7] 道格拉斯.C. 诺斯. 制度、制度变迁与经济绩效[M].上海:上海三联书店出版社,1994.

[8] 白永秀,王颂吉. 我国经济体制改革核心重构:政府与市场关系[J].改革,2013(7):14-21.

[9] 马力宏,刘翔. 变化中的政府与市场关系及其影响[J].理论探索,2013(5):72-77.

[10] 张宇. 政府与市场的协同关系及其实现路径探究[J].求实,2013(8):44-48.

制间协调与平衡的关系进行了研究,田国强①、钱颖一②、李曙光③等学者围绕政府规制与市场机制的边界进行了一般性研究,费太安④、陈雨露⑤、刘振华⑥等学者分别针对金融、医疗产业、交通运输行业等特定行业中的二者边界问题进行了研究。众位学者所得结论对收费公路行业具有重要的启示作用:政府与市场为相互补充的关系,两者缺一不可,只有在合理界定和划分政府与市场边界的前提下,明确各自职能及协调补充机制,用好政府宏观调控这个有形力量和市场机制这个无形力量配置要素资源,才能促进收费公路行业的可持续发展。

7.1.2　界定政府与市场效率边界的原则与思路

1. 原则

党的十八届三中全会明确了市场的"决定性"作用,以此为基础,下一步任务就是制定政府与市场的权力边界清单。从福利经济学的失灵理论、新制度经济学和非营利组织经济学等角度看,政府与市场的边界划分需遵循如下基本原则:凡是市场机制能够充分发挥作用、有效配置经济资源的领域,应还市场机制权限,确保市场在资源配置中起决定作用。政府应主动退出具体业务领域,侧重宏观调控功能,做好裁判员,协助市场在资源配置中发挥决定作用。

2. 边界设计思路——引入业务分解机制

上述原则中提到的政府只承担"旁观者"和"监管者"职能的领域,正是政府与市场的边界。理论上划分边界比较容易,实务操作并不容易把握。究竟什么是市场能够做的,什么是市场不能够做的,这一点很容易引起分歧。对此,本研究认为,政府与市场边界的划分应取决于具体行业业务领域的性质。下文将针对收费公路行业研究行业的政府与市场机制边界。

基于公路的沉淀成本大、投资回收期限长、资产专用性强、规模经济性和成本

① 田国强. 从拨乱反正、市场经济体制建设到和谐社会构建——效率、公平与和谐发展的关键是合理界定政府与市场的边界[A].上海社会科学界联合会.2008年度上海市社会科学界第六届学术年会文集(年度主题卷)[C].上海社会科学界联合会,2008:71-94.
② 钱颖一. 重新定位政府与市场边界[J].今日国土,2009(3):16,31.
③ 李曙光. 下一步改革应分清政府和市场的边界[EB/OL].搜狐网,2010-03-05.
④ 费太安. 我国医疗服务提供中政府与市场关系:理论与实践走向[J].财政研究,2013(7):52-56.
⑤ 陈雨露. 金融发展中的政府与市场关系[J].经济研究,2014(1):16-19.
⑥ 刘振华,曹剑东. 论交通运输行业的政府与市场结构转变[J].交通运输研究,2015(4):16-21.

弱增性等技术特征,收费公路行业通常被界定为传统的自然垄断行业,认为市场机制无法实现公路的有效供给,因此出现了价格规制和进入限制等一系列政府规制行为。但是随着社会经济发展和科学技术进步,收费公路行业内一些传统业务的自然垄断特性在减弱甚至消失,对整个行业而言,目前既有自然垄断性业务,又有竞争性业务。美国经济学家约瑟夫·斯蒂格利茨认为,政府对自然垄断行业的管理核心不是简单决定应该实施垄断还是授予垄断权,而是在自然垄断行业经营活动中向私营企业放开竞争性业务,同时以监管者身份对其进行管制。综上所述,应该结合行业内具体业务的业务特征,根据业务的自然垄断性或者市场竞争性选择合理的制度安排。对竞争性很强的业务,应该直接采取市场竞争,使政府逐步退出运营环节、承担辅助职能,退出的路径和时间可以根据业务特点和运营机构的实际情况择机开展,甚至"一地一策"或"一企一策"。例如,可以通过特许经营制度以及第 6 章提出的跨区域联盟等方式引入市场机制;对于垄断性很强的业务和公益性业务,仍保留政府供给管理模式。这种划清政府与市场边界,根据业务性质区分业务类型并有针对性地逐步引入市场机制的方式,是打破行政垄断的重要保障。

7.1.3　政府与市场边界确定

1. 收费公路行业业务梳理

本研究将收费公路行业的业务分为主要业务和辅助业务两大类。其中主要业务环节包括建设、收费和养护;辅助业务环节包括服务区提供的相关服务、公路沿线广告开发与设置、物流、沿线绿化种植等。通过整理,将收费公路业务细分为 19 项,其中主要业务 13 项,辅助业务 6 项;主要业务包括建设环节的 5 项业务、运营环节的 5 项业务、养护环节的 3 项业务。下面将这些业务按照自然垄断性和竞争性的标准进行界定及区分。由表 7-1 可知,上述 19 项业务中有 2 项属于自然垄断性业务、有 15 项属于竞争性业务、有 2 项属于公益性业务。

表 7-1　收费公路行业业务梳理及自然垄断性或竞争性判断

业务			基本指标					垄断判断	修正指标	最终判断
			替代品或服务的威胁	进入障碍	买方议价能力	卖方议价能力	现有竞争对手的竞争威胁		是否由行政垄断引起	
主要业务	建设环节	路网规划	少	大	弱	强	弱	是	否	自然垄断性
		道路设计	多	较小	强/较强	弱	强	否	否	竞争性
		基础路网建设	多	较小	强/较强	弱	强	否	否	竞争性
		施工监理	多	较小	强/较强	弱	强	否	否	竞争性
		绿化工程	多	较小	强	弱	强	否	否	竞争性
	运营环节	收费站点建设	多	较小	强/较强	弱	强	否	否	竞争性
		收费信息网络开发	多	较小	强	弱	强	否	否	竞争性
		监控网络开发	多	较小	强	弱	强	否	否	竞争性
		智能收费网络基础设施	少	大	弱	强	弱	是	否	自然垄断性
		路网运营	少	大	弱	强	弱	是	否	竞争性
	养护环节	公路养护(路基、路面、桥梁)	多	较小	强/较强	弱	强	否	否	竞争性
		沿线附属设施养护(监控、通信、照明设施)	多	较小	强/较强	弱	强	否	否	竞争性
		各种生活服务设施养护(维修机械设备与建筑设施)	多	较小	强/较强	弱	强	否	否	竞争性

续表

业务		基本指标					垄断判断	修正指标	最终判断
		替代品或服务的威胁	进入障碍	买方议价能力	卖方议价能力	现有竞争对手的竞争威胁		是否由行政垄断引起	
辅助业务	服务区（住宿、餐厅、超市、维修、加油）	多	较小	强、较强	弱	强	否	否	竞争性
	服务区（公共厕所、停车场）	/	/	/	/	/	/	/	公益性
	环保	/	/	/	/	/	/	/	公益性
	沿线广告	多	较小	强	弱	强	否	否	竞争性
	仓储与物流	多	较小	强、较强	弱	强	否	否	竞争性
	旅游开发	多	较小	强、较强	弱	强	否	否	竞争性

内容来源：王秋玲《收费公路行业政府规制与市场机制协调关系及边界研究》①。

① 王秋玲. 收费公路行业政府规制与市场机制协调关系及边界研究[D].西安：长安大学,2011:94-95

2. 收费公路行业政府职能与市场边界的划分

以前文所提出的边界划分原则为基准,结合收费公路行业业务梳理及自然垄断性或竞争性判断的研究内容,得出以下结论:

(1)服务区(公共厕所、停车场)及环保业务属于公益性业务,由于其非盈利性,仅凭市场力量无法保证其供给和服务质量,这类业务只能按照纯公共产品划分,由政府提供并给予管理及监督。

(2)路网规划涉及全国路网的统筹安排以及区域经济的发展规划,适合由交通运输主管部门统筹规划及安排。

(3)其他12项业务属于竞争性业务,在这些业务中,市场化运作、引入竞争机制是打破行政垄断、提高整体效率的可行办法。例如实行公司化、特许经营、证券化等手段,以追求业务利润最大化及资源配置效率最大化为经营目标,推动行业的整体经济绩效提升。但是,无论政府还贷公路还是经营性公路都仍然具有准公共产品特性,自然垄断特征并未消除,完全交由市场后带来的过度竞争仍会伤害到行业的良性发展和消费者利益。

要说明的是,收费公路行业的发展是动态的,收费公路的技术经济特征和一些其他影响因素也是在不断变化的,上文所列举出的各项业务的自然垄断性或者竞争性属性也会随之改变。例如收费公路的养护作业,早期各地区的通车里程小、养护工程量不大,具有自然垄断特征,通常由一家企业垄断经营更为有效。但是随着区域内通车里程的增加以及建成通车后使用时间的延长,养护工程量迅速增加,市场需求超过成本弱增的范围后,其原有自然垄断性逐渐减弱,此时政府就应引入社会资本并交由市场内的多家企业竞争经营。

因此,政府与市场机制协调边界设计并不是一阶段的简单任务,应采用动态的、辩证的方式,分阶段、分时期地对边界进行分析,同时,即使面对同一业务,也可以采取以政府规制为主、引入市场机制为辅或者以引入市场机制为主、政府规制为辅的不同方式来运营管理,这样的分析结果才能真正有效地成为政府规制机构的重要政策制定依据。

7.2 收费公路行业政府职能与角色重构

上文对收费公路行业政府与市场的边界进行划分,本节将围绕收费公路行业政府职能与角色定位问题展开研究,在对行业政府职能现状分析基础上归纳整理行业所存在的问题,以此提出职能转变的思路和要点。

7.2.1 收费公路行业政府职能现状分析

研究政府在收费公路行业中职能与角色的定位问题,必须以分析行业内政府职能现状为起点,通过总结现存问题,理清政府职能转变的整体思路,对政府职能转变的要点进行概括,以此作为优化行业内过度行政垄断的路径选择之一。

1. 收费公路行业政府职能现状分析

"政府职能"是一个较为笼统的概念,这里所要研究的收费公路行业政府职能应界定为具体的政府职能,即政府活动的基本作用、主要内容和管理方式。

中国的收费公路从出现至今,政府一直起着主导性作用。从国家层面讲,1997年出台的《中华人民共和国公路法》(以下简称"公路法")和2004年出台的《收费公路管理条例》以法律授权的方式明确了收费公路行业的政府职能。例如,公路法第八条明确规定:"国务院交通主管部门主管全国公路工作。县级以上地方人民政府交通主管部门主管本行政区域内的公路工作;县级以上地方人民政府交通主管部门对国道、省道的管理、监督职责,由省、自治区、直辖市人民政府确定。乡、民族乡、镇人民政府负责本行政区域内乡道的建设和养护工作。县级以上地方人民政府交通主管部门可以决定由公路管理机构依照本法规定行使公路行政管理职责。"这一条款明确赋予县级以上各级政府交通主管部门对收费公路的管理权限。

2. 收费公路行业不同业务环节政府职能现状

通过整理国家法律、行政法规及交通运输规章后发现,政府职能涉及的层面较为广泛,既有面向收费公路四大业务环节(建设、管理、运营、养护)的,也有一些针对性较强的审计办法、招投标管理办法等。这既体现了政府的经济职能与社会职能,也包含了政府的监管职能。由于本研究的对象为收费公路运营环节,因此下文分析未涉及建设环节与路政管理环节。

(1)收费公路规划环节。收费公路一般为国道与省道,公路法第十四条明确规定,"国道与省道分别由各级交通主管部门会同相关政府部门负责编制,报上一级部门批准"。《收费公路管理条例》第九条规定,"建设收费公路应当符合国家和省、自治区、直辖市公路发展规划,符合本条例规定的收费公路的技术等级和规模"。以此为依据,各级政府的规划职能普遍得以行使。例如,自从2004年经国务院审议通过的《国家高速公路网规划》出台后,各省、市、区相继修编和公布本省级的高速公路网规划,使收费公路行业的整体发展规划按照预定目标稳步推进。

（2）收费公路运营环节。运营环节的政府职能授权主要体现在公路法第六章的一些具体规定中，涉及收费期限、通行费收费标准、收费站设置与经营权转让等方面。但公路法第六十八条也同时指出，由国务院依照本法制定收费公路的具体管理办法。因此，以公路法为依据，国务院和交通运输部又先后出台了一系列相关行政法规和部门规章，对运营环节中的政府职能及行使内容进行了解释说明。例如2004年国务院颁布的《收费公路管理条例》进一步明确了收费期限的确定、通行费标准的制定、收费站设置标准等方面的政府职能，2008年交通运输部、国家发改委、财政部联合颁布的《收费公路权益转让办法》进一步明确了收费公路经营权转让方面的政府职能："国务院交通运输主管部门主管全国收费公路权益的转让工作，国务院发展改革部门和财政主管部门依据各自职责，负责收费公路权益转让的相关管理工作。"

然而，政府还贷公路运营环节中政府职能的实际履行仍十分复杂：一方面，统一领导、分级管理体制下各地区运营管理体制不同，从而政府职能定位区别很大；另一方面，由于政府职能定位不清晰，政企不分问题使政府在运营环节中既当裁判员又当运动员。

（3）收费公路养护环节。收费公路养护环节中政府职能的授予由公路法《收费公路管理条例》、《公路养护工程市场准入暂行规定》和《公路安全保护条例》等一系列法律法规构成。公路法第十六条规定，"各级地方政府应加强对公路的保护，县级以上人民政府交通主管部门应当依法做好公路保护工作，并努力提高公路管理水平，逐步完善公路服务设施，保障公路的完好、安全和畅通"。《收费公路管理条例》第四十三条规定，"国务院交通主管部门和省、自治区、直辖市人民政府交通主管部门应当对收费公路实施监督检查，督促收费公路经营管理者依法履行公路养护、绿化和公路用地范围内的水土保持义务"。《公路养护工程市场准入暂行规定》第二章明确，"交通部主管全国公路养护工程市场准入的监督管理工作，省级交通主管部门负责本行政区域内公路养护工程市场准入的管理工作，省级公路管理机构负责本行政区域内公路养护工程市场准入的具体管理工作"。虽然养护环节中政府职能在逐步完善，但重建轻养观念严重、市场化养护没能真正建立以及管养不分等问题依然存在。

3. 收费公路行业政府职能存在的主要问题

尽管公路法和《收费公路管理条例》等法律法规或部门规章明确规定了收费公路的政府职能，但实践中政府职能的"越位"与"缺位"仍同时存在。一方面，政府对市场主体干涉过多，限制了社会资本的活力和空间，产生权力寻租及腐败；另一方面,在环境保护、社会管理等一些需要政府监管的领域政府职能的有效发挥仍有待完善,这主要表现在以下几方面。

(1)政府职能的滥用。例如,收费公路行业的政府进入规制是一种行政干预行为。运用政府的行政权力,可以控制市场内企业的数量,保证收费公路运营企业运营成本的最小化,避免行业内的重复建设及资源浪费;但很多时候,这种垄断的市场结构会给行业内的现有企业提供保护伞,高额的垄断利润会使其失去提高管理效率和争取技术进步的动力,寻租和腐败问题也会随之产生,即政府职能的越位造成政府职能的失灵。

(2)职能机构的权责与定位不清。公路法第八条第四款指出,"县级以上地方人民政府交通主管部门可以决定由公路管理机构依照本法规定行使公路行政管理职责"。这表明公路管理机构可以行使行政执法职责。公路法第三十五条又规定,"公路管理机构应当按照国务院交通主管部门规定的技术规范和操作规程对公路进行养护,保证公路经常处于良好的技术状态"。这表明"对公路进行养护"是公路管理机构的法定义务。既有行政职能,又要从事养护生产,这就是通常所说的"管养不分",其众多弊端已不证自明。因此,随着公路法的实施,业内人士发现公路管理机构在养护环节中的政府职能应加上"组织"二字,将公路管理机构由生产者变为组织者,从而实现养护同管理分离。公路管理机构养护职能的转变必将带来体制改革,从本质上破解行业内的行政垄断。

(3)相关法规政策内容阐释不明确。现行《收费公路管理条例》中首次明确,省、自治区、直辖市人民政府交通主管部门对本行政区域内的政府还贷公路,可以实行统一管理、统一贷款、统一还款,但并没有进一步解释"统贷统还"的具体内容。而自2004年9月公布至今,交通运输部也没有进一步出台部门规章或规范性文件明确"统贷统还"政策的具体内容。使"统贷统还"政策出现不同理解,并使这一政策中的政府职能受到非议。2015年7月起交通运输部起草了《收费公路管理条例》(修订征求意见稿)并向社会公开征求意见,其中又将"统贷统还"政策变更为"统借统还"政策,即"省、自治区、直辖市人民政府交通运输主管部门对本行政区域内的政府债务性公路,可以实行统一管理、统一举债、统一还款"。这种变化不仅仅是一种简单的名称变更,更多的是政府职能的转变。但这种职能转变的内涵是什么、转变是否合理有效,还需要交通运输部及相关部门的详细解读。

7.2.2 收费公路行业转变政府职能的思路

收费公路行业政府职能转变是一个动态的变化过程,是收费公路行业破除行政垄断的重要目标导向之一。政府职能转变的整体思路是在理清政府与市场关系、划清政府与市场边界的基础上,在政府职能的边界内建立服务型政府。

1. 收费公路行业政府职能转变目标

服务型政府是中国政府建设发展的主要目标,也是多年来政府职能转变研究得到的主要结论之一。服务型政府即以提供公共服务为主要职能的政府,在建设服务型政府的大背景之下,交通运输部多次提出构建"两个公路体系"的总体思路,从兼顾公平与效率的角度出发,统筹发展以高速公路为主的低收费、高效率的收费公路体系。具体来讲,即发挥政府在收费公路体系发展过程中的引导监督作用,从"经济调节、市场监管、社会管理、公共服务"四项职责转向"宏观调控、公共服务、市场监管、社会管理、环境保护"五项职责,重点抓好公共服务型政府应承担的责任,建设"服务型""监管型"政府而不是"全能型"政府①。下文以 PPP 项目和经营权转让为例,探讨政府职能转变思路。

2. 政府在收费公路 PPP 项目中的职能定位

2014 年下半年,国务院、发改委、财政部及各有关部门开始大力推动财政体制改革,规范政府投融资行为,相继出台了《中华人民共和国预算法(2014 修正)》《中华人民共和国政府采购法(2014 修正)》《国务院关于加强地方政府性债务管理的意见》等系列政策文件。同时,坚持鼓励引入社会资本,推动 PPP 模式在公路建设领域的应用。

在此背景下,2015 年 4 月,财政部、交通运输部发布了《关于在收费公路领域推广运用政府和社会资本合作模式的实施意见》,意见中提出:"在收费公路领域推广运用 PPP 模式,鼓励社会资本参与收费公路投资、建设、运营和维护,与政府共同参与项目全周期管理,提高收费公路服务供给的质量和效率。"交通运输部在2015 年 7 月新版《收费公路管理条例》(征求意见稿)中也明确提出,"要坚持鼓励社会资本投资的原则"。

配合以上文件,《关于在收费公路领域推广运用政府和社会资本合作模式的实施意见》中提出了收费公路 PPP 项目中的政府职能定位和工作转变思路:"政府与社会资本共同参与项目全周期管理,提高收费公路服务供给的质量和效率;政府将逐步从'补建设'向'补运营'转变,以项目运营绩效评价结果为依据,适时对价格和补贴进行调整,支持社会资本参与收费公路建设运营,提高财政支出的引导和带动作用。"作为财政部 2014 年 12 月 30 日公布的《财政部关于规范政府和社会资本合作合同管理工作的通知》的附件公布的《PPP 项目合同指南(试

① 冯正霖."两个公路体系"的制度性建设问题[EB/OL].中国公路网,2013-05-20.

行)》也提出:"根据 PPP 项目运作方式和社会资本参与程度的不同,政府在 PPP 项目中所承担的具体职责也不同。总体来讲,在 PPP 项目中,政府需要同时扮演以下两种角色:作为公共事务的管理者,政府应有向公众提供优质且价格合理的公共产品和服务的义务,承担 PPP 项目的规划、采购、管理、监督等行政管理职能,并在行使上述行政管理职能时形成与项目公司(或社会资本)之间的行政法律关系;作为公共产品或服务的购买者(或者购买者的代理人),政府基于 PPP 项目合同形成与项目公司(或社会资本)之间的平等民事主体关系,按照 PPP 项目合同的约定行使权利、履行义务。"

总体而言,PPP 作为一种提供公共产品的模式,主导角色应是市场或私营机构一方,而政府只承担监管职责和相关辅助功能。具体而言,以 PPP 模式实现收费公路公共产品供给的过程中,提供环节和生产环节发生了分离,在"提供"环节仍由政府负责,即 PPP 的发起、识别、模式确定、监管等顶层设计和制度安排都是政府的职能,而具体生产职能则应由政府委托给私营部门承担。原因是,私营部门的管理机制决定了在这个环节的运作成本和效率比政府更具优势①。

3. 政府在收费公路经营权转让中的职能定位

收费公路经营权转让始于 1994 年的广东省,经历了二十多年的发展,随着我国收费公路权益转让法规建设的不断完善,政府职能也越来越明晰。

1996 年交通部结合实际工作中累积的经验,出台了《公路经营权有偿转让管理办法》(现已废止),这也是行业内针对公路经营权有偿转让而制定的第一部规范性文件。根据 9 号令的内容,交通主管部门负责公路经营权有偿转让的审批工作,交通部负责全国公路经营权转让工作的监督管理工作,各省、自治区、直辖市人民政府交通运输厅(局、委、办)(简称"省级交通主管部门")负责对管辖范围内公路经营权转让工作监督管理。各级政府的职能定位更偏重笼统的监督协调角色,职责分工不是十分清晰。

1998 年出台的公路法首次对公路收费权的转让以法律形式确认,但针对业务中政府职能并无具体界定。直到 2004 年颁布的《收费公路管理条例》中才有了规范说明,例如明确提出由国务院交通主管部门会同国务院发展改革部门和财政部门制定收费公路权益转让的具体办法,各级交通运输主管部门除了整体上负责公路权益转让的监督协调以外,还负责收费标准的制定。政府职能由最初的监督协调角色扩展到行业管理者角色。2008 年 9 月,交通运输部联合国家发改委、财政

---

① 贾英姿.科学合理界定政府在 PPP 中的角色和责任[EB/OL].微信公众平台,2015-11-30.

部共同颁布的《收费公路权益转让办法》,对于在收费公路权益转让业务中的政府职能做了更加明确的规定。

总体而言,在经营权转让业务中,政府职能应具体化、明晰化。首先政府应是出资人,也是公路及公路附属设施的所有权者,同时应承担保护路产、维护路权的职责;此外,政府应是行业的管理者,负责收费公路的规划,还应会同同级价格主管部门、财政部门审核公路的收费标准;政府还要加强监督协调功能;交通运输部和相关省级人民政府严格按照公路行政等级的不同对收费公路权益转让项目进行审批;政府还应发挥好经济职能,在收费权益转让之后为收费公路的经营管理创造良好的市场环境。

7.2.3　收费公路行业政府职能转变的要点

基于收费公路行业政府职能现状分析及存在问题剖析,结合政府职能转变思路总结得出,确保政府职能向"宏观调控、公共服务、市场监管、社会管理、环境保护"转变,关键在于转变政府观念,处理好各方利益,明确市场与政府、各级政府间的职能划分以及做好"以花钱换机制"工作。

1. 转变政府观念

转变政府观念、确立"有限政府"意识是推动政府职能转变的首要条件。体制改革前,政府无所不管,旧有的"全能主义"政府定位,会使政府内部自上而下认为政府理应掌控所有顶层管理,对行业内任何业务事无巨细,都有权力、有力量支配。这种理念成为收费公路行业过度行政垄断观念的挡箭牌,严重阻碍着政府职能的转变与行政垄断的优化。

所以,转变政府观念是收费公路行业职能转变的前提条件。在市场经济条件下,市场可以办的,应该由市场去办;社会力量可以办好的,交给社会组织去办;只有市场和社会组织做不了或做不好的,政府才应干涉。而这种职能转变不仅应是中央顶层制度设计理念的转变,更应是各级政府内部自上而下意识形态的转变。

2. 处理好各方利益

收费公路政府职能的转变最终要依托于市场化,在市场机制的建立过程中,过度行政垄断下形成的利益格局必将遭受冲击。因此,处理好各方利益是职能转变的要点之一。

就收费公路而言,其相关利益集团主要包括中央政府、地方政府、收费公路经营者与收费公路使用者。其中,中央政府与地方政府的利益固化对行业政府职能转变的阻力最大,一方面,政府利益具有不以人的意志为转移的客观必然性,这是我们在政府职能转变过程中无法回避的问题;另一方面,政府利益中存在与公共利益矛盾的一面,这种利益取向往往会导致政府职能朝着不利于行业健康发展的方向转变。因此,通过协调各方集团利益,激励行业内利益集团追求公平、公开、公正的市场机制,以保障政府职能的顺利转变。

3. 明确市场与政府、各级政府间的职能划分

收费公路行业职能转变的目的之一,是为了纠正我国收费公路行业内过度行政垄断作用下的租值耗散和经济绩效低下问题。明确政府与市场之间的职能划分、明确各级政府间的职能划分是政府职能转变的前提和基础。

在明确政府与市场之间职能划分时,以加强宏观调控、公共服务、市场监管、社会管理、环境保护五项职能为核心,在更高层次上实现政府职能转变新常态。重点要继续推进审批制度改革,最大限度缩小滋生行政垄断的空间,从体制机制上堵塞滋生不正之风的漏洞;要增加简政放权的含金量,加紧深化收费公路行业投资体制改革,尽快放开行业内的竞争性业务,将那些束缚经济社会发展、含金量高、突破价值大的权力取消和下放出去,真正实现"政府的自我革命",激发市场内在动力和活力;各级政府在全面摸清正在实施的行政审批事项的基础上,建立和完善政府权力清单制度,真正做到"法无授权不可为",同时制定市场准入负面清单制度,负面清单以外的各类市场主体皆可依法平等进入,做到"法无禁止皆可为"。此外,必须加强事中事后监管,提升政府监管意识,落实监管责任;完善制度建设,创新监管方式;鼓励社会监督,强化行业自律。

处理好各层级政府之间的职能划分,即解决好中央政府和地方政府的分工合作问题。中央政府的职能应主要包括行业宏观发展调控、行业整体监管、地区间收费公路统筹协调发展等;地方政府的职能应包括促进地方收费公路发展、统筹协调地方收费公路事务管理、行业内监管执法等。中央和地方政府的共有职能包括与收费公路行业相关的国家法律和中央政策在全国全行业的统一实施,跨区域的市场监管等。

4. 以"花钱换机制"为政府职能转变的重要抓手

按照职能转变的要求,政府要把不该管的事务归还给市场、社会,加强宏观管理,抓好事中事后监管,不再负责事前审批。在此背景下,以"花钱换机制"作为政府职能转变的重要抓手。

2014年12月15日,财政部、民政部、国家工商总局印发的《政府购买服务管理办法(暂行)》第二章第二条规定,"政府购买服务,是指通过发挥市场机制作

用,把政府直接提供的一部分公共服务事项以及政府履职所需服务事项,按照一定的方式和程序,交由具备条件的社会力量和事业单位承担,并由政府根据合同约定向其支付费用"。

"花钱换机制"是指由市场和社会代替政府行使部分管理和服务职能,即在事务性管理服务中引入竞争机制,通过政府购买服务方式提供。以往常见的是收费公路运营单位自己投资修建高速公路服务区,由通行费收入供养大批人员,导致公共服务效率低下,经济负担沉重。如果改为"政府购买服务"的方式,由政府花钱向民营企业、社会组织、公益组织购买公共服务,就可能比传统做法花更少的钱,购买到更多更好的公共服务。

7.3　收费公路行业政府规制改革

公共选择机制缺失下的政府规制体系不健全是收费公路行业过度行政垄断形成的重要原因。因此,打破行政垄断离不开政府规制改革。本节首先对收费公路行业的政府规制效率水平进行评价,然后从理论角度出发分析收费公路政府规制的强度选择,最后从形成一套科学有效的政府规制体系角度提出政策建议。

7.3.1　收费公路行业政府规制效率评价

政府规制(主要指经济性规制)是由行政机构制定并执行的直接干预市场配置机制或间接影响生产企业和消费者供需决策的一系列政策行为。其主要目标是实现资源的有效配置,同时使企业生产效率和经营效率处于较高水平,实现最优投入产出组合。政府规制行为本身属于顶层制度设计,在评价现有规制政策或者设计规制改革时,规制效率是一个重要的衡量因素。

1. 规制效率概念的界定

狭义上讲,规制效率是指在既定规制产出下规制成本的最小化,或是在既定规制成本下规制产出的极大化,体现的是投入与产出关系。广义而言,规制效率被界定为一组综合性指标,不仅体现在企业产品或服务的价格、质量、利润等方面的改善,也包括由技术效率、资源配置效率及分配效率等多种效率指标变化所体现出的规制效果改善。在政府规制体系下,收费公路行业存在着行业资源配置效率以及企业竞争力下降的趋势,寻租现象也较为普遍,因此对规制效率的研究十分必要。

国内外学者从多个角度对规制效率开展评价研究。斯蒂格勒①对比并分析了 1912—1937 年美国电力部门的价格规制,首次提出从行业经济规制效率角度评价美国电力行业的规制效果。霍姆斯特姆②(Holmstrom)提出可以用一个线性的加权社会福利函数来衡量规制效率,社会福利即企业利润和消费者剩余之和。植草益③认为,规制政策实施后消费者增加的负担比未实施规制时垄断价格下生产者剩余和资源配置效率损失之和大,因此规制效率低,反之规制效率则高。

国内学者对行业规制效率评价的研究起步较晚,近年来对电力、化工、铁路等行业规制效率的研究取得了一定成果。刘新梅④采用费用效益原理,将信息不对称情况下的产业规制效率表示为消费者剩余函数、企业利润与产品成本、规制成本和规制者效果的线性模型。肖兴志⑤认为电力行业的规制效果体现在总量、价格、利润、质量和效率等多个方面,当前的规制体系发挥了正面效用。郑加梅、夏大慰⑥采用 GMM 估计方法,通过建立省际动态面板数据模型,进行了多种激励性规制与电信业全要素生产率二者之间关系的实证检验。

通过上述文献梳理可以发现,在定量研究中很难将规制的成本收益与行政垄断的成本收益清楚界定。但是规制改革的效率评价可以通过行业技术进步值、纯技术效率值、规模效率值等表现,因此本研究采用 Malmquist 动态指数模型测度我国收费公路行业全要素生产率⑦,通过全要素生产率随时间的变化情况来评价收费公路行业的规制效率。

2. 收费公路行业政府规制效率研究方法——Malmquist 动态指数模型构建

Malmquist 指数由马姆奎斯特(Malmquist)于 1953 年提出,最早被用来分析不同时间段的消费水平变化。1962 年,卡夫等人在此基础上加入投入产出思路,提

---

① STIGLER G. J. ,FRIDLAND C. What Can the Regulators Regulate? The Case of Electricity[J].Journal of Law & Economics,1962,5(1):1-16.
② HOLMSTROM B. ,MYERSON R. B. Efficient and Durable Decision Rules With Incomplete Information[J].Econometrica,1983,51(51):1799-1819.
③ 植草益. 微观规制经济学[M].北京:中国发展出版社,1992.
④ 刘新梅,张卫朋,艾根林. 基础设施产业规制效率分析[J].预测,2004(1):74-77.
⑤ 肖兴志,孙阳. 中国电力产业规制效果的实证研究[J].中国工业经济,2006(9):38-45.
⑥ 郑加梅,夏大慰. 激励性规制对中国电信业全要素生产率的影响——基于省际动态面板数据的实证研究[J].财经研究,2014(2):85-96.
⑦ 注:全要素生产率(total factor productivity,TFP)是指经济系统的产值和投入值之间的比值,主要反映决策单元技术进步、技术效率、要素配置和管理水平等方面的变动以及投入产出的全部生产要素的综合生产力水平。

出 Malmquist 生产率指数。之后,法雷尔等将该理论研究发展为具体的 Malmquist 模型实证测算法,该模型不需要投入与产出的价格变量也能测算全要素生产率,并且能够进一步将其分解为技术效率变化指数和技术进步变化指数,从而为动态分析效率提供更好的支持。下面对 Malmquist 指数模型进行介绍。

1970 年谢泼德提出了距离函数 $D^t(X^t, Y^t)$,表示生产配置 (X^t, Y^t) 到 t 时刻系统前沿面的距离。可以得出 Malmquist 指数表达式:

$$M_{t,t+1} = \left[\frac{D^t(x^{t+1}, y^{t+1})}{D^t(x^t, y^t)} \times \frac{D^{t+1}(x^{t+1}, y^{t+1})}{D^{t+1}(x^t, y^t)} \right]^{\frac{1}{2}} \tag{7-1}$$

根据距离函数的定义可由下列模型确定:

$$D^t(X^t, Y^t) = \min\theta$$

$$s.t. \begin{cases} \sum_{j=1}^n X_j{}^t \lambda_j \leqslant \theta X_k{}^t \\ \sum_{j=1}^n Y_j{}^t \lambda_j \geqslant Y_k{}^t \\ \lambda_j \geqslant 0, j = 1, 2, \cdots, n \end{cases} \tag{7-2}$$

可以得出,距离函数就是投入导向的 DEA 模型的效率函数值,即有:

$$D_t(X^t, Y^t) = F_t(X^t, Y^t) \tag{7-3}$$

所以,Malmquist 指数可以表示为下述形式:

$$\begin{aligned} M_{t,t+1} &= \left[\frac{D^t(x^{t+1}, y^{t+1})}{D^t(x^t, y^t)} \times \frac{D^{t+1}(x^{t+1}, y^{t+1})}{D^{t+1}(x^t, y^t)} \right]^{\frac{1}{2}} \\ &= \left[\frac{F^t(X^{t+1}, Y^{t+1})}{F^t(X^t, Y^t)} \times \frac{F^{t+1}(X^{t+1}, Y^{t+1})}{F^{t+1}(X^t, Y^t)} \right]^{\frac{1}{2}} \\ &= \frac{F_t{}^{t+1}(X^{t+1}, Y^{t+1})}{F_t{}^{t+1}(X^t, Y^t)} \end{aligned} \tag{7-4}$$

进一步,对式(7-4)进行如下分解:

$$\begin{aligned} M_{t,t+1} &= \left[\frac{F^t(X^{t+1}, Y^{t+1})}{F^t(X^t, Y^t)} \times \frac{F^{t+1}(X^{t+1}, Y^{t+1})}{F^{t+1}(X^t, Y^t)} \right]^{\frac{1}{2}} \\ &= \left[\frac{F^t(X^{t+1}, Y^{t+1})}{F^{t+1}(X^{t+1}, Y^{t+1})} \times \frac{F^t(X^t, Y^t)}{F^{t+1}(X^t, Y^t)} \right]^{\frac{1}{2}} \times \frac{F^{t+1}(X^{t+1}, Y^{t+1})}{F^t(X^t, Y^t)} \end{aligned}$$

= 技术进步变化指数($tech$) × 技术效率变化指数(eff)　　　(7-5)

技术进步变化指数(tech)代表 t~t+1 时期内政府规制下技术进步的变化值，在可变规模报酬下，技术效率变化(eff)又可以进一步分解为纯技术效率变化(pe)和规模效率变化(se)两个部分。技术效率变化(eff)即 t~t+1 时期内技术效率的变化值。则有：

$$tfp = tech \times eff = tech \times pe \times se \qquad\qquad (7-6)$$

在上述模型中：

(1)若 tfp>1，表示对应决策单元生产力水平呈增长趋势；若 tfp<1，表示对应决策单元生产力水平呈下降趋势。

(2)若 tech>1，表示技术进步，反之则为技术退步。

(3)若 eff>1，表示技术效率的提升，反之则为技术效率的衰退。

(4)若 pe>1，表示技术运用水平的提高，反之则为下降。

(5)若 se>1，表示规模效率的提升，反之则为下降。

3. 收费公路行业全要素生产率测算与分析

选取我国 47 家收费公路运营公司 2010—2014 年这五年间的投入产出数据，产出指标为主营业务收入和净资产收益率，投入指标为主营业务成本、管理费用、薪酬、利息支出和总资产。运用 DEAP2.1 软件对原始数据进行运算，计算出收费公路行业 2010—2014 年的全要素生产率。首先从行业整体层面评价收费公路行业全要素生产率的变化情况，其次从运营单位层面详细描述各收费公路运营企业的效率变化情况。

(1)收费公路行业整体效率分析。

表 7-2　我国收费公路行业 2010—2014 年各年度全要素生产率指数和均值

时间段	全要素生产率	技术进步	技术效率	纯技术效率	规模效率
	tfp	tech	eff	pe	se
2010—2011	0.976	0.944	1.034	0.972	1.064
2011—2012	1.073	0.987	1.087	1.036	1.049
2012—2013	0.835	0.86	0.971	0.947	1.025
2013—2014	0.953	0.949	1.004	0.993	1.011
平均	0.959	0.935	1.024	0.987	1.037

由表7-2可以直观看到,2011—2012年间收费公路行业的全要素生产率(TFP)增长7.3%,处于五年间的最高水平,2012—2013年降至最低点,虽然在2013—2014年间有所回升,但是整体的全要素生产率仍处于下降趋势。技术进步指数(tech)在五年间均小于1,说明收费公路行业的技术创新在这五年间没有得到有效提升。五年间技术效率指数(eff)只有一年小于1,说明收费公路行业全要素生产率的增长来源于技术效率的提高,这在企业的管理、制度的创新和变革等方面有所体现,但五年中技术效率也逐渐下降。规模效率逐年下降,说明这五年收费公路行业的规模经济在逐渐恶化。

2010—2014年,全要素生产率均值为0.959,下降了4.1%。其中技术效率均值为1.024,上升了2.4%,技术进步指数均值为0.935,下降了6.5%,即全要素生产率的提高得益于技术效率的提升,而技术进步有欠缺影响了行业的发展。将技术效率进行分解,其中纯技术效率均值为0.987,下降了1.3%;规模效率均值为1.037,上升了3.7%,说明收费公路行业在管理水平和制度改革上还需要提高。

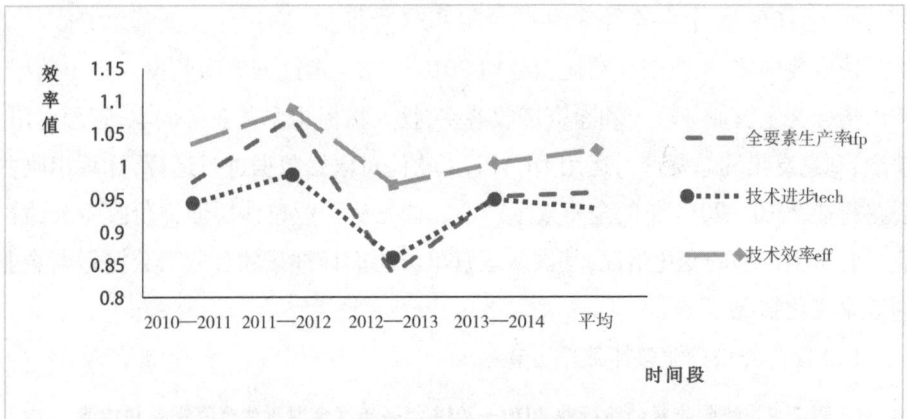

图7-1 我国收费公路行业2010—2014年全要素生产率及分解变化图

由图7-1可以直观看到,我国收费公路行业全要素生产率的变化呈现出先升后降再升的走势,波动幅度较大。与此同时还可以看出,技术进步指数、技术效率指数均与全要素生产率的变动趋势相同。细分来看,全要素生产率、技术效率和规模效率逐年下降,说明收费公路行业的规制效率不尽人意,并未有效地推动行业生产率水平的提高和技术水平的进步。

（2）收费公路行业分区域效率分析。

表7-3是本研究选取的47家收费公路运营企业全要素生产率及其分解。通过区域划分可以看出，东部地区全要素生产率是增长的，这主要得益于技术效率的提高。经济相对落后的西部地区全要素生产率位于第二位，并且技术效率平均值最高，这主要是由于近年来国家加大对西部地区的投资和基础设施的建设，不断完善西部地区的公路基础设施，扩大了路网规模。收费公路行业上市公司虽然平均技术效率不是很高，但是有半数企业的指数大于1，说明上市公司在技术效率方面整体上相对有效率。

通过对各收费公路运营企业全要素生产率分解，我们可以发现全要素生产率水平与当地的经济发展水平并不存在一一对应关系。全要素生产率较高的前五家企业分别为重庆高速、福州京福、江苏交通、重庆铁发和广西交投，其中西部有三家企业，东部有两家企业，而经济较为发达的北京、上海和广东却没有排在前列，说明同一区域内的不同省区市也存在一定差距。

表7-3 我国收费公路各运营公司 2010—2014 年度全要素生产率指数

	企业名称	全要素生产率	技术进步	技术效率	纯技术效率	规模效率
		tfp	tech	eff	pe	se
东部	北京首都	1.007	0.927	1.086	0.941	1.154
	天津高速	1.014	0.884	1.147	0.931	1.232
	苏州苏嘉杭	1.024	0.968	1.057	1.008	1.049
	江苏交通	1.207	0.958	1.26	1	1.26
	浙江交投	1.003	0.938	1.07	0.892	1.199
	嘉兴高投	1.082	0.936	1.156	1.142	1.012
	福建高司	0.991	0.939	1.055	1	1.055
	福建南平	0.616	0.764	0.807	0.809	0.997
	福州京福	1.261	1.161	1.086	1	1.086
	广东公路	0.95	0.954	0.996	0.96	1.037
	平均	1.015	0.943	1.072	0.968	1.108

续表

企业名称		全要素生产率	技术进步	技术效率	纯技术效率	规模效率
		tfp	tech	eff	pe	se
中部	山西交投	1.012	0.935	1.083	1.087	0.996
	安徽高速	1.005	0.922	1.09	1.011	1.078
	江西高速	0.801	0.882	0.908	0.953	0.953
	河南交投	0.938	0.966	0.971	1.016	0.956
	湖南高速	0.982	0.928	1.058	0.875	1.209
	平均	0.948	0.927	1.022	0.988	1.038
西部	内蒙古高开发	0.948	0.908	1.044	0.917	1.138
	广西交投	1.117	0.952	1.174	1.12	1.048
	重庆高速	1.339	1.058	1.266	1.181	1.072
	重庆铁发	1.133	0.935	1.212	1.109	1.093
	四川高速	0.946	0.91	1.04	0.929	1.119
	贵州高速	0.866	0.951	0.911	1	0.911
	云南公路	0.913	0.94	0.971	0.949	1.023
	陕西高速	0.977	0.917	1.066	0.984	1.083
	陕西交建	1.038	0.946	1.097	1.054	1.041
	甘肃公路	0.903	0.951	0.95	1	0.95
	青海交投	0.959	0.962	0.997	1	0.997
	宁夏交投	0.829	0.829	1	1	1
	平均	0.997	0.938	1.061	1.02	1.04
东北	吉林高司	0.989	1.018	0.971	0.782	1.242
	龙江高速	0.75	0.788	0.951	0.94	1.012
	平均	0.869	0.903	0.961	0.861	1.127

续表

	企业名称	全要素生产率	技术进步	技术效率	纯技术效率	规模效率
		tfp	tech	eff	pe	se
上市	华北高速	0.947	0.959	0.988	1.07	0.923
	宁沪高速	1.059	1.024	1.034	1	1.034
	福建高速	0.827	0.83	0.996	1	0.996
	山东高速	1.018	1.018	1	1	1
	东莞控股	0.929	0.933	0.996	1.048	0.95
	粤高速	0.911	0.98	0.929	0.923	1.007
	深高速	1.016	0.905	1.123	1.086	1.034
	皖通高速	0.95	0.95	1	1	1
	赣粤高速	0.722	0.801	0.901	0.912	0.988
	中原高速	0.92	0.943	0.976	0.971	1.005
	楚天高速	0.831	0.852	0.975	1	0.975
	湖南投资	0.809	0.887	0.912	1	0.912
	现代投资	0.84	0.914	0.919	0.919	1
	五洲交通	0.938	0.938	1	1	1
	重庆路桥	1.098	1.098	1	1	1
	四川成渝	1.023	0.988	1.035	1.017	1.018
	吉林高速	1.065	0.954	1.116	1.056	1.057
	龙江交通	0.847	0.847	1	1	1
	平均	0.93	0.935	0.994	1	0.994

　　全要素生产率的变动趋势从一个角度证明了收费公路行业规制效率处于较低水平,因此建议从规制体系顶层设计入手,处理好政府规制的强度选择,逐步推进政府规制体系改革,以期降低行业行政垄断程度。

7.3.2　收费公路行业政府规制强度选择

　　第 5 章的研究结论表明,过度行政垄断通过租值耗散造成收费公路行业微观效率损失与宏观社会福利损失。鉴于此,需要以避免资源配置低效和促进公平为目标,对收费公路行业的规制强度进行评价和调整。

1. 规制政策选择影响规制强度

很多学者曾围绕"规制强度"进行过研究。李南①(2008)指出,规制强度在某一特定时期应该存在一个适宜的区间范围,过少的规制会无法满足特定行业独特的产业属性对政府规制的要求,但过量的规制则有可能会伤害市场机能,出现滥用权力和寻租行为。黄润泽②(2013)指出,规制中不同利益集团相互博弈下的规制政策选择,虽然有助于规制政策合理化,但同时也会影响规制强度。张成③(2011)在环境规制强度和企业生产技术进步之间构建模型,数据检验结果表明二者之间形成统计意义上显著的"U"型关系,即合理的规制政策可以为实现环境保护和经济增长的"双赢"提供政策支撑。李强④(2006)在研究证券市场政府规制强度时,描绘了规制程度对证券市场的影响、证券业规制的预期成本与预期净收益、证券市场规制的成本收益曲线图,指出规制的重点是把握政府介入的度,将规制强度确定在合理的区域内,兼顾效率与公平。

曾有学者试图通过定量分析确定政府规制的合理强度,却未得到理想的研究结果。但是他们都认为在既定的技术水平和管理体制下,规制政策的选择会对政府规制的强度产生影响。不过,被规制企业通常希望降低规制强度,以获得足够的经营自主权进而提高企业收益率;而理性的规制机构通常希望强化规制,以实现社会福利最大化的目标。虽然这两个利益集团对规制强度的需求不同,但是很显然,规制机构作为规制的设计者和执行者,要比被规制企业具有更大的影响力。如果在监管体制不健全、法律法规不完善的条件下,被规制企业出于追求自身利益最大化考虑,会努力通过寻租活动以俘虏规制机构,二者合谋的可能性会提高,最终规制机构会降低规制强度、制定有利于二者同盟的规制政策。另外,不同的企业在成本分担和利益分配上也存在矛盾,不同的被规制企业对规制强度有着不同的偏好。因此,被规制企业之间、被规制企业与规制机构之间的博弈是规制政策选择过程的重点,政治制度框架、利益相关者、政策制定程序等会通过影响博弈结果来影响规制强度。

2. 自然垄断强度与规制强度选择

自然垄断是一种生产技术特征,基于规模经济,市场只能容纳一个企业或者

---

① 李南. 运输产业经济规制及其改革的再思考[J].经济前沿,2008(5):33-36
② 黄润泽,孙翊锋,王红梅. 规制政策选择的政治博弈、内生因素与外在影响[J].福建行政学院院报,2013(5):9-13
③ 张成,郭路,于同申. 环境规制强度和生产技术进步[J].经济研究,2011(2):113-124
④ 李强. 证券市场政府规制的特殊成因及规制强度的选择[J].湖北经济学院学报,2004(4):55-59.

很少几个企业。自然垄断理论中提到,不同行业的自然垄断强度不同,应采取不同的规制方式和规制强度。沃特森①(Waterson,1988)对自然垄断的边界进行了说明,一个行业会因为技术特征或者市场需求的改变而被定义为自然垄断行业,也有可能随着技术进步或者市场需求的扩张使其自然垄断性弱化,成为竞争性行业。因此,应根据特定时间段内指定行业的自然垄断强度,选择合理的规制强度,微观上提高企业经营效率、宏观上改善行业绩效和增进社会福利。

在图 7-2 中,本研究把规制强度划为"严格"和"宽松"两种,以此代表规制政策选择;自然垄断强度划为"强"和"弱"两种,以此代表行业垄断程度。

自然垄断强度

		弱	强
规制强度	宽松	A_{11}	A_{12}
	严格	A_{21}	A_{22}

图 7-2　自然垄断强度与规制强度博弈矩阵

其中 A_{11} 表示对自然垄断强度弱的行业执行宽松的规制强度,其效果值为正,增进社会福利;A_{22} 表示对自然垄断强度强的行业实行严格的规制强度,其效果值为正,增进社会福利;A_{12} 表示对自然垄断强度强的行业实行宽松的规制强度,其效果值为负,导致社会福利损失;A_{21} 表示对自然垄断强度弱的行业实行严格的规制强度,其效果值为负,导致社会福利损失。

所以正确的处理方法应是根据行业的自然垄断强度选择规制强度,最终目标是避免社会效益和经济效益损失。但必须强调的是,虽然理论上可以论述自然垄断的程度,但是在实践方面很难精准划分某个行业"弱自然垄断"与"强自然垄断"的分界线。下面将用"规制强度—垄断强度"曲线来考察规制强度和垄断强度之间的关系。

如图 7-3 所示,当垄断强度匀速从 1 变化到 0 时,对应的规制强度也匀速从 1 变化到 0。其中垄断强度为 0 代表行业为完全竞争,1 代表行业为完全垄断;规制强度为 0 代表政府对该行业实行零规制,1 代表实行严格规制。其中 RM_1 为下凹曲线,表示自然垄断强度的边际减少对应的是对规制强度减弱的需求在增强;RM_2 为上凹曲线,表示自然垄断强度的边际减少对应的是对规制强度减弱的需求

---

① WATERSON M. Regulation of the Firm and Natural Monopoly[J].Economic Journal,1989,99(394):103-120.

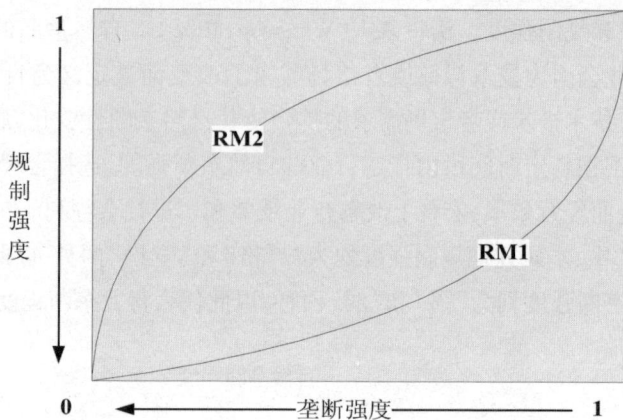

图7-3 "规制强度—垄断强度"曲线关系图

在减少;RM曲线是上凹还是下凹取决于不同行业自身的技术特征及技术进步的发展阶段。但概括来讲,自然垄断的强度与规制强度正相关,自然垄断特征越明显,规制强度越严格,反之亦然。不同行业的技术经济特征不同,因此自然垄断强度不同,应该结合行业特点和经济发展阶段采用适宜的规制强度。

3. 收费公路行业政府规制强度选择

收费公路具有俱乐部物品、自然垄断、显著的外部性、级差效益、基础产业、社会公益、网络经济等技术经济特征,这些特征决定了对收费公路行业实行政府规制的必要性。但随着公共利益理论被政府俘虏理论所替代以及收费公路行业运营管理效率不佳的现状,理论界和行业管理层充分认识到规制失灵的存在,并提出需开展大规模的规制改革,其中很重要的一个方面就是把握政府规制的强度。此处所介绍的规制强度是指政府相关控制和监督的宽松或严格程度。

(1)收费公路行业自然垄断强度与规制强度选择。樊建强①(2010)证明了收费公路行业具有自然垄断性。其规模经济性决定在一个特定的区域,一家或少数几家收费公路经营企业提供收费公路,就可以实现以最低成本、最优效率满足该区域内的公路交通出行需求。

然而,随着航空、高铁、城际铁路等其他交通方式的逐渐完善,各种运输方式之间展开激烈竞争,使收费公路行业出现垄断性弱化的趋势,即市场机制将发挥更多的协调作用,而政府的行政管制作用将被弱化。因此,可实行图7-2中弱自

---

① 樊建强. 收费公路产业规制制度改革[M].北京:社会科学文献出版社,2010.

然垄断强度与宽松规制强度的搭配,最终达到 A_{11}(为正的社会净福利),促进行业运营效率及资源配置效率的提高。

(2)收费公路行业规制成本及收益与规制强度的选择。任何规制制度都会有对应的规制成本和规制收益,出于效益最大化目标,规制强度的选择必须考虑规制成本和规制收益。可以用规制成本收益与规制强度模型来描述规制强度对规制制度的影响。根据图7-4所示,规制成本曲线是一条 U 型曲线,规制收益曲线是一条倒 U 形曲线。

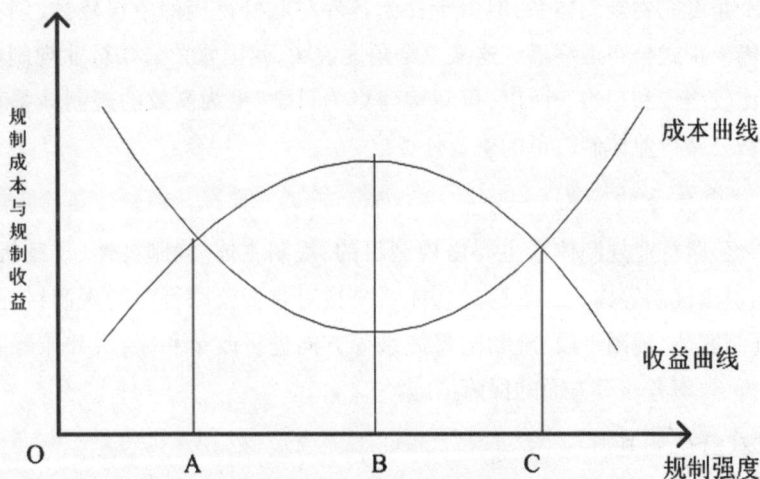

图7-4 "规制强度—规制成本收益"曲线关系

当一个行业为完全竞争市场结构时,是不需要规制的,即规制强度为零,规制成本和收益也皆为零。而当行业具有自然垄断特性时,以规制成本曲线为例,规制强度为宽松时,社会福利未得到最大保护,规制成本会较高;随着规制强度的加强,规制成本逐步下降,但是到了最低点,规制成本又开始逐步增长,因此规制成本曲线呈现 U 型。而规制收益曲线具有相反的趋势,即呈现倒 U 形。因此,选择规制成本与规制收益曲线距离差最大时的 B 点效果最佳。

7.3.3 收费公路行业政府规制改革建议

《反不正当竞争法》《反垄断法》"中华人民共和国公路法"《收费公路管理条例》等法律法规都有针对收费公路行业行政垄断的规制政策。但在实际操作过程中,这些法律法规的可操作性较差,削弱了规制效果。前文实证研究也充分验证了这一观点。因此,如何从规制强度和规制效率两方面重新构建收费公路行业政府规制的合理模式、提出打破行政垄断提高经济绩效的规制改革建议,是本节主要的研究内容。

我国收费公路规制体系的建立可追溯到 20 世纪 80 年代,经历了三十多年的发展仍尚未完善,因此规制作用的发挥受到很大限制。从这一点来看,中国收费公路行业的政府规制失灵诱发了我国经济转型时期对收费公路行业政府规制的新需求。

2015 年 7 月,交通运输部起草了《收费公路管理条例》(修订征求意见稿),试图从多个角度完善规制体系,但由于社会各界对此修订稿的争议较大,到本研究截稿日仍未正式公布最终稿。这从一个角度说明,我国收费公路行业规制体系的构建仍比较缓慢和艰难。所以,重新构建更为科学、更为高效的规制体系是推进我国收费公路行业体制改革的重要任务之一。

1. 规制体系的定义

收费公路行业规制体系主要由规制目的、规制主体、规制客体、规制机构、进入规制、退出规制等构成。重构规制体系是指对收费公路行业的规制目标、规制主体、规制客体、规制手段、规制监督体系等方面进行改革和完善,并兼顾收益与成本分析、效率考核等方面的保障措施。

2. 政府规制目标

相关研究中,有学者将收费公路规制目标归纳为以下三点:一是社会福利最大化目标,即调整政府、公路使用者、公路运营管理者之间的利益;二是效率优化目标,即完善通行服务、降低收费标准、控制养护成本;三是收益目标,即保证公路运营者在扣除公路建设成本和运营费用后仍能获得一定合理利润。

本研究所建立的收费公路行业规制改革目标为"通过规制体系重构,打破行政垄断,建立有效规制"。新一轮的规制改革将围绕"实现有效规制"开展。

经合组织曾阐述"有效规制"的八大原则①:政府规制必须服务于明确的改革目标,并且有助于这些目标的实现;规制需要具备良好的法律基础;规制的社会成本必须是正当的,规制所带来的社会收益将大于给社会总福利造成的损失;社会规制给市场带来的损害必须最小化;规制要通过市场激励等机制促进改革与创新;规制必须清晰、简明、实用;政府规制必须与其他规制政策相一致;政府规制必须尽可能地与国内、国际的竞争、贸易和金融投资相互协调。

---

① 王健. 中国政府规制理论与政策[M].北京:经济科学出版社,2008.

针对我国收费公路行业,"有效规制"包含多层含义,围绕本研究的研究内容,具体可以归纳为以下三点:优化行政垄断,降低租值耗散,提高经济绩效。

3. 规制主体和规制客体

收费公路行业的参与者包括政府、规制机构、受规制企业、试图进入收费公路行业的潜在竞争者、收费公路使用者等。以往的行业规制研究把规制主体定义为各级政府部门,把规制客体定义为具有自然垄断性质的微观主体,即收费公路行业内的经营企业,本研究据此思路展开分析。

(1)收费公路使用者。收费公路资产的终极所有者为全国人民,目前资产管理执行的是中共十六大所提出的"在坚持国家所有的前提下,建立中央政府和地方政府分别代表国家履行出资人职责,管资产和管人、管事相结合的国有资产管理体制"。

在微观层面,全国人民指收费公路使用者,包括客运、货运企业和私家车用户,他们缴纳通行费以获得车辆通行服务。但该群体处于弱势地位并且较为分散,无法对规制机构进行监管,也无法对受规制企业的垄断行为进行干涉,导致无法维护自身利益。因此需要依靠完善的规制制度对规制领域中各参与主体进行约束,以保护收费公路使用者的权益。

(2)全国人大。在实际业务中,全国人大代表全国人民(特指收费公路使用者)行使收费公路资产所有权职能。

(3)政府。政府分为中央政府和地方政府,二者在收费公路行业规制中扮演不同的角色。中央政府处于规制主体的最高端,作为规制改革的顶层设计者必须要承担起制定收费公路行业发展政策的责任。它在各方利益纷争中扮演着中立角色,作为理性人,不偏倚任何一方利益主体,也不与其有任何合谋行为。而地方政府为了追求政绩,会采取地方保护政策,限制、禁止本行政区域以外的收费公路运营企业或其他社会资本的进入,维护本行政区域内收费公路运营企业的垄断地位,有可能出现执权过度的情况。

因此,中央政府应通过立法明确中央与地方的职责权限,在赋予地方政府自主权的同时也要建立监管机制,从根本上打破地方封锁、条块分割的局面,进一步破除行政垄断存在的条件。

此外,要明确各级政府的规制职能,主要包括制定与执行有关政府规制法规、颁发和修改企业经营许可证、制定与监督执行监管价格、规制市场进入管制等几个方面。只有明确政府职能边界,切实做到政企分开,才是破除行政垄断、减少寻租空间的根本保证。

（4）受规制企业。受规制企业是指收费公路行业内的直接经营者,即收费公路经营企业。现有规制体系中,受规制企业与规制机构之间已经形成利益共享联盟。因此,受规制企业为了追求自身利益,会努力争取政府政策的支持,希望借助政府政策的偏倚而获得更多的生产者剩余。

本研究把收费公路经营企业分为政府还贷公路运营企业和经营性公路经营企业,针对前者的规制将偏重其公益性。

4. 规制机构

收费公路政府规制体系中规制机构的运作效率对规制效果具有决定性作用。王俊豪①（2008）把规制机构定义为:具有一定法律地位和相对独立性,依照相关法规对微观市场主体实施行政管理与监督行为的政府行政机构。

在传统的收费公路行业规制体系中,以规制机构为中心,规制对象较集中,规制权利较分散。交通运输部是行业主管部门,负责行业发展规划与行业政策、市场准入和行业监管等,国资委负责收费公路运营企业国有资产监管和监控收费公路运营企业工资总额,财政部负责收费公路财政预算管理,发改委负责收费公路建设和改扩建项目的投资审批、核准,管制通行费收费标准等职能。规制权力分散在不同部门,容易造成多头执法,影响规制体系的系统性。但是,张昕竹②（2000）和余晖③（2000）指出我国法制不够健全、监督体制尚需完善,因此规制机构易被规制企业收买,形成政企同盟。

建立以保证效率为核心的政府规制模式的重点在于:设立独立政府规制机构,例如收费公路监委会,在规制权力配置方面,该机构与发改委互相牵制,使权力分配呈横向集中、纵向分权的特点。

5. 规制手段

规制手段包括由最高权力机关及其人大常委会制定和颁布的正式法律,由国务院制定的行政法规,由省市自治区人民政府颁布的地方性法规,由各部委根据法律法规在本部门权限范围内制定和颁布的实施细则、命令、指示与通知等。规制手段的选择不仅会影响规制对象的行为选择,还会影响规制主体的行为选择,通过保证规制主体行为选择的理性来推动规制对象行为选择的理性。

无论从哪个层面上讲,在规制及规则制定过程中存在的最大问题是立法过程的非程序化以及与原有法规的矛盾。例如,自 2015 年 7 月 21 日《收费公路管理

① 王俊豪. 中国垄断性产业管制机构的设立与运行机制[M].北京:商务印书馆,2008.

② 张昕竹. 网络产业:规制与竞争理论[M].北京:社会科学文献出版社,2000.

③ 余晖. 管制市场里的政企同盟:以中国电信产业为例[J].中国工业经济,2000(1):63-67.

条例(修订稿)》的征求意见稿公示以来,在征求社会意见期间,就有很多法律界人士和媒体对条例修订内容的法律依据提出质疑,认为征求意见稿中的部分条款与原有的公路法相抵触。按照《中华人民共和国立法法》所要求的"下位法不得抵触上位法"原则,《收费公路管理条例》制定和修改应和公路法保持一致;如果要突破公路法的规定,则必须先修改公路法。

重建有效的收费公路行业规制体系是迫在眉睫的大事,同时又是一项长期的艰巨任务与复杂的系统工程。具体工作的开展应遵循法制、中立、透明、高效的基本原则,处理好政府、运营企业、消费者各方利益的平衡协调,最终目的是要促进行业和谐发展。

6. 规制模式的选择

中国收费公路行业的传统规制模式主要采用的是一些直接的行政手段,对规制者缺乏监管,对被规制者缺乏激励,造成收费公路行业内行政垄断程度过高,抑制了有效规制的形成,阻碍了行业整体经济绩效的提高。因此,在市场经济体制下,制定与选取规制模式的基本思路是:充分发挥市场机制作用,设计有效的规制机制,更多地采用激励性规制模式。

7.4 收费公路行业市场化改革

以实现"有效规制"为目的的收费公路行业政府规制改革对破除行业行政垄断将起到积极作用。除此以外,还需要通过市场化改革倒逼收费公路行业降低行政垄断程度,具体措施包括:针对政府还贷公路存量,通过完善经营权转让制度优化产权结构;针对收费公路增量,通过完善PPP模式推进产业化进程。

7.4.1 优化产权结构

2013年中共十八届三中全会通过《中共中央关于全面社会改革若干重大问题的决定》,第一次明确提出了"开展所有制改革,积极发展混合所有制经济"的改革思路,希望通过实现经济运行宏观层面的经济形态多元化与经济运行微观层面的企业产权多元化,改变国有资本"一家独大"的垄断格局,在垄断及国资绝对控制领域引入非公有资本,形成相互制约、相互竞争的有效市场格局。

就收费公路行业而言,实现产权结构优化是打破行业行政垄断的重要途径之一。政府还贷公路在国资绝对控制下的单一产权结构严重束缚了市场机制的资源配置作用,另一方面也为过度行政垄断的生成提供了客观条件。因此在破除行政垄断过程中,除了要划清政府与市场边界、明确各自职能、重构有效规制体系外,还需积极优化产权结构。

在政策导向上应尽快允许收费公路行业的竞争性业务领域向非公有资本开放,通过"国民共存"的多元化产权结构,倒逼行业体制改革、管理模式调整以适应新的经济结构,还政府"宏观调控、公共服务、市场监管、社会管理、环境保护"职能,还运营企业经营活力和参与市场竞争的环境。

收费公路具有很强的社会公益性,《中华人民共和国物权法》中明确规定各项基础设施依照法律规定为国家所有,是国有资产的重要组成部分,应当由行政或事业单位管理。各级公路管理部门依据授权,代表国家行使所有权,因而,收费公路产权从价值形态上主要表现为经营权,是依附于公路基础设施实物资产上的无形资产。具体而言,指在政府特许经营模式下,具有法人资格的独立经济主体,对收费公路及其沿线附属设施自主进行经营活动并获得相关收益的权利。综上所述,本研究提出,针对政府还贷公路存量,采用经营权转让的方式,使政府还贷公路存量向经营性公路转变,以达到优化产权结构的目的。

从20世纪90年代起,我国开始进行有关公路经营权转让的改革尝试,但总体来说还处于起步阶段,仍在不断规范中。国家为此相继制定了很多法规,目前涉及公路经营权转让行为规范的法律、法规和规章有:1994年发布的《关于转让公路经营权有关问题的通知》、1997年发布的《中华人民共和国公路法》、1999年发布的《关于清理整顿公路收费站(点)的实施方案(试行)》、1999年发布的《国家计委关于加强国有基础设施资产权益转让管理的通知》、2004年发布的《收费公路管理条例》、2008年发布的《公路经营权有偿转让管理办法》、2012年发布的《关于禁止将政府还贷公路违规转让或划转成经营性公路的通知》等,均对公路经营权转让工作做出了相应规定。

从实践来看,全国各地均有尝试,其中不乏成功的案例。但由于经营权转让涉及的程序性规定较多,且多是原则性规定,在实际工作中经常出现多头审批,操作程序混乱等现象,也出现了一些引起社会各界争议的案例,例如北京首都机场高速公路经营权转让和京石高速公路经营权转让等。而且从目前的情况来看,各省区市进行收费公路经营权转让意愿的多,而转让成功的却很少。2010—2014年国内通过转让政府还贷公路经营权筹措的资金规模总和仅为93亿元。

本研究认为,抓好政府还贷公路存量的经营权转让是优化当前收费公路行业产权结构的有效手段,应大力推进,因此必须正视目前经营权流转中存在的问题,从转让模式、转让契约、转让价格、转让的政府监管等方面探讨完善收费公路经营权转让行为的对策。

为了调动社会资本参与经营权转让活动的积极性,在严格界定转让主体的基础上,丰富转让模式,既可以选择全部转让模式,也可以选择部分转让模式,比如将一条政府还贷公路的经营权同时拆分转让给两个或两个以上的社会投资者,包括国内外经济组织。对于政府还贷公路,由于存在过度的行政垄断导致的信息不对称问题,特许经营协议的设计应带有一定的激励机制,采用主观评价和客观评价相结合的方式,在赋予受让方经营权的同时,也应使其承担对等的风险,促使受让方与授权方目标利益一致,在提高运营效益的同时确保社会公益性不受损害。

收费公路行业还未设立专门负责收费公路权益转让监管工作的机构。而根据现有法律法规的规定,交通主管部门既是公路资产的业主,又是收费公路经营权转让行为中有关各方的协调主体,还负责经营权转让的监管,一人分饰三角,各种利益权责纠缠不清,难免会导致效率低下。因此,可以设立一个独立于政府还贷公路运营部门的机构,专门负责收费公路权益转让的监管,实现政事分离。省级及以上交通主管部门享有收费公路经营权转让的审批权,实现权责分离。此外加大信息披露和听证会等手段,鼓励社会公众包括转让双方,对收费公路经营权转让行为进行监督,确保流程的公开、公正、公平和高效。

7.4.2 推进产业化进程

收费公路产业化改革已经启动多年,从产业化本质看,收费公路产业化就是市场化。相关的理论研究起于2000年前后。王国清[1]首次界定了高速公路产业化的概念:"广义上讲,产业化指非经济活动向经济活动转化的过程。所谓公路产业化,定义为公路由'公共事业'向'公共产业'发育与过渡的动态过程。"随后,徐海成[2]给出了更为详尽的阐述:"高速公路产业化是指高速公路建设、运营、养护等经济活动的市场化、网络化和效益化,具体可以概括为高速公路投资主体的多元化、经营主体的分散化、经营目标的效益化、经营方式的规模化。"基于以上概

---

① 王国清.高速公路产业化战略发展研究[D].西安:长安大学,2000:23.
② 徐海成.高速公路产业属性及发展规律[J].交通运输工程学报,2002(3):85-89.

念,樊建强①提出,收费公路产业化经营的本质就是收费公路市场化,并从市场主体、市场机制、市场进入等多角度规范收费公路产业化经营。

本研究所提出的推进产业化进程主要指针对收费公路增量,采取 PPP 等市场化运作方式,由社会资本在政府特许经营制度下进行融资、建设和经营等活动,以公私合作的形式达到打破行政垄断、实现政府有序退出、提高行业经济绩效的目的。

2015 年 5 月 7 日,财政部和交通运输部联合发布《关于在收费公路领域推广运用政府和社会资本合作模式的实施意见》,鼓励社会资本通过 PPP 模式,参与收费公路投资、建设、运营和维护。交通运输部在 2015 年《收费公路管理条例》(征求意见稿)中也明确提出,"要推广政府和社会资本合作模式,鼓励和吸引社会资本投资公路建设"。在这样的大背景下,如何推进 PPP 模式在收费公路行业中的应用值得研究。

首先要扭转地方政府及交通主管部门的工作理念,转变工作思路和自身职能定位,政府要逐步地从"补建设"向"补运营"转变,承担的应是"裁判员"的角色。重点工作放在政策引导和监督管理上,加强与社会资本的协调沟通,严守契约精神,在项目签约时应力争做到项目条件界定清晰、全面,参照《财政部关于规范政府和社会资本合作合同管理工作的通知》文件,从法律层面给予政府和社会资本双方更好的利益保证,才能真正将收费公路 PPP 项目落地,实现多方共赢的最终目的。

其次,完善投资回报机制。目前我国收费公路路网处在完善阶段,新建待建的公路车流量较少,项目平衡自身投资的能力较弱,因此若仅依靠项目本身的经营收益,无法满足社会资本获得合理回报的要求,不具备市场化的条件。因此,为了使该类项目达到市场化条件,一方面,应将广告、加油等经营收入纳入项目现金流;另一方面,应采用约定通行费标准的方式,由地方财政对实际通行费标准与约定通行费标准之间的收费收入差额进行补贴。《财政部、交通运输部关于在收费公路领域推广运用政府和社会资本合作模式的实施意见》中也提出,"收费不足以满足社会资本或项目公司成本回收和合理回报的,依法给予融资支持,项目沿线一定范围土地开发使用等支持措施仍不能完全覆盖成本的,可考虑给予合理的财政补贴"。

---

① 樊建强,徐海成. 高速公路产业化经营及政府规制探析[J].经济问题探索,2007(3):93-98.

最后,健全PPP模式社会资本方正常退出机制。地方政府及相关部门关于PPP模式的指导或实施意见中对社会资本方退出机制的安排偏重于非正常情形下的临时接管,致使社会资本方很难以正常方式退出,只能通过政府方回购、项目搁置方式解决或以仲裁、诉讼等高成本、非正常方式退出。没有完善的社会资本方退出机制,PPP模式就难以得到有效的推广和运用。因此,应尽快在已有的退出机制框架下,完善细节,出台更具操作性的实施办法。

参考文献

[1]埃德加．M．胡佛．区域经济学导论[M].上海：远东出版社,1992.

[2]埃莉诺·奥斯特罗姆等．规则,博弈与公共池塘资源[M].西安：陕西人民出版社,2010.

[3]巴泽尔．产权的经济分析[M].上海：上海人民出版社,1997.

[4]白鹏锐,徐海成．我国收费公路行业资源配置效率及其影响因素[J].中国流通经济,2018,32(08):100-108.

[5]白永秀,王颂吉．我国经济体制改革核心重构：政府与市场关系[J].改革,2013(7): 14-21.

[6]布坎南．自由市场和国家[M].北京：北京经济学院出版社,1989.

[7]曹海霞．矿产资源的产权残缺与租值耗散问题研究[D].太原：山西财经大学,2013.

[8]曹军念,李晓明．中国公路收费经营与政府行业管理相关问题[J].交通运输工程学报,2001,1(4):92-96.

[9]曹瑄玮,席酉民,陈雪莲．路径依赖综述[J].经济社会体制比较,2008(3):185-191.

[10]陈丰．论我国行政垄断的成因及对策思路[J].华东理工大学学报,2003(4):76-79.

[11]陈林,朱卫平．经济国有化与行政垄断制度[J].制度经济学研究,2012(2):121-144.

[12]陈林．转轨时期中国行政垄断的经济绩效研究[D].广州：暨南大学,2011.

[13]陈江龙,曲福田,陈雯．农地非农化效率的空间差异及其对土地利用政策调整的启示[J].管理世界,2004(8):37-42,155.

[14]陈小亮,陈伟泽.垂直生产结构、利率管制和资本错配[J].经济研究,2017,52(10):98-112.

[15]陈学云,江可申.航空运输业规制放松与反行政垄断——基于自然垄断的强度分析[J].中国工业经济,2008(6):67-76.

[16]陈雨露.金融发展中的政府与市场关系[J].经济研究,2014(1):16-19.

[17]陈甫军,胡德宝.不确定性下的垄断势力测度问题[J].山西财经大学学报,2008,30(3):50-55.

[18]陈宗胜,周云波.非法非正常收入对居民收入差别的影响及经济学解释[J].经济研究,2001(4):14-23,57-94.

[19]程慧平,周迪,万莉.我国网络信息资源配置效率研究(下)[J].情报科学,2014(9):113-117.

[20]崔晓林,张辉.租值消散理论的经济学逻辑[J].山东经济,2009(6):29-37.

[21]丹尼尔·F.史普博.管制与市场[M].上海:格致出版社,上海人民出版社,2008.

[22]道格拉斯·C.诺思.制度、制度变迁和经济绩效[M].上海:格致出版社,2012.

[23]蒂莫西·J.科埃利,等.效率与生产率分析引论[M].北京:中国人民大学出版社,2008.

[24]丁启军,伊淑彪.中国行政垄断行业效率损失研究[J].山西财经大学学报,2008,30(12):42-47.

[25]丁启军.行政垄断行业的判定及改革[J].财贸研究,2010(5):77-83.

[26]丁启军.基于规制视角的行业性行政垄断问题研究[D].济南:山东大学,2011.

[27]丁启军.行政垄断行业高利润来源研究——高效率,还是垄断定价?[J].产业经济研究,2010(5):36-43.

[28]杜尔哥.关于财富的形成和分配的考虑[M].北京:华夏出版社,2013.

[29]杜明义,赵曦.农地租值耗散与农民土地权益保护[J].贵州社会科学,2009(1):89-94.

[30]杜明义.城乡统筹发展中农民土地权益的保护——基于"价格管制"导

致租值消散理论的分析[J].广西社会科学,2011(3):50-53.

[31]樊建强.收费公路产业规制制度改革[M].北京:社会科学文献出版社,2010.

[32]樊建强,徐海成.高速公路产业化经营及政府规制探析[J].经济问题探索,2007(3):93-98.

[33]樊建强,李丽娟.收费公路产业规制改革的路径选择与实施[J].经济问题探索,2010(4):49-53.

[34]樊建强,李丽娟.收费公路行业行政垄断及其社会成本测度[J].经济问题,2012(2):56-60,95.

[35]费太安.我国医疗服务提供中政府与市场关系:理论与实践走向[J].财政研究,2013(7):52-56.

[36]俸芳,宋书勇,王满良.政府还贷模式和收费经营模式的财务比较[J].交通财会,2008(3):4-8.

[37]冯根福,张舒玮,郑冠群.国有垄断行业引进民资的策略选择与实现社会福利最大化[J].当代经济科学,2012(4):1-6,124.

[38]冯群,石学军,徐伟.建筑工程安监系统的权力寻租治理:基于寻租主体演化博弈的视角[J].中国管理科学,2015,23(11):9-14.

[39]付勇.中国式分权与地方政府行为:探索转变发展模式的制度性框架[M].上海:复旦大学出版社,2010.

[40]傅沂.产业变迁中的路径依赖研究——一个演化经济学分析框架的构建及其在中国的应用[D].广州:暨南大学,2006.

[41]戈登·塔洛克.公共选择——戈登塔洛克文集[M].北京:商务印书馆,2011.

[42]过勇,胡鞍钢.行政垄断、寻租与腐败——转型经济的腐败机理分析[J].经济社会体制比较,2003(2):61-69,129.

[43]国家发改委宏观经济研究院课题组.高等级公路收费与融资问题研究[J].经济研究参考,2004(5):22-32.

[44]韩江波,李效允.租值消散理论与中国农地产权制度研究新趋向[J].商业研究,2011(7):32-37.

[45]韩江波,易顺.租值消散:农地建设用地配置的分析框架及其理论诠释

[J].经济与管理评论,2013(4):16-23.

[46]韩江波.农地商业化配置租值消散研究[D].广州:暨南大学,2012.

[47]韩江波.产权稀释、公共领域与租值消散理论分析框架构建——中国农地产权制度变迁解析[J].现代财经(天津财经大学学报),2012,32(1):69-78.

[48]何一鸣.产权管制放松理论[M].北京:中国经济出版社,2010.

[49]何一鸣,罗必良.产权管制、制度行为与经济绩效——来自中国农业经济体制转轨的证据(1958—2005)[J].中国农村经济,2010(10):4-15.

[50]何一鸣,罗必良.产权管制放松与中国经济转轨绩效[J].经济理论与经济管理,2009(9):10-15.

[51]洪必纲.公共物品供给中的租及寻租博弈研究[D].长沙:湖南大学,2010.

[52]胡鞍钢,过勇.公务员腐败成本——收益的经济学分析[J].经济社会体制比较,2002(4):33-41.

[53]胡鞍钢.中国90年代后半期腐败造成的经济损失[J].国际经济评论,2001(6):12-21.

[54]胡鞍钢,过勇.从垄断市场到竞争市场:深刻的社会变革[J].改革,2002(1):17-28.

[55]胡和立.1988年我国租金价值的估算[J].经济社会体制比较,1989(5):10-15.

[56]胡乐明,刘刚.新制度经济学[M].北京:中国经济出版社,2009.

[57]黄宪,余丹,杨柳.我国商业银行的X效率研究——基于DEA三阶段模型的实证分析[J].数量经济技术经济研究,2008(7):80-91.

[58]靳来群,林金忠,丁诗诗.行政垄断对所有制差异所致资源错配的影响[J].中国工业经济,2015(4):31-43.

[59]贾欢.对政府还贷公路和经营性公路的概念及相关问题的思考[J].交通财会,2011(3):61-63.

[60]贾锐宁,徐海成.高速公路规模与区域经济发展的适应性——基于2001—2015年中国省级面板数据的实证分析[J].中国流通经济,2017,31(7):20-29.

[61]贾锐宁,徐海成.公路收费政策的大气污染防治效应——基于空间溢出

视角下城市层面的证据[J].技术经济,2018,37(5):103-114.

[62]姜岩飞.高速公路运营管理体制及收费政策研究[D].西安:长安大学,2014.

[63]康妮,陈林.行政垄断加剧了企业生存风险吗?[J].财经研究,2017,43(11):17-29.

[64]李传喜,胡筱瑜.我国战略性新兴产业规模结构效率及其优化研究[J].经济问题探索,2013(7):82-86.

[65]李怀.基于规模经济和网络经济效益的自然垄断理论创新——辅以中国自然垄断产业的经验检验[J].管理世界,2004(4):61-81,156.

[66]李利群.出租车业数量管制效应分析——基于租值消散理论的视野[J].交通企业管理,2012(12):34-37.

[67]李宁,陈利根,孙佑海.转型期农地产权变迁的绩效与多样性研究:来自模糊产权下租值耗散的思考[J].江西财经大学学报,2014(6):77-90.

[68]李琼.收费公路产业政府职能问题研究[D].西安:长安大学,2013.

[69]李琼.收费公路产业的行政垄断危害及其破除[J].公路,2015(3):125-130.

[70]李世刚,尹恒.寻租导致的人才误配置的社会成本有多大[J].经济研究,2014(8):56-66.

[71]李松森.中央与地方国有资产产权关系研究[M].北京:人民出版社,2006.

[72]李晓慧.中国垄断产业改革的目标模式:竞争、产权与激励的融合视角[J].中央财经大学学报,2010(8):50-54,96.

[73]李晓明,胡长顺,曹军念.收费公路经营及政府公共管制的理论与方法[J].中国软科学,2003(6):134-142.

[74]李旭光.政府设租与企业寻租的一般均衡分析[D].沈阳:辽宁大学,2009.

[75]李玉涛.政策的经济合理性与公众可接受性:中国收费公路的综合反思[J].中国软科学,2011(3):56-64.

[76]李月,贾绍凤.水权制度选择理论——基于交易成本、租值消散的研究[J].自然资源学报,2007(5):692-700.

[77]李政军.塔洛克与他的寻租模型[J].江苏社会科学,1999(4):49-54.

[78]李治国,郭景刚,周德田.中国石油产业行政垄断及其绩效的实证研究[J].当代财经,2012(6):89-101.

[79]李治国,孙志远.行政垄断下我国石油行业效率及福利损失测度研究[J].经济经纬,2016,33(1):72-77.

[80]梁建英,张帆,廖貅武.不同管制方式对基础设施产业效率的影响分析[J].运筹与管理,2007(16):47-51.

[81]林伊亘.收费公路的发展应当坚持以政府还贷公路为主[J].交通财会,2005(11):6-8,20.

[82]刘杉.中国高速公路市场化运营机制研究[D].西安:长安大学,2009:14.

[83]刘秉镰,武鹏,刘玉海.交通基础设施与中国全要素生产率增长——基于省域数据的空间面板计量分析[J].中国工业经济,2010(3):54-64.

[84]刘长霞.经济转轨时期中国银行业反行政垄断与促进竞争政策研究[D].济南:山东大学,2008.

[85]刘芳.企业规模经济的影响因素研究综述[J].首都经济贸易大学学报,2014(3):123-128.

[86]刘汉民.路径依赖理论及其应用研究:一个文献综述[J].浙江工商大学学报,2010(2):58-72.

[87]刘锦,王学军.寻租、腐败与企业研发投入——来自30省12367家企业的证据[J].科学学研究,2014,32(10):1509-1517.

[88]刘明辉,徐正刚.中国注册会计师行业的规模经济效应研究[J].会计研究,2005(10):71-75,97.

[89]刘新梅,张卫朋,艾根林.基础设施产业规制效率分析[J].预测,2004(1):74-77.

[90]刘彦蕊,张士运.小型交通运输工具智能合乘计价方法探索:基于帕累托效率改进及最易转化实施原则[J].中南大学学报(自然科学版),2013,44(S1):382-385.

[91]刘奕.高速公路经济适应性理论与评价方法研究[D].北京:北京交通大学,2009.

[92]刘振华,曹剑东.论交通运输行业的政府与市场结构转变[J].交通运输研究,2015(4):16-21.

[93]卢文岱.SPSS统计分析[M].北京:电子工业出版社,2010.

[94]卢毅,李庆瑞,刘建江.我国高速公路管制的必要性与思路[J].长沙理工大学学报(社会科学版),2006,21(3):76-81.

[95]罗伯特·吉本斯.博弈论基础[M].北京:中国社会科学出版社,1993.

[96]罗建华,谭海彦,张琦.区域性产业市场结构评判方法体系的构建研究[J].产业经济研究,2008(5):67-71.

[97]马铁雄.地方政府债务的租值耗散及国家审计治理——以融资平台为例[J].财经科学,2015(2):63-71.

[98]马歇尔.经济学原理(下)[M].北京:商务印书馆,1997.

[99]曼昆.经济学原理[M].梁小民,译.北京:北京大学出版社,2001.

[100]孟昌.租金的竞争性寻求及其耗散——基于经典文献的术语考证与概念界定[J].教学与研究,2011(12):53-58.

[101]平狄克,鲁宾费尔德.微观经济学[M].北京:人民大学出版社,2000.

[102]蒲艳.行政垄断与寻租行为研究[M].北京:科学出版社,2013.

[103]蒲艳,邱海平.寻租均衡理论的最新进展[J].经济学动态,2011(3):106-109.

[104]戚聿东.垄断行业改革研究[M].北京:经济管理出版社,2011.

[105]戚聿东,李颖.新经济与规制改革[J].中国工业经济,2018(3):5-23.

[106]钱德勒.企业规模经济与范围经济:工业资本主义的原动力[M].北京:中国社会科学出版社,1999.

[107]钱颖一.克鲁格模型与寻租理论[J].经济社会体制比较,1998(5):17-18.

[108]钱颖一.重新定位政府与市场边界[J].今日国土,2009(3):31,16.

[109]乔治·J.施蒂格勒.产业组织[M].王永钦,薛锋,译.北京:人民出版社,2006.

[110]琼·罗宾逊.不完全竞争经济学[M].北京:华夏出版社,2012.

[111]单东.中国石油行业行政垄断的成因、危害及解决之对策[J].经济社会体制比较,2010(5):158-164.

[112]沈飞,朱道林,毕继业.政府制度性寻租实证研究——以中国土地征用制度为例[J].中国土地科学,2004,18(4):3-8.

[113]石淑华.行政垄断的经济学分析[M].北京:社会科学文献出版社,2006.

[114]苏明,贾西津,孙洁,等.中国政府购买公共服务研究[J].财政研究,2010(1):9-17.

[115]孙久文,肖春梅.长三角地区全要素能源效率变动的实证分析[J].中国人口·资源与环境,2012,22(12):67-72.

[116]孙晓华,王昀.企业规模对生产率及其差异的影响——来自工业企业微观数据的实证研究[J].中国工业经济,2014,5(5):57-69.

[117]泰勒尔.产业组织理论[M].北京:中国人民大学出版社,1998.

[118]谭荣,曲福田.现阶段农地非农化配置方式效率损失及农地过度性损失[J].中国土地科学,2006,20(3):3-8.

[119]汤玉刚."中国式"分权的一个理论探索——横向与纵向政府间财政互动及其经济结果[M].北京:经济管理出版社,2012.

[120]童玮,徐峰.推进交通投融资平台改革转型[J].宏观经济管理,2012(6):66-68.

[121]童燕.中国道路货物运输产业组织与变迁研究——基于动态SCP的分析[D].上海:复旦大学,2008.

[122]涂远博,王满仓,卢山冰.规制强度、腐败与创新抑制——基于贝叶斯博弈均衡的分析[J].当代经济科学,2018,40(1):26-34,124-125.

[123]V.奥斯特罗姆,D.菲尼,H.皮希特.制度分析与发展的反思——问题与抉择[M].北京:商务印书馆,1996.

[124]W.基普·维斯库斯.反垄断与管制经济学[M].陈甫军,译.北京:中国人民大学出版社,2010.

[125]万安培.租金规模的动态考察[J].经济研究,1996(2):75-80.

[126]万安培.租金规模的动态再考察[J].经济研究,1998(7):75-80.

[127]王博,李琼.高速公路行业上市公司绩效评价与动态分析[J].企业经济,2014(8):175-179.

[128]王博,李琼.收费公路特许经营中的多方利益博弈分析[J].统计与决

策,2013(16):44-47.

[129]王常雄.转轨过程中地区性行政垄断对微观资源配置的影响分析[D].济南:山东大学,2010.

[130]王国清.高速公路产业化战略发展研究[D].西安:长安大学,2000.

[131]王会宗.中国铁路运输业行政垄断与引入竞争问题研究[D].济南:山东大学,2010.

[132]王会宗.行政垄断下的铁路运输业资源配置效率分析[J].西安财经学院学报,2012,25(1):16-24.

[133]王会宗.行政垄断与经济效率——基于中国铁路运输业的实证分析[J].经济问题,2009(12):20-24.

[134]王会宗,张超.行政垄断形成中的路径依赖分析——以中国铁路运输业为例[J].工业技术经济,2009,28(5):7-10.

[135]王家庭,赵亮.我国财产保险业的经营效率测度及提升的实证研究[J].数量经济技术经济研究,2010(3):107-118.

[136]王健.中国政府规制理论与政策[M].北京:经济科学出版社,2008.

[137]王婕妤,徐海成.收费公路行业行政垄断程度测度及治理[J].西安交通大学学报(社会科学版),2012,32(4):75-80.

[138]王婕妤,徐海成.基于实现有效竞争的基础设施产业规模效率研究[J].西北大学学报(哲学社会科学版),2013(1):121-125.

[139]王婕妤.收费公路产业提高经济绩效的市场结构优化研究[D].西安:长安大学,2013.

[140]王军.中国高速公路政府管制制度变迁研究[D].西安:西北大学,2003.

[141]王军,杨惠馨.2006—2008年中国省际高技术产业效率实证研究[J].统计研究,2010,27(12):46-50.

[142]王俊豪.市场结构与有效竞争[M].北京:人民出版社,1994.

[143]王俊豪,王建明.中国垄断性产业的行政垄断及其管制政策[J].中国工业经济,2007(12):30-37.

[144]王俊豪.政府管制经济学导论:基本理论及其在政府管制实践中的应用[M].北京:商务印书馆,2001.

[145]王俊豪. 中国垄断性产业管制机构的设立与运行机制[M].北京:商务印书馆,2008.

[146]王俊豪. 论深化中国垄断行业改革的政策思路[J].中国行政管理,2009(9):7-10.

[147]王俊豪. 中国基础设施产业政府管制体制改革的若干思考——以英国政府管制体制改革为鉴[J].经济研究,1997(10):36-42.

[148]王俊豪. 论有效竞争[J].中南财经大学学报,1995(5):56-61.

[149]王俊豪. 中国市场结构理论模式研究[J].经济学家,1996(1):69-75.

[150]王开科. 我国战略性新兴产业"阶梯式"发展路径选择——基于马克思资源配置理论视角的分析[J].经济学家,2013,6(12):21-29.

[151]王利彬. 中国公路收费制度的效率研究[D].西安:长安大学,2006.

[152]王秋玲. 收费公路行业政府规制与市场机制协调关系及边界研究[D].西安:长安大学,2011.

[153]王帅. 产融型企业集团规模经济效应度量模型的构建及其实证研究[J].财经理论与实践,2013,11(186):92-96.

[154]王先林. 我国反垄断法实施的基本机制及其效果——兼论以垄断行业作为我国反垄断法实施的突破口[J].法学评论,2012,30(5):96-103.

[155]王效俐,马利君. 政府管制对企业家精神的影响研究——基于30个省区市的面板数据[J].同济大学学报(社会科学版),2019,30(2):107-117.

[156]王孝莹. 行政垄断程度与行业效率相关性的SPSS分析[J].运筹与管理,2012,2(21):239-247.

[157]王勇."垂直结构"下的国有企业改革[J].国际经济评论,2017(5):9-28,4.

[158]王云中. 论马克思资源配置理论的依据、内容和特点[J].经济评论,2004(1):31-38.

[159]王忠民. 寻租理论的现实意义[J].经济社会体制比较,1988(6):13-16.

[160]王自力. 对公用事业民营化趋势的制度供求分析[J].财贸经济,2004(10):23-27.

[161]翁舟杰. 中国中小企业信贷配给问题研究——"租值耗散—交易费用"

框架[D].成都:西南财经大学,2008.

[162]翁舟杰,陈和智.隐形合约、租值耗散及我国信贷市场非规范融资行为[J].经济学家,2008(3):99-105.

[163]翁舟杰."看病难、看病贵"现象的经济分析——西方租值耗散理论的视角[J].经济学家,2012(10):65-70.

[164]威廉.G.谢泼德,等.产业组织经济学[M].北京:中国人民大学出版社,2009.

[165]未小刚.我国高速公路产业组织研究[D].西安:长安大学,2013.

[166]吴敬琏.寻租理论与我国经济中的某些消极现象[J].经济社会体制比较,1998(5):1-2.

[167]吴建军.中国市场化进程中的政府管制:一个产权经济学分析[D].武汉:华中科技大学,2005.

[168]夏春玉,张闯.大型零售企业规模扩张的理论解读——兼论流通企业的性质、规模与边界[J].商业经济与管理,2004(11):4-9,29.

[169]肖红军,张哲.企业社会责任寻租行为研究[J].经济管理,2016(2):178-188.

[170]肖兴志,孙阳.中国电力产业规制效果的实证研究[J].中国工业经济,2006(9):38-45.

[171]肖兴志,韩超.中国垄断产业改革与发展40年:回顾与展望[J].经济与管理研究,2018,39(7):3-15.

[172]徐海成.公路经济[M].北京:人民交通出版社,2008.

[173]徐海成,贾锐宁.收费公路产出弹性与运营绩效[J].西安交通大学学报(社会科学版),2018,38(5):21-29.

[174]徐海成,贾锐宁,白鹏锐.租值耗散理论研究进展及其在收费公路行业应用展望[J].长安大学学报(社会科学版),2014,9(16):25-30.

[175]徐海成.高速公路产业化经营分析[J].综合运输,2004(3):20-21.

[176]徐海成,王毅,贾锐宁.基于三阶段DEA与Tobit回归模型的收费公路行业运营模式双轨制效率研究[J].中国公路学报,2017,30(9):125-132.

[177]徐海成.高速公路产业属性及发展规律[J].交通运输工程学报,2002(3):85-89.

[178]徐海成,等.河北省收费公路行业基于规模经济效率的规制改革研究[R].石家庄:河北省交通运输厅,2014.

[179]徐海成,白鹏锐,王建康.基于行政垄断的租值耗散程度测度及治理研究——以收费公路行业为例[J].经济问题,2016(12):30-36.

[180]徐海成,贾锐宁,郑英杰.交通基础设施的供给侧结构性改革[J].长安大学学报(社会科学版),2019,21(1):16-23.

[181]徐海成,徐兴博,贾锐宁.收费公路激励性规制中有效成本识别问题研究——基于区域间比较竞争视角[J].中外公路,2018,38(2):323-327.

[182]徐大伟.新制度经济学[M].北京:清华大学出版社,2015.

[183]许国艺.政府补贴和市场竞争对企业研发投资的影响[J].中南财经政法大学学报,2014(5):59-64,71.

[184]亚当·斯密.国富论[M].上海:上海世界图书出版公司,2013.

[185]姚凤阁,徐林实,李娟,等.经济转型期市场决定与政府调控关系界限研究[J].经济研究,2014(9):187-191.

[186]杨斐.中国行政垄断规制研究[D].西安:西北大学,2007.

[187]杨光斌.观念、制度与经济绩效——中国与印度经济改革的政治学理论价值[J].中国人民大学学报,2006(3):114-122.

[188]杨继生,阳建辉.行政垄断、政治庇佑与国有企业的超额成本[J].经济研究,2015(4):50-61,106.

[189]杨兰品.中国行政垄断问题研究[D].武汉:武汉大学,2005.

[190]杨骞,刘华军.中国烟草产业行政垄断及其绩效的实证研究[J].中国工业经济,2009,4:51-61.

[191]杨骞.我国烟草产业行政垄断的社会成本估算[J].当代财经,2010(4):87-93.

[192]杨骞.行政垄断租值耗散的理论与实证研究[J].中南财经政法大学学报,2009(3):49-54,143.

[193]杨骞.中国烟草产业的行政垄断问题研究——程度、效率与改革[D].济南:山东大学,2011.

[194]杨淑云.中国电力产业行政垄断及其效率影响分析[D].济南:山东大学,2010.

[195]杨秀玉.中国电信产业行政垄断及其绩效的实证分析[J].上海财经大学学报,2009,11(4):49-56.

[196]杨秀玉.中国电信行业行政垄断与竞争政策研究[D].济南:山东大学,2010.

[197]殷孟波,翁舟杰,梁丹.解读中小企业贷款难理论谜团的新框架——租值耗散与交易费用视角[J].金融研究,2008(5):99-106.

[198]殷孟波,翁周杰.租值耗散理论与我国中小企业贷款难问题研究[J].经济学动态,2006(7):102-105.

[199]尹敬东,周绍东.基于劳动价值论的资源配置理论研究[J].经济学动态,2015(5):30-36.

[200]于良春,张伟.中国行业性行政垄断的强度与效率损失研究[J].经济研究,2010(3):16-27,39.

[201]于良春,彭恒文.中国铁路运输供需缺口及相关产业组织政策分析[J].中国工业经济,2005(4):38-44.

[202]于良春,杨骞.行政垄断制度选择的一般分析框架——以我国电信业行政垄断制度的动态变迁为例[J].中国工业经济,2007(12):38-45.

[203]于良春.转轨经济中的反行政性垄断与促进竞争政策研究[M].北京:经济科学出版社,2011.

[204]于良春,丁启军.自然垄断产业进入管制的成本收益分析——以中国电信业为例的实证研究[J].中国工业经济,2007(1):14-20.

[205]于良春,杨淑云,于华阳.中国电力产业规制改革及其绩效的实证分析[J].经济与管理研究,2006(10):35-40.

[206]余晖.管制市场里的政企同盟:以中国电信产业为例[J].中国工业经济,2000(1):63-67.

[207]袁程炜,张得.帕累托效率视角下的能源消费与经济增长关系研究[J].税收经济研究,2013(1):91-95.

[208]袁桂秋,张玲丹.我国制造业的规模经济效益影响因素分析[J].数量经济技术经济研究,2010(3):42-54.

[209]袁庆明.新制度经济学[M].北京:中国发展出版社,2005.

[210]约翰·斯图亚特·穆勒.政治经济学原理(上卷)[M].北京:商务印书

馆,1991.

[211]张成,郭路,于同申.环境规制强度和生产技术进步[J].经济研究,2011(2):113-124.

[212]张大伟,魏汝祥,刘宝平.基于资源配置逻辑的国防经济学理论体系探析[J].北京理工大学学报(社会科学版),2014(4):99-104.

[213]张峰.产权残缺与利益公共补偿——基于市场与政府职能边界的理论探讨[J].中南财经政法大学学报,2010(4):38-43,143.

[214]张复明,曹海霞.我国矿产资源产权残缺与租值耗散问题研究[J].经济学动态,2013(6):54-60.

[215]张复明.矿业寻租的租金源及其治理研究[J].经济学动态,2010(8):41-44,49.

[216]张红凤,张肇中.我国经济性规制改革的产业绩效评价[J].理论学刊,2012(7):30-37.

[217]张建华.我国商业银行的X效率分析[J].金融研究,2003(6):46-57.

[218]张利,李琪,汪贵浦.基于DEA的中国铁路运营绩效分析及评价[J].系统工程理论方法应用,2006(3):220-224.

[219]张启军.寻租理论研究[D].武汉:华中科技大学,2005.

[220]章权.经营性收费公路收费期满收回及其运营管理关键技术研究[D].西安:长安大学,2011.

[221]张蕊,刘小玄.转型时期不同所有制企业的规模边界[J].财经科学,2013,12:38-46.

[222]张伟,于良春.行业行政垄断的形成及治理机制研究[J].中国工业经济,2011(1):69-78.

[223]张卫东,童睿.租值消散理论述评[J].江西师范大学学报,2005(3):44-48.

[224]张维迎.所有制、治理结构及委托代理关系——兼评崔之元和周其仁的一些观点[J].经济研究,1996(9):3-15,53.

[225]张五常.经济解释(卷二)[M].北京:中信出版社,2010.

[226]张五常.经济解释——张五常经济论文选[M].北京:商务印书馆,2000.

[227]张希栋,张晓.行政垄断、政府管制与产业绩效——对天然气开采业的一般均衡分析[J].北京理工大学学报(社会科学版),2015,17(6):38-45.

[228]张昕竹.网络产业:规制与竞争理论[M].北京:社会科学文献出版社,2000.

[229]张宇.政府与市场的协同关系及其实现路径探究[J].求实,2013(8):44-48.

[230]郑方辉.中国收费公路的制度安排及其绩效评价[J].学术研究,2009(4):89-95.

[231]郑加梅,夏大慰.激励性规制对中国电信业全要素生产率的影响——基于省际动态面板数据的实证研究[J].财经研究,2014(2):85-96.

[232]植草益.微观规制经济学[M].朱绍文,胡欣欣等译.北京:中国发展出版社,1992.

[233]仲伟俊,徐南荣.分散组织结构下的资源配置模型及方法研究[J].管理工程学报,1996,10(3):131-137.

[234]仲伟周,王斌.寻租行为的理论研究及实证分析[M].北京:科学出版社,2010.

[235]中国地方政府融资平台研究课题组.中国财税发展研究报告:中国地方政府融资平台研究[M].北京:中国财政经济出版社,2011.

[236]中国人民银行成都分行营业管理部课题组.金融管制下的区域银行同业市场业务发展及功能演进研究——基于租值消散理论的视角[J].西南金融,2013(4):38-41.

[237]周国光.完善高速公路特许经营管理的政策研究[J].交通企业管理,2007(1):72-74.

[238]周黎安.转型中的地方政府:官员激励与治理[M].上海:格致出版社,上海人民出版社,2008.

[239]周其仁.公有制企业的性质[J].经济研究,2000(11):3-12,78.

[240]周天勇.中国行政体制改革30年[M].上海:格致出版社,2008.

[241]周望军,王伟,梁靖.改革收费公路"双轨制"的政策建议[J].综合运输,1997(7):1-3.

[242]周耀东,余晖.国有垄断边界、控制力和绩效关系研究[J].中国工业经

济,2012(6):31-43.

[243]周月秋.资源配置理论探索[J].金融管理科学,1994(3):9-13,20.

[244]朱富强.效率原则是否为指导制度改革的合理原则[J].制度经济学研究,2010(6): 185-207.

[245]朱光磊.中国政府职能转变问题研究论纲[J].中国高校社会科学,2013(1):145-155,159.

[246]朱凯,潘怡麟,张舒怡,等.管制下的市场分割与租值耗散——基于企业集团跨地区经营的视角[J].财经研究,2019,45(4):4-16,29.

[247]朱贻宁.收费公路产业行政垄断及产业效率的计量分析[J].统计与决策,2015(11): 104-107.

[248]ALCALDE J,DAHM M. Rent Seeking and Rent Dissipation:A Neutrality Result[J].Journal of Public Economics,2010,94(1):1-7.

[249]ARMSTRONG M,BARON A. Performance Management[M].London:The Cromwell Press,1998

[250]BARZEL Y. A theory of Rationing by Waiting[J].Journal of Law and Economics,1974,17(1):73-95.

[251]BAUMOL W J. Contestable Markets:An Uprising in the Theory of Industry Structure[J].American Economic Review,1982,72(1):1-15.

[252]BAUMOL W J,Panzar JC,Willig RD. Contestable Markets:An Uprising in the Theory of Industry Structure:Reply[J].American Economic Review,1983,73(3):1-15.

[253]BECKER G S.A Theory of Competition Among Pressure Groups for Political Influence[J].The Quarterly Journal of Economics,1983,98(3):371-400.

[254]BELENKY V Z,BELOSTOTSKY A M. Resource Allocation and Project Selection:Control of R&D Under Dynamic Process of Data Improvement[J].Theory and Decision,1989,26(1):1-35.

[255]BERGER A N,HUMPHREY DB. Efficiency of Financial Institutions: International Survey and Directions for Future Research[J].European Journal of Operational Research,1997,98(2): 175-212.

[256]BOTTOMLEY A. The Effect of the Common Ownership of Land Upon Re-

sources Allocation in Tripolitania[J].Land Economics,1963,39(1):91-95.

[257]BROWN D J,WOOD G A. The Social Cost of Monopoly Power[J].Cowles Foundation Discussion Papers, 2004, 88(91):727-748.

[258]CHARNES A, COOPER W W, RHODES E. Measuring the Efficiency of Decision Making Units[J]. European Journal of Operational Research,1978,2(6): 429-444.

[259]CHEUNG S N S. A Theory of Price Control[J].Journal of Law and Economics,1974,17(1): 53-71.

[260]CHIARA N,GARVIN M J. Variance Models for Project Financial Risk Analysis With Applications to Greenfield BOT Highway Projects[J].Construction Management and Economics,2008,26(9):925-939.

[261]CHRISTIANSEN N D,Lavine H. Need-Efficiency Trade-Offs in the Allocation of Resources: Ideological and Attributional Differences in Public Aid Decision Making[J].Social Justice Rearch,1997, 10(3):289-310.

[262]CLARK J M. Toward a Concept of Workable Competition[J].The American Economic Review,1940, 30(2):241-256.

[263]DALAKOGLOU D. The Road from Capitalism to Capitalism: Infrastructures of (Post) Socialism in Albania[J].Mobilities,2012,7(4):571-586.

[264]DAVID P A. Clio and the Economics of Qwerty[J].The American economic review,1985,75(2): 332-337.

[265]DAVIJANI M H,BANIHABIB M E,ANVAR A N, et al. Multi-Objective Optimization Model for the Allocation of Water Resources in Arid on the Maximization of Socioeconomic Efficiency Regions Based on the Maximization of Socioeconomic Efficiency[J].Water Resources Management,2016,30(3):1-20.

[266]DEMSETZ H. Towards a Theory of Property Rights[J].American Economic Review,1967, 57(2):347-359.

[267]DIEWERT W E, FOX K J. On the estimation of returns to scale, technical progress and monopolistic markups[J].Journal of Econometrics ,2008,145(1-2): 174-193.

[268]FARRELL MJ. The Measurement of Production Efficiency[J].Journal of the

Royal Statistical Society,1957,120(3):253-290.

[269]GORDON H S. The Economic Theory of a Common-Property Resource:The Fishery[J].Journal of Political Economy,1954,62(2):124-142.

[270]HARBERGER A. Using the Resources at Hand More Effectively[J].The American Economic Review,1959,49(2):134-146.

[271]HARDIN G. The Tragedy of the Commons[J].Science,1968,162(3859): 1243-1248.

[272]HILLMAN A L, Katz E. Risk-Averse Rent Seekers and the Social Cost of Monopoly Power[J].The Economic Journal,1984,94(373):104-110.

[273]HO A T K. State Highway Capital Expenditure and the Economic Cycle[J]. International Journal of Public Administration,2008,31(2):101-116.

[274]HOLMSTROM B,MYERSON R B. Efficient and Durable Decision Rules with Incomplete Information[J].Econometrica,1983,51(6):1799-1819.

[275]HOMANS F R, WILEN J E. Markets and Rent Dissipation in Regulated Open Access Fisheries[J]. Journal of Environmental Economics and Management, 2005,49(2):381-404.

[276]IHORI T. Overlapping Tax Revenue,Soft Budget, and Rent Seeking[J]. International Tax & Public Finance,2011,18(1):36-55.

[277]JADLOW J M,JADLOW J W. Risk,Rent Seeking and the Social Cost of Monopoly Power[J].Managerial & Decision Economics,1988,9(1):59-63.

[278]JOÃO C, JOÃO M, Lidia A M. A Study of Highways Performance with a Molp-Dea Model and an Interactive Tri-Criteria Linear Programming Package[J].Brazilian Journal of Operations & Production Management,2010,7(1):163-179.

[279] KIGHT F H. Some Fallacies in the Interpretation of Social Cost [J]. Quarterly Journal of Economics, 1924,38(4):582-606.

[280]KRUEGER A O. The Political Economy of the Rent-Seeking Society[J]. The American Economic Review,1974,64(3):291-303.

[281]LEDYARD J O,Noussair C,Porter D. The Allocation of a Shared Resource Within an Organization[J].Review EconomicDesign,1996,2(1):163-192.

[282]LEIBENSTEIN H. Allocative Efficiency Vs X-efficiency[J].American Eco-

nomic Review,1966,56(3): 392-415.

[283]LOCKWOOD S,VERMA R. Public-Private Partnerships in Toll Road De-velopment:an Overview of Global Practices[J].Transportation Quarterly,2000,54(2): 77-91.

[284]LOEB M,MAGAT W. A Decentralized Method for Utility Regulation[J]. Journal of Law and Economics,1979,22(2):399-404.

[285]NAUGHTON M C,Frantz R. X-Efficiency,Rent-Seeking and Social Costs: Comment[J].Public Choice,1991,68(1-3):259-265.

[286]NGO T W. Rent-Seeking and Economic Governance in the Structural Nexus of Corruption in China[J].Crime Law & Social Change,2008,49(1):27-44.

[287]PELTZMAN S. Toward a More General Theory of Regulation[J].Journal of Law and Economics,1976,19(2):245-248.

[288]PIGOU A C. The Economics of Welfare[M].London:Macmillan,1920.

[289]POSNER R A. The Social Cost of Monopoly and Regulation[J].The Journal of Political Economy,1975,83(4):807-827.

[290]ROGERSON W P. The Social Costs of Monopoly and Regulation: A Game-Theoretic Analysis[J].Bell Journal of Economics,1982,13(2):391-401.

[291]SCHMIDT P, JONDROW J. On the Estimation of Technical Inefficiency in the Stochastic Frontier Production Function Model. [J]. Journal of Econometrics, 1981, 19(2):233-238.

[292]SCHWATZMAN D. The Burden of Monopoly[J].Journal of Political Econo-my,1960,68(6): 627-630.

[293]SPRY J A,CROWLEY J E. Assessing the Impact of Monopoly Toll Road Service Areas[J].Eastern Economic Journal, 2004, 30(3):393-409.

[294]STIGLER G J. The Theory of Economic Regulation[J].The Bell Journal of Economics and Management Science,1971,2(1):3-21.

[295] STIGLER G J, FRIDLAND C. What Can the Regulators Regulate? The Case of Electricity[J].Journal of Law & Economics,1962,5(1):1-16.

[296]TULLOCK G. The Welfare Costs of Tariffs, Monopoliesand Theft[J].Eco-nomic Inquiry,2010,5(3): 224-232.

[297] VISCUSI W K, VERNON M J, HARRINGTON J E. Economics of Regulation and Antitrus [M]. Massachusetts: MIT Press, 2000

[298] WALKER J M, Gardner R, Ostrom E. Rent Dissipation in a Limited-Access Common-Pool Resource: Experimental Evidence [J]. Journal of Environmental Economics and Management, 2005, 19(3): 203-211.

[299] WEI X, XU H C, ZHANG B Q, et al. Infrastructure Operation Efficiency and Influential Factors in Developing Countries: Evidence from China [J]. Sustainability, 2019, 11(3): 1-14.

附　录

附表 1　2016 年全国各省收费公路统计数据

（一）

地区	编号	收费公路里程（千米）	主线收费站数量（个）	累计建设投资总额（亿元）	年末债务余额（亿元）	年通行费收入（亿元）	年支出合计（亿元）
全国	1	171092.2	1575.0	75857.5	48554.7	4548.5	8691.7
东部	2	63271.4	753.5	24172.1	15084.0	1603.4	3612.5
中部	3	58685.3	403.5	30167.4	18976.5	1992.2	3318.5
西部	4	49135.7	417.5	21517.7	14494.2	952.9	1760.8
北京	5	912.8	21.5	1076.1	640.5	81.8	196.6
天津	6	1201.2	18.5	1126.3	730.7	57.4	93.6
河北	7	7424.1	69.0	4365.2	3341.6	263.0	959.9
山西	8	6435.0	75.5	3217.9	2803.8	170.6	568.8
内蒙古	9	20370.8	325.5	2774.8	1228.7	118.6	233.4
辽宁	10	4195.0	21.0	1614.8	897.4	108.4	173.5
吉林	11	4092.5	36.5	1498.2	1213.1	46.6	99.8
黑龙江	12	5112.3	47.5	1321.4	1038.7	51.6	85.7
上海	13	682.9	16.0	757.6	116.2	62.8	171.4

232

续表

地区	编号	收费公路里程	主线收费站数量	累计建设投资总额	年末债务余额	年通行费收入	年支出合计
		（千米）	（个）	（亿元）	（亿元）	（亿元）	（亿元）
江苏	14	7282.9	86.5	3051.0	1389.8	343.1	620.9
浙江	15	5562.0	36.0	3368.8	1683.4	299.6	408.7
安徽	16	4883.5	37.5	1901.6	936.9	167.0	201.8
福建	17	4845.6	23.0	3860.8	2521.3	139.9	294.5
江西	18	5058.3	18.0	2053.5	1080.5	162.5	215.9
山东	19	8125.7	87.0	2465.3	1074.4	255.2	393.2
河南	20	6611.6	33.0	3272.9	2425.2	258.2	602.6
湖北	21	6131.6	42.0	3248.3	2423.9	182.2	442.5
湖南	22	7041.2	28.0	4380.3	3273.1	173.2	281.1
广东	23	10952.0	94.0	6930.6	3832.7	537.0	749.4
广西	24	5035.8	41.0	2054.2	1408.4	117.0	137.4
海南	25	–	–	–	–	–	–
重庆	26	2742.8	19.0	2068.5	1277.8	106.4	138.5
四川	27	6675.3	45.0	3726.2	2403.8	194.7	242.8
贵州	28	5550.8	26.0	4476.5	2750.1	132.5	382.4
云南	29	4317.6	44.0	2819.2	2247.7	143.8	347.7
西藏	30	–	–	–	–	–	–
陕西	31	6151.0	54.0	3966.9	3222.0	192.0	364.0
甘肃	32	8147.5	77.0	1836.6	1272.2	80.6	134.0
青海	33	4085.0	38.5	750.9	356.2	16.7	24.5
宁夏	34	2881.9	45.0	612.6	308.1	27.7	30.7
新疆	35	8583.8	69.0	1260.4	656.3	58.4	96.2

（二）

地区	编号	支出构成						年通行费减免情况		
		年还本付息支出	其中：（还息支出）	年养护经费支出	年运营管理支出	年税费支出	年其他支出	绿色通道减免	节假日小型客车减免	年其他政策性减免金额
		（亿元）	（亿元）	（亿元）	（亿元）	（亿元）	（亿元）	（亿元）	（亿元）	（亿元）
全国	1	7063.8	2313.3	476.3	596.8	308.9	17.3	329.8	237.8	121.6
东部	2	3344.6	825.8	196.7	290.2	201.8	12.9	116.7	115.8	47.4
中部	3	2275.3	825.8	162.3	177.3	67.4	2.2	111.9	70.6	34.4
西部	4	1444.1	661.7	117.4	129.2	39.7	2.2	93.8	51.3	39.9
北京	5	156.2	28.1	10.4	19.2	3.1	0.0	2.1	4.6	2.7
天津	6	73.9	31.4	5.4	8.9	3.7	0.4	2.8	2.4	0.7
河北	7	874.0	174.7	24.7	46.9	12.2	0.7	15.5	9.4	2.0
山西	8	504.0	144.9	23.1	31.5	7.1	0.1	6.4	4.5	14.5
内蒙古	9	170.8	72.1	35.0	20.8	5.6	0.3	7.5	4.1	4.7
辽宁	10	113.2	46.8	13.1	12.2	3.6	0.0	8.9	7.4	2.8
吉林	11	84.7	55.4	5.8	7.9	1.4	0.0	3.4	3.2	0.7
黑龙江	12	59.4	54.5	8.3	13.8	2.0	0.0	2.1	2.5	0.8
上海	13	142.2	13.3	16.6	6.4	5.7	0.4	1.2	3.7	5.7
江苏	14	496.4	69.8	21.1	39.8	52.8	0.5	18.4	17.6	7.8
浙江	15	320.5	76.1	25.6	23.3	31.5	0.0	12.5	17.1	7.0
安徽	16	141.4	51.7	8.0	16.6	12.2	0.0	9.8	8.4	5.6
福建	17	259.4	119.1	9.8	17.2	5.1	0.8	6.9	12.8	2.5
江西	18	146.9	52.2	38.9	15.1	5.5	0.1	14.4	8.6	2.5

续表

地区	编号	支出构成						年通行费减免情况		
		年还本付息支出	其中：（还息支出）	年养护经费支出	年运营管理支出	年税费支出	年其他支出	绿色通道减免	节假日小型客车减免	年其他政策性减免金额
		（亿元）	（亿元）	（亿元）	（亿元）	（亿元）	（亿元）	（亿元）	（亿元）	（亿元）
山东	19	267.5	46.8	25.5	34.2	21.3	1.6	13.6	12.7	7.4
河南	20	546.3	119.4	12.7	29.0	11.0	0.4	27.4	17.0	1.9
湖北	21	387.8	134.3	16.1	20.7	16.3	0.5	25.1	11.9	1.9
湖南	22	234.2	141.3	14.3	21.8	6.4	0.8	15.9	10.5	1.7
广东	23	541.3	164.2	39.4	69.2	55.4	7.7	18.9	23.4	7.5
广西	24	100.0	55.6	5.0	12.9	7.4	0.7	15.9	4.8	1.3
海南	25	–	–	–	–	–	–	–	–	–
重庆	26	105.1	56.7	10.3	12.3	8.1	0.5	4.0	8.1	1.8
四川	27	180.2	84.8	14.9	27.1	10.5	0.8	15.7	13.1	29.8
贵州	28	345.8	135.9	9.6	18.0	4.7	0.8	17.8	8.6	0.9
云南	29	311.4	113.5	14.7	11.3	6.2	0.1	18.9	8.0	3.9
西藏	30	–	–	–	–	–	–	–	–	–
陕西	31	296.7	159.7	21.7	30.2	7.2	0.1	16.1	6.7	1.2
甘肃	32	99.4	53.6	21.5	10.7	2.3	0.0	11.6	2.7	1.0
青海	33	15.2	9.9	4.2	4.5	0.5	0.0	0.5	0.6	0.3
宁夏	34	19.9	13.4	5.4	5.1	0.1	0.0	2.5	1.1	0.1
新疆	35	70.5	34.2	15.0	9.9	0.0	0.0	6.7	2.4	0.9

附表 2 2016 年收费公路行业经济绩效测度数据

（一）

地区	投入产出			外生环境变量	
	通行费收入	养护经费支出	运营管理支出	地区虚拟变量	人均 GDP
	（万元）	（万元）	（万元）		（元）
山西	1705787.0	315246.0	231147.0	0	35443.81
吉林	465621.0	79228.0	58312.0	0	54068.06
黑龙江	515665.4	137913.2	83228.9	0	40500.37
安徽	1670006.0	166315.0	79794.0	0	39392.54
江西	1624684.0	151442.0	389013.0	0	40285.28
河南	2582262.7	289749.6	127321.6	0	42458.86
湖北	1822000.0	207000.0	161000.0	0	55506.17
湖南	1731815.0	217931.0	142838.0	0	46249.44
重庆	1064081.0	123133.0	103416.0	0	58204.04
内蒙古	1185878.0	208419.0	350119.0	0	71936.90
四川	1947412.4	271110.2	148893.4	0	39862.67
贵州	1325053.8	180386.2	95718.4	0	33127.23
云南	1437724.0	112761.0	147072.0	0	30996.48
陕西	1919744.2	301942.3	216630.5	0	50877.50

续表

地区	投入产出			外生环境变量	
	通行费收入	养护经费支出	运营管理支出	地区虚拟变量	人均GDP
	（万元）	（万元）	（万元）		（元）
甘肃	806358.8	107485.1	215279.9	0	27587.62
宁夏	277347.0	51129.0	54426.0	0	46942.07
青海	167189.4	44679.5	42484.9	0	43380.94
新疆	583850.0	99484.0	149699.0	0	40240.62
北京	818287.0	192110.0	104459.0	1	118127.61
天津	573894.9	88913.2	53720.7	1	114503.14
河北	2630025.3	469321.1	246893.3	1	42932.33
辽宁	1083822.6	121720.2	131415.7	1	50815.21
上海	628000.0	166000.0	64000.0	1	116440.70
江苏	3430515.4	397673.0	211122.3	1	96747.44
浙江	2996019.5	232958.5	255861.6	1	84528.37
福建	1398923.0	171784.2	97916.3	1	74369.08
山东	2552132.2	342421.1	254995.0	1	68386.94
广东	5370451.5	692457.6	394279.9	1	73511.15
广西	1169628.0	128717.0	50118.0	1	37862.01

（二）

地区	外生环境变量		核心解释变量	控制变量	
	人口密度	铁路营业密度	政府还贷公路里程	收费公路里程	高速公路里程
	（人/平方千米）	（千米/万平方千米）	（千米）	（千米）	（千米）
山西	235.57	339.09	4807.00	6435.00	5199.10
吉林	145.84	272.15	3761.70	4092.50	3097.10
黑龙江	80.32	131.08	4822.86	5112.27	4353.69
安徽	443.52	300.64	144.20	4883.50	4459.00
江西	274.97	239.52	2198.60	5058.30	5042.40
河南	570.78	335.33	2789.12	6611.63	6447.63
湖北	316.57	220.55	3568.30	6131.60	5686.10
湖南	322.10	221.91	4588.90	7041.20	6985.50
重庆	370.35	255.16	0.00	2742.80	2742.80
内蒙古	21.30	103.97	14823.50	20370.80	4191.80
四川	171.62	95.55	1590.03	6675.25	6141.81
贵州	201.99	187.50	2710.45	5550.83	5475.50
云南	124.47	96.53	218.20	4317.60	4022.30
陕西	1.5.46	223.74	5380.08	6151.04	4511.77
甘肃	57.44	90.23	8147.47	8147.47	3585.49

续表

地区	外生环境变量		核心解释变量	控制变量	
	人口密度	铁路营业密度	政府还贷公路里程	收费公路里程	高速公路里程
	（人/平方千米）	（千米/万平方千米）	（千米）	（千米）	（千米）
宁夏	101.66	195.78	2840.50	2881.90	1616.20
青海	8.21	31.84	3935.06	4084.97	2045.60
新疆	14.45	35.54	8583.80	8583.80	4098.10
北京	1293.45	773.81	79.50	912.80	912.80
天津	1382.30	973.45	0.00	1201.16	1201.20
河北	397.98	372.94	5658.28	7424.07	6462.22
辽宁	300.07	383.82	0.00	4195.01	4195.01
上海	3841.27	793.65	196.70	682.90	657.40
江苏	779.63	272.90	3125.64	7282.91	4374.33
浙江	548.04	254.90	590.54	5561.97	4042.99
福建	319.37	263.81	4025.35	4845.57	4804.97
山东	646.75	357.61	5335.11	8125.68	5616.61
广东	611.06	233.33	3062.41	10952.03	7269.87
广西	205.00	220.34	3494.00	5035.80	4551.40

附表3 2016年收费公路经营企业垄断利润租值与政府补助租值（单位：亿元）

高速公路经营公司	垄断利润租值	政府补助租值
一、高速公路上市公司	221.682	1.832
1. 湖北楚天高速公路股份有限公司	5.360	0.009
2. 东莞发展控股股份有限公司	10.288	0.017
3. 江西赣粤高速公路股份有限公司	13.804	0.561
4. 海南高速公路股份有限公司	0.844	0.000
5. 黑龙江交通发展股份有限公司	3.442	0.033
6. 湖南投资集团股份有限公司	1.636	0.000
7. 华北高速公路股份有限公司	3.929	0.009
8. 吉林高速公路股份有限公司	2.584	0.000
9. 江苏宁沪高速公路股份有限公司	44.173	0.160
10. 山东高速股份有限公司	40.326	0.488
11. 深圳高速公路股份有限公司	16.224	0.036
12. 四川成渝高速公路股份有限公司	14.184	0.118
13. 安徽皖通高速公路股份有限公司	12.459	0.022
14. 广西五洲交通股份有限公司	2.321	0.083
15. 现代投资股份有限公司	10.649	0.030
16. 广东省高速公路发展股份有限公司	14.866	0.007
17. 河南中原高速公路股份有限公司	9.351	0.242
18. 重庆路桥股份有限公司	3.127	0.015
19. 福建发展高速公路股份有限公司	12.113	0.001

续表

高速公路经营公司	垄断利润租值	政府补助租值
二、地方公路融资平台公司	576.699	241.931
(一)华北地区		
1. 河北省高速公路开发有限公司	10.945	0.001
2. 山西省交通开发投资集团有限公司	2.620	0.24
3. 北京市首都公路发展集团有限公司	6.048	5.16
4. 内蒙古高等级公路建设开发有限责任公司	2.983	0.00
5. 天津高速公路集团有限公司	0.465	2.04
(二)东北地区		
6. 黑龙江省高速公路集团公司	5.748	0.03
7. 吉林省高速公路集团有限公司	19.049	30.52
(三)华中地区		
8. 湖北省交通投资集团有限公司	21.193	3.34
9. 湖南省高速公路建设开发总公司	86.338	110.00
10. 江西省高速公路投资集团有限责任公司	19.938	9.62
11. 河南交通投资集团有限公司	17.140	0.27
(四)华东地区		
12. 山东高速集团有限公司	52.589	6.52
13. 江苏交通控股有限公司	106.756	31.30
14. 安徽省交通控股集团有限公司	24.961	1.32
15. 浙江省交通投资集团有限公司	64.495	1.85
16. 福建省高速公路有限责任公司	13.850	5.55
(五)华南地区		
17. 广东省交通集团有限公司	17.630	0.01

续表

高速公路经营公司	垄断利润租值	政府补助租值
18. 广西交通投资集团有限公司	11.665	0.27
19. 海南省交通投资控股有限公司	5.347	0.00
(六)西南地区		
20. 贵州高速公路集团有限公司	19.033	13.04
21. 四川省交通投资集团有限公司	8.444	3.63
22. 云南省公路开发投资有限责任公司	37.281	1.51
23. 重庆高速公路集团有限公司	-1.327	15.58
(七)西北地区		
24. 甘肃省公路航空旅游集团有限公司	14.847	0.07
25. 青海交通投资有限公司	3.572	0.00
26. 陕西省交通建设集团公司	2.749	0.06
27. 陕西省高速公路建设集团公司	2.339	0.01
三、其他经营公司	33.333	3.52
1. 唐山唐曹高速公路有限公司	0.471	0.00
2. 河南省收费还贷高速公路有限公司	15.157	0.09
3. 福建省南平市高速公路有限责任公司	1.013	3.43
4. 浙江台州高速公路集团股份有限公司	3.228	0.003
5. 苏州苏嘉杭高速公路有限公司	4.807	0.00
6. 上海路桥发展有限公司	2.137	0.00
7. 重庆铁发遂渝高速公路有限公司	6.520	0.00
总计	831.714	247.283

附表4　2016年收费公路经营企业投资产生的租值（单位：亿元）

高速公路经营公司	投资	投资产生的租值
一、高速公路上市公司	442.695	88.539
1. 湖北楚天高速公路股份有限公司	2.406	0.481
2. 东莞发展控股股份有限公司	5.522	1.104
3. 江西赣粤高速公路股份有限公司	17.886	3.577
4. 海南高速公路股份有限公司	5.617	1.123
5. 黑龙江交通发展股份有限公司	2.340	0.468
6. 湖南投资集团股份有限公司	0.710	0.142
7. 华北高速公路股份有限公司	3.103	0.621
8. 吉林高速公路股份有限公司	8.457	1.691
9. 江苏宁沪高速公路股份有限公司	39.154	7.831
10. 山东高速股份有限公司	86.014	17.203
11. 深圳高速公路股份有限公司	77.367	15.473
12. 四川成渝高速公路股份有限公司	22.306	4.461
13. 安徽皖通高速公路股份有限公司	5.691	1.138
14. 广西五洲交通股份有限公司	4.333	0.867
15. 现代投资股份有限公司	57.620	11.524
16. 广东省高速公路发展股份有限公司	22.787	4.557
17. 河南中原高速公路股份有限公司	76.934	15.387

续表

高速公路经营公司	投资	投资产生的租值
18. 重庆路桥股份有限公司	1.113	0.223
19. 福建发展高速公路股份有限公司	3.334	0.667
二、地方公路融资平台公司	7105.298	1421.060
(一)华北地区		
1. 河北省高速公路开发有限公司	40.168	8.034
2. 山西省交通开发投资集团有限公司	53.170	10.634
3. 北京市首都公路发展集团有限公司	74.652	14.930
4. 内蒙古高等级公路建设开发有限责任公司	25.382	5.076
5. 天津高速公路集团有限公司	40.896	8.179
(二)东北地区		
6. 黑龙江省高速公路集团公司	4.339	0.868
7. 吉林省高速公路集团有限公司	116.874	23.375
(三)华中地区		
8. 湖北省交通投资集团有限公司	306.258	61.252
9. 湖南省高速公路建设开发总公司	389.758	77.952
10. 江西省高速公路投资集团有限责任公司	191.051	38.210
11. 河南交通投资集团有限公司	200.102	40.020
(四)华东地区		
12. 山东高速集团有限公司	3093.399	618.680
13. 江苏交通控股有限公司	241.504	48.301
14. 安徽省交通控股集团有限公司	132.327	26.465
15. 浙江省交通投资集团有限公司	296.345	59.269
16. 福建省高速公路有限责任公司	128.394	25.679

高速公路经营公司	投资	投资产生的租值
（五）华南地区		
17. 广东省交通集团有限公司	4.703	0.941
18. 广西交通投资集团有限公司	218.077	43.615
19. 海南省交通投资控股有限公司	12.680	2.536
（六）西南地区		
20. 贵州高速公路集团有限公司	281.416	56.283
21. 四川省交通投资集团有限公司	207.452	41.490
22. 云南省公路开发投资有限责任公司	416.598	83.320
23. 重庆高速公路集团有限公司	157.969	31.594
（七）西北地区		
24. 甘肃省公路航空旅游集团有限公司	168.556	33.711
25. 青海交通投资有限公司	114.831	22.966
26. 陕西省交通建设集团公司	90.171	18.034
27. 陕西省高速公路建设集团公司	98.226	19.645
三、其他经营公司	89.540	17.908
1. 唐山唐曹高速公路有限公司	7.310	1.462
2. 河南省收费还贷高速公路有限公司	49.404	9.881
3. 福建省南平市高速公路有限责任公司	21.018	4.204
4. 浙江台州高速公路集团股份有限公司	0.008	0.002
5. 苏州苏嘉杭高速公路有限公司	5.291	1.058
6. 上海路桥发展有限公司	1.072	0.214
7. 重庆铁发遂渝高速公路有限公司	5.437	1.087
总计	7637.533	1527.507

附表 5 2016 年收费公路行业地区间工资
租值(单位:亿元)

	工资总额	全国人均工资水平下工资总额	工资租值
省、直辖市、自治区	437.928	301.541	188.427
一、华北地区			
北京	22.742	11.443	11.299
天津	4.394	1.830	2.564
河北	3.346	2.215	1.131
山西	1.308	2.041	-0.733
内蒙古	10.505	6.337	4.168
二、东北地区			
黑龙江	7.558	4.425	3.133
吉林	2.771	1.161	1.610
辽宁	-	-	-
三、华中地区			
湖南	14.100	10.583	3.518
湖北	9.315	4.405	4.910
江西	22.089	10.439	11.649
河南	27.487	28.380	-0.893

续表

	工资总额	全国人均工资水平下工资总额	工资租值
四、华东地区			
山东	49.495	51.373	−1.878
江苏	45.671	27.267	18.404
安徽	27.583	19.099	8.484
浙江	53.231	13.392	39.839
福建	16.507	9.422	7.085
上海	0.319	0.362	−0.043
五、华南地区			
广东	10.423	32.614	−22.190
广西	10.967	7.329	3.638
海南	1.392	1.066	0.326
六、西南地区			
贵州	8.118	7.409	0.709
四川	29.408	8.372	21.035
云南	15.773	11.487	4.286
重庆	4.712	4.995	−0.283
西藏	−	−	−
七、西北地区			
陕西	26.708	15.997	10.711
甘肃	9.823	7.357	2.466
青海	2.185	0.741	1.444
宁夏	−	−	−
新疆	−	−	−

	工资总额	全国人均工资水平下工资总额	工资租值
上市公司	55.890	30.487	25.402
1. 湖北楚天高速公路股份有限公司	1.397	0.778	0.620
2. 东莞发展控股股份有限公司	0.988	0.522	0.467
3. 江西赣粤高速公路股份有限公司	4.783	2.404	2.379
4. 海南高速公路股份有限公司	0.635	0.500	0.135
5. 黑龙江交通发展股份有限公司	0.917	0.506	0.411
6. 湖南投资集团股份有限公司	0.647	0.520	0.127
7. 华北高速公路股份有限公司	1.498	0.632	0.866
8. 吉林高速公路股份有限公司	1.040	0.628	0.412
9. 江苏宁沪高速公路股份有限公司	8.388	3.812	4.576
10. 山东高速股份有限公司	7.839	4.074	3.764
11. 深圳高速公路股份有限公司	5.435	3.550	1.885
12. 四川成渝高速公路股份有限公司	5.598	3.440	2.158
13. 安徽皖通高速公路股份有限公司	2.498	1.464	1.033
14. 广西五洲交通股份有限公司	1.219	0.732	0.487
15. 现代投资股份有限公司	3.466	1.986	1.480
16. 广东省高速公路发展股份有限公司	3.118	1.514	1.604
17. 河南中原高速公路股份有限公司	4.369	2.250	2.119
18. 重庆路桥股份有限公司	0.249	0.116	0.133
19. 福建发展高速公路股份有限公司	1.806	1.060	0.746

附表 6　2016 年收费公路行业地区间价格租值

省、直辖市、自治区		标准车的收费标准（元）	与全国均价的差价（元）	标准车车流量	里程（千米）	价格租值（元）
一、华北地区	北京	0.415	-0.054	46331	1013	-2534417.783
	天津	0.550	0.081	32016	1350	3500904.995
	河北	0.4004	-0.0686	752451	6,502	-335621083.2
	山西	0.345	-0.124	250263	5230	-162300478.6
	内蒙古	0.4	-0.069	154002	4006	-42568281.7
二、东北地区	黑龙江	0.45	-0.019	151392	4346	-12501039.98
	吉林	0.45	-0.019	99215	3113	-5868283.498
	辽宁	-	-	234883	4195	-
三、华中地区	湖南	0.433	-0.036	334749	6080	-73269792.96
	湖北	0.709	0.24	373592	7105	637048440.3
	江西	0.43	-0.039	211904	6000	-49585635.38
	河南	0.485	0.016	647422	6448	66793216.44

续表

省、直辖市、自治区		标准车的收费标准（元）	与全国均价的差价（元）	标准车车流量	里程（千米）	价格租值（元）
四、华东地区	山东	0.4	-0.069	895857	5710	-352958610.6
	江苏	0.583	0.114	587072	4657.4	311701867.4
	安徽	0.506	0.037	219825	4248	34551158.48
	浙江	0.425	-0.044	453825	4062	-81111185.14
	福建	0.553	0.084	202570	4599.26	78260486.45
	上海	0.6	0.131	20255	825	2189102.397
五、华南地区	广东	0.525	0.056	1153002	7673	495431118.9
	广西	0.45	-0.019	171222	4503	-14649220.55
	海南	-	-	6708	800	-
六、西南地区	贵州	0.5	0.031	170749	5433	28758035.12
	四川	0.433	-0.036	518452	6519	-121672456.2
	云南	0.423	-0.046	207775	4123	-39406110.93
	重庆	0.624	0.155	79446	2818	34701306.61
	西藏	-	-	-	-	-

续表

省、直辖市、自治区		标准车的收费标准（元）	与全国均价的差价（元）	标准车年车流量	里程（千米）	价格租值（元）
七、西北地区	陕西	0.465	-0.004	230787	5181	-4782831.662
	甘肃	0.35	-0.119	75548	3600	-32364607.53
	青海	0.45	-0.019	25837	3500	-1718158.423
	宁夏	0.3	-0.169	17982	1715	-5211816.806
	新疆	—	—	116329	4316	—
合计		—	—	8441460	129670.66	3031059648
上市公司						62672937297.50

附表 7　收费公路行业省级运营机构最优规模里程测算数据

样本	盈利能力		规模变量			系统变量				
	ROE	ROTA	TM	AMC	TF	ATR	DAR	ES	OI	GDPI
1	0.1613	0.1414	423.22	450000000	105768	2863137	0.1897	0.1488	-0.1002	109.6
2	0.0176	0.0046	571.00	17435300	165862	2105553	0.7205	0.1317	-0.0962	110.1
3	0.0032	0.0013	648.61	123000000	1217	9118872	0.5784	0.4209	0.0817	110.3
4	0.0320	0.0099	3572.00	631000000	169369	2067439	0.6722	0.7197	0.1284	114.3
5	0.0011	0.0002	3975.00	714000000	159742	1586951	0.7953	0.4855	0.0015	109.0
6	0.0032	0.0006	947.47	120369300	439220	3817993	0.7935	0.6549	-0.2383	113.8
7	0.0014	0.0003	887.00	32972500	470534	3683333	0.7589	0.3211	0.0057	110.2
8	0.0362	0.0244	1011.36	244770000	115333	1764890	0.3139	0.6800	0.0441	110.0
9	0.0353	0.0209	1215.36	276400000	135188	1759613	0.3962	0.6800	0.1901	108.0
10	0.0338	0.0159	1299.54	1300040000	172539	705455	0.3604	0.4570	-0.0352	108.3
11	0.0227	0.0072	2468.32	476864800	171256	2665998	0.5511	0.3205	0.1104	113.8
12	0.0465	0.0094	1545.92	546043600	315936	4084571	0.7458	0.7850	0.2874	112.8
13	0.0210	0.0049	2769.97	608515100	331553	2173234	0.7487	0.8090	-0.1713	111.3
14	0.0325	0.0078	3587.55	680067900	507702	1734540	0.7338	0.8110	-0.0679	110.1

续表

样本	盈利能力		规模变量		系统变量					GDPI
	ROE	ROTA	TM	AMC	TF	ATR	DAR	ES	OI	
15	0.0663	0.0257	2760.00	740310000	278785	2803617	0.5668	0.2300	0.0926	112.5
16	0.0321	0.0100	3139.00	549260000	299311	2649261	0.5367	0.2300	0.2814	111.0
17	0.0186	0.0082	3741.00	552470000	322326	2491545	0.5517	0.5200	0.1786	110.1
18	-0.0546	-0.0112	2739.41	223000000	302550	2144456	0.7718	0.2920	-0.0011	110.1
19	-0.0902	-0.0184	2936.88	69207649	385903	2180024	0.7980	0.3300	0.0341	109.0
20	0.0392	0.0087	1700.00	821072200	372061	15867768	0.7634	0.9190	0.2572	109.8
21	0.0205	0.0043	1824.34	561886200	516555	20379555	0.7756	0.9190	0.2673	108.7
22	0.0905	0.0263	3269.00	2261735100	621700	9335225	0.6804	0.1317	0.2061	112.7
23	0.0314	0.0060	1716.00	740427800	280870	3987540	0.8017	0.5100	0.3252	114.6
24	0.0613	0.0120	1799.00	807940400	313546	4986980	0.7905	0.6040	0.3111	113.5
25	0.0230	0.0075	1907.00	828465100	314704	6560127	0.6637	0.4893	0.3944	112.1
26	0.0448	0.0142	1953.30	863101300	331701	7928588	0.6742	0.4968	0.2380	110.4
27	0.0452	0.0144	2161.00	778679800	336334	7878979	0.6701	0.4786	0.0777	109.3
28	0.0016	0.0002	1010.63	274840000	84862	4371519	0.8466	0.2953	0.3201	114.6
29	0.0004	0.0002	1050.13	188630000	131740	5872810	0.6548	0.3078	0.1410	112.1
30	0.0229	0.0073	1119.93	181600000	178071	6684827	0.6753	0.3109	0.1794	110.4
31	0.0560	0.0159	2380.00	755581200	743328	8167975	0.7261	0.5416	0.0636	111.9

续表

样本	盈利能力		规模变量				系统变量			
	ROE	ROTA	TM	AMC	TF	ATR	DAR	ES	OI	GDPI
32	0.0075	0.0021	2405.00	912740000	768732	8458273	0.7185	0.5983	-0.0217	108.0
33	0.0529	0.0139	2546.00	967852400	938125	11882988	0.7330	0.6401	0.1529	107.3
34	0.0096	0.0026	3164.77	829310000	541241	3156320	0.7026	0.6888	0.0649	111.4
35	0.0139	0.0038	3696.81	1018900000	646075	3064069	0.7140	0.6985	0.1340	111.0
36	0.0095	0.0025	3746.71	905600000	723967	3091896	0.7196	0.7289	0.0227	109.9
37	0.0630	0.0183	3328.00	2861670000	1361565	9617649	0.6943	0.9030	0.1848	112.4
38	0.0637	0.0185	3328.00	3629160000	1515855	7285830	0.6959	0.7162	0.0248	110.0
39	0.0193	0.0070	1024.92	177647700	152161	23668335	0.6157	0.5378	0.5165	111.3
40	0.0141	0.0048	2325.54	233473000	164334	9891855	0.6463	0.4792	-0.0517	110.2
41	0.0128	0.0040	2370.39	162795900	173115	10458660	0.6772	0.5012	0.4674	108.3
42	0.0364	0.0042	1127.50	890000000	208105	3997607	0.8760	0.7340	0.0609	115.0
43	0.0045	0.0008	2005.00	823000000	290190	2734274	0.7332	0.8130	0.2267	113.6
44	0.0061	0.0014	2286.00	1238000000	344678	2946993	0.7465	0.8130	0.4876	112.5
45	0.0030	0.0007	2286.00	1315000000	427112	3193763	0.7337	0.8130	0.1760	110.8
46	-0.0246	-0.0069	3828.40	574600000	678804	2516552	0.7223	0.2198	0.4497	110
47	0.0128	0.0033	1949.81	660236200	387100	2692844	0.7065	0.1336	0.1175	113
48	0.0198	0.0062	1400.00	405224200	166970	894538	0.6498	0.2558	0.3682	117.1

续表

样本	盈利能力		规模变量		系统变量					
	ROE	ROTA	TM	AMC	TF	ATR	DAR	ES	OI	GDPI
49	0.0536	0.0158	4809.02	559251400	103621	630895	0.6769	0.3300	0.4641	111.8
50	0.0369	0.0119	5222.70	842828600	274874	913578	0.5166	0.2700	0.5726	112.5
51	0.0273	0.0116	5451.70	1117148600	496451	1029241	0.5440	0.2700	1.1856	112.6
52	0.0285	0.0116	5646.91	1175643900	494290	1134037	0.5671	0.2800	0.4361	110.8
53	0.0264	0.0099	6861.68	609379600	435337	84708	0.6123	0.2800	0.3760	108.9
54	0.0310	0.0293	705.09	105207400	63956	739013	0.0418	0.4180	0.2925	115.3
55	0.0396	0.0219	705.09	119672900	84278	1004924	0.3793	0.4180	0.3577	113.5
56	0.0357	0.0197	705.09	112090000	113432	1330689	0.3839	0.4180	0.3271	112.3
57	0.0362	0.0217	1131.09	272816700	143191	1091126	0.3787	0.4180	0.3232	110.8
58	0.0240	0.0139	1131.09	107519200	156846	1205840	0.4134	0.4180	0.0891	109.8
59	0.0048	0.0012	2055.45	902180000	267325	3689027	0.6801	0.1600	0.0180	112.9
60	0.0140	0.0025	1721.70	375000000	3672533	133100	0.7255	0.7900	0.3250	113.9
61	0.0061	0.0016	2011.60	342000000	3520084	183826	0.7311	0.7900	0.0521	112.9
62	0.0036	0.0010	2011.60	470000000	3592165	195000	0.7204	0.7900	0.0195	111.0
63	0.0048	0.0013	2011.60	424000000	3314774	203246	0.7263	0.7900	0.0765	109.6
64	0.1867	0.0811	1306.00	1059915683	1382983	2337672	0.5460	0.4293	0.3519	112.1
65	0.0723	0.0309	418.88	69149590	391816	2574893	0.5842	0.2397	0.1081	109.5
66	0.1146	0.0711	55.70	231011073	127808	12738814	0.3631	0.0900	0.1352	110

续表

样本	盈利能力		规模变量		系统变量					
	ROE	ROTA	TM	AMC	TF	ATR	DAR	ES	OI	GDPI
67	0.0416	0.0186	522.79	109078292	2923343	5057567	0.5401	0.2189	0.0554	109.5
68	0.0765	0.0578	1292.45	34201699	133509	280307	0.1914	0.2925	0.0769	108
69	0.0129	0.0100	31.90	100000000	2666866	4131893	0.2190	0.1778	-0.0711	109.3
70	0.0632	0.0567	142.69	3425692	24400	4566825	0.0587	0.3200	0.0504	107.7
71	0.1188	0.0698	151.70	52752858	39800	5176027	0.3870	0.3372	0.0307	108.3
72	0.1511	0.1020	700.00	123081000	237445	4999130000	0.2761	0.3221	0.2062	112.7
73	0.1408	0.0977	700.00	152669000	269914	5170306000	0.2667	0.3405	0.1031	111.0
74	0.1300	0.0921	850.00	136530000	281122	5092022000	0.2590	0.3855	0.0146	110.1
75	0.1414	0.1034	850.00	157578847	300909	5344929268	0.2075	0.3856	0.0208	109.6
76	0.1290	0.0965	850.00	174503339	321451	5372221374	0.2371	0.3917	0.0113	108.8
77	0.1265	0.0866	1452.00	1188988341	215880	3460466	0.2810	0.6145	0.0728	112.3
78	0.1148	0.0573	1875.00	181981863	241075	2939443	0.4687	0.8546	0.1101	109.6
79	0.0780	0.0314	687.00	45549462	831316	3807082	0.5673	0.2700	0.6118	112.4
80	0.0898	0.0374	687.00	64823787	877781	3952783	0.5734	0.2300	0.0383	110.0
81	0.0680	0.0300	687.00	90972967	934360	3968491	0.5509	0.2730	0.0040	108.2
82	0.0679	0.0329	700.00	91321953	1055179	4140415	0.5079	0.2774	0.0631	108.5
83	0.1865	0.0934	687.00	74279355	1164341	4377922	0.4607	0.2995	0.0377	107.5
84	0.1457	0.0972	466.79	152194467	95639	4918552	0.2920	0.2158	0.2825	115.1

续表

样本	盈利能力		规模变量				系统变量			GDPI
	ROE	ROTA	TM	AMC	TF	ATR	DAR	ES	OI	
85	0.1471	0.0786	466.79	76069430	95904	5201793	0.4337	0.5933	0.3811	115.0
86	0.1214	0.0626	466.79	52723779	114121	5198922	0.4598	0.6979	0.0833	112.6
87	0.0975	0.0447	573.40	90067624	119853	4562483	0.5189	0.6251	0.7422	110.0
88	0.0887	0.0368	573.40	115057889	146670	4823601	0.5706	0.6145	0.1639	108.5
89	0.1206	0.0752	440.00	84039118	103229	4973596	0.2394	0.6334	0.0502	110.4
90	0.1062	0.0752	440.00	79386825	112243	5054075	0.2673	0.6339	0.0030	109.3
91	0.0789	0.0203	406.19	40309930	60568	691882	0.7290	0.3394	0.6547	114.2
92	0.1538	0.0716	246.35	377254189	243336	7463068	0.2559	0.8540	0.0535	112.8
93	0.1087	0.0546	246.35	236408708	246704	6048607	0.5229	0.7548	-0.1895	111.3
94	0.0920	0.0337	246.35	233580008	255740	6401343	0.6167	0.7548	0.0583	110.1
95	0.0658	0.0243	338.13	291739190	290313	5846916	0.6183	0.7670	0.2537	109.3
96	0.0657	0.0287	375.36	49406247	841061	3752863	0.5308	0.1854	0.0967	107.5
97	0.0473	0.0098	565.19	388168738	192223	4486505	0.7905	0.2937	0.1123	111.9
98	0.0901	0.0237	124.15	40430400	41400	2755875	0.7283	0.2535	0.0661	117.1
99	0.0707	0.0293	282.00	124869151	104826	8174514	0.5609	0.6399	0.1948	112.3
100	0.0652	0.0283	282.00	102715592	111714	8518103	0.5479	0.6535	0.0420	111.4
101	0.0817	0.0375	282.00	104422214	122614	9194681	0.5191	0.6712	0.0794	111.0
102	0.0845	0.0423	282.00	101494789	125319	9264284	0.4893	0.7006	0.0076	109.4

后　记

　　本书由国家社会科学基金项目"收费公路行业行政垄断的租值耗散研究"成果修订而成,是课题组全体成员共同努力的结果。徐海成教授作为项目负责人规划申报了该项目,提出了项目选题、研究框架、基本观点、主要内容、研究思路与方法,组织、指导、参与了课题研究的全过程;樊建强教授、王婕妤副教授、张建斌副教授为项目选题及研究提出诸多很有价值的观点与研究思路;课题组主研人员王博副教授,白鹏锐、贾锐宁、岳莎莎等博士研究生具体参与了课题研究工作。同时,白鹏锐、贾锐宁也先后依托本研究项目完成了他们各自的博士论文;博士生魏晓、郑英杰、徐兴博、刘冠东,研究生祝国丽、张蓓齐、徐思等后期做了许多资料收集、数据更新及校对工作。

　　在课题研究过程中,课题组参阅了大量已有研究成果,书中也尽可能做了说明和注解,特对其作者表示敬意与感谢。

　　本书能在较短时间顺利出版,感谢光明日报出版社的支持与重视。

　　本书出版得到长安大学经济与管理学院全额资助,在此特别致谢。

　　公路基础设施"公益性"的惯性思维及高度的行政垄断,导致收费公路行业微观经济绩效问题长期以来在国内并未得到足够关注。本研究成果的公开出版,若能引起更多学者、管理者对收费公路行业经济与管理问题的关注与研究,也是课题研究希望达到的目的之一。

　　收费公路相关经济与管理问题研究在我国尚属于一个比较"小众"的研究领域,该领域探讨的问题政策性强、涉及面广、跨学科、难度大,随着收费公路行业实践的发展及理论研究的深入,特别是中国收费公路行业尚处于体制转轨时期,行业实践及理论研究中一定会出现更多新问题、新现象,需要公路交通领域各位同仁不断地分析、研究与总结,以促进收费公路行业的健康发展。

本书虽已出版,但我们对其中有些研究问题仍存在不解与疑惑,所以,不足之处在所难免,恳请读者批评指正。